国家社科基金资助优秀社科学术社团项目
陕西省高等教育教学改革研究项目
陕西省教育厅科学研究计划人文社科项目

大学生社会实践教育

薛建航　陈振兴　等 编著

西安电子科技大学出版社

内 容 简 介

本书聚焦大学生社会实践教育，对社会实践中所涉及的理论、政策、实操、案例等相关问题进行了系统阐述和展示。全书按照篇、章、节布局，整体分为大学生社会实践概述、大学生社会实践指导、大学生社会实践注意事项、大学生社会实践的评价与评优共 4 篇；内容涵盖了大学生社会实践的概念与理论、类型与功能、发展、组织与实施、调查研究方法、常用文体写作、礼仪、安全问题与权益保障、评价与评优，共 10 章。附录选取了全国社会实践优秀团队和陕西省社会实践优秀团队作为典型代表，展示了所选团队的实践总结、宣传报道和实践活动纪实与交流访谈纪实。

本书兼具理论性与实操性，可作为高等院校"大学生社会实践"课程的参考用书，也可为广大教育工作者和在校学生进行社会实践活动提供参考与借鉴。

图书在版编目(CIP)数据

大学生社会实践教育 / 薛建航等编著. —西安：西安电子科技大学出版社，2023.2
(2024.9 重印)
ISBN 978–7–5606–6785–0

Ⅰ. ①大… Ⅱ. ①薛… Ⅲ. ①大学生—社会实践—研究—中国 Ⅳ. ①G642.45

中国国家版本馆 CIP 数据核字(2023)第 028040 号

策　　划	薛英英
责任编辑	薛英英　陈　婷

出版发行　西安电子科技大学出版社(西安市太白南路 2 号)
电　　话　(029) 88202421　88201467　　　　邮　编　710071
网　　址　www.xduph.com　　　　电子邮箱　xdupfxb001@163.com
经　　销　新华书店
印刷单位　陕西天意印务有限责任公司
版　　次　2023 年 2 月第 1 版　2024 年 9 月第 2 次印刷
开　　本　787 毫米×960 毫米　1/16　印张 15
字　　数　257 千字
定　　价　49.00 元
ISBN　978–7–5606–6785–0
XDUP 7087001–2
如有印装问题可调换

前　　言

实践是认识的基础，实践的观点是马克思主义认识论的基本观点，一切正确的认识都在实践中产生，在实践中发展，并在实践中接受检验。大学生社会实践是全面提升高校人才培养质量的重要途径。自我国高校广泛化、系统化开展社会实践 30 多年来，实践育人工作取得了显著成绩。

当前，随着"新工科""新文科""工程认证""双万计划"等高等教育战略的不断提出和发展，我国高校人才培养模式也在发生着相应的变化，对创新型、应用型人才的需求不断增加，社会实践的重要性愈发凸显。2017 年，教育部党组印发《高校思想政治工作质量提升工程实施纲要》，提出要构建课程育人、实践育人等"十大"育人体系，对高校实践育人工作进行了全面规划和系统部署。以此为背景，各级教育行政部门和社会各界对大学生社会实践的教育教学改革、理论研究和操作指导都提出了更高的要求。

为进一步加强对大学生社会实践的系统性研究与指导，做到理论研究、案例分析和实践指导相融合，突出理论研究的深入性、案例分析的借鉴性和实践指导的实操性，编委会整合了前期实践育人课题成果，并结合西安科技大学在寒暑假社会实践活动中积累的指导经验和优秀做法，组织长期从事大学生社会实践指导工作的专家、学者和一线教师编著了本书。本书是"2020 年国家社科基金资助优秀社科学术社团项目

(项目编号：20STC038)""2021 年陕西省高等教育教学改革研究项目(项目编号：21ZG010)""2020 年度陕西省教育厅科学研究计划人文社科项目(项目编号 20JK0229)"的研究成果。

本书的编委会成员为薛建航、陈振兴、党雪、王树奇、高欣、王婧婕、朱赵文博、刘悦、张剑、陈锦帛、郝卿、秦方刚、都松阳、蒋飞。其中薛建航负责第一章、第二章、第三章、第五章与附录四部分内容的撰写，对各篇、附录进行了布局，合计 8 万字；陈振兴负责第四章、第九章、第十章以及附录二、附录三和附录四部分内容的撰写，合计 8 万字；党雪负责第六章、第七章、第八章和附录一等内容的撰写，合计 8 万字；王树奇从课程教学视角对本书内容的连贯性和科学性进行了提升完善；高欣从开展社会实践工作的可行性和实操性视角对本书框架设计进行了审核把关；王婧婕、朱赵文博、刘悦、张剑、都松阳、蒋飞等成员结合自己的专业特长和工作经验，积极参与了本书编著工作，在思路凝练、观点讨论、素材整理和内容编写过程中做出了重要贡献；陈锦帛、郝卿、秦方刚对本书原稿进行了查验和校对，重点修改了书中的细节纰漏与不完善之处。

本书在编写过程中参阅了许多相关教材、期刊文献，同时得到了许多同行的宝贵意见，在这里一并表示感谢！由于编著成员水平有限，书中难免存在不足之处，恳请广大师生及其他读者提出宝贵意见。

《大学生社会实践教育》编著委员会

2022 年 9 月

本书编著委员会

编著者：薛建航　陈振兴　党　雪　王树奇　高　欣

委　员：(按姓氏笔画排序)

王婧婕　朱赵文博　刘　悦

张　剑　陈锦帛　郝　卿

秦方刚　都松阳　蒋　飞

目　录

第一篇　大学生社会实践概述

第二篇　大学生社会实践指导

第三篇　大学生社会实践注意事项

第四篇　大学生社会实践的评价与评优

附　　录

第一篇　大学生社会实践概述

　　本篇主要介绍实践的概念、大学生社会实践教育的概念、大学生社会实践的理论基础与指导思想、大学生社会实践主要类型与功能、发展历程与现阶段特点等内容。通过本篇的学习，读者将对社会实践有较为理性和系统的认识，可为今后开展具体的社会实践活动和调研奠定基础。

第一章　大学生社会实践的概念

　　理论教育和实践教育相结合是开展学生教育的根本方法。大学生参加社会实践能够锻炼毅力、培养品格、增长才干、了解社会、认识社会、奉献社会，大学生可在实践中加深对马克思列宁主义、毛泽东思想、邓小平理论、"三个代表"重要思想、科学发展观和习近平新时代中国特色社会主义思想的理解，从而增强历史使命感和社会责任感。

第一节　实践的概念

　　"实践"在《辞海》中解释为人类有目的地改造自然、社会和人自身的一切实际活动。在英语中，实践(practice)有执行(perform)、做某事(do something)等意思。在西方哲学中，"实践"来源于古希腊文，指"行动""行为"及其后果。

　　实践的含义多种多样，国内外学者都从自己所处的历史条件对实践的含义进行了一些探索与阐发。战国末期荀子指出："不闻不若闻之，闻之不若见之，见之不若知之，知之不若行之。"明代王廷相认为："讲得一事，即行一事，行得一事，即知一事，所谓真知矣。徒讲而不行，则遇事终有眩惑。"鲁迅先生说过："专读书也有弊病，所以必须和现实社会接触，使所读的书活起来。"俄国车尔尼雪夫斯基认为："理论上一切争论而未决的问题，都完全由现实生活中的实践来解决。"德国诗人歌德说过："一个人怎样才能认识自己呢？绝不是通过思考，而是通过实践。"尽管中外学者对实践的内涵做了许多可贵的探索，但并没有揭示出实践的本质含义。

　　不同时代的人或同一时代的不同个人对"实践"的定义，在不同程度上反映了其所生活的时代人类实践活动的发展水平以及其当时对人类实践活动本质的认识程度。时代在发展，社会在进步，在当代实践活动的背景下，时代要求我们对"实践"的定义进行新的思考。国内马克思主义哲学界在研究实践问题时，曾对"实践"的定义作了一些建设性的表述。目前占主导地位的观点是将"实践"定义为"人能动地改造和探索现实世界的一切社会性的客观物质活动"。马克思从实践出发来探讨哲学的基本问题，指出人与世界的关系实质上是以实践为中介的人对世界的认识和改造的关系。

实践的本质问题是马克思主义哲学实践论中的核心问题。能否正确地理解实践的本质及其深层含义，不仅关系到能否建立起科学的实践观，也关系到能否真正把握马克思主义哲学的实质和精髓。马克思主义哲学吸取了哲学史上关于实践概念的合理因素，正确阐明了实践的本质及其在认识世界和改造世界中的作用，创立了科学的实践观。实践是人类能动地改造世界的感性物质活动。实践是马克思主义的核心概念，人们的实践活动是以改造客观世界为目的、主体与客体之间通过一定的中介发生相互作用的过程。这表明，实践是主观见之于客观的活动，是社会性的活动，是历史性的活动，包含客观对于主观的必然及主观对于客观的必然。科学证明，人类历史同自然历史都是客观的过程。同样，构成人类历史的实践以及实践自身的历史发展也是一个客观的过程。马克思主要强调人的社会实践，强调实践的社会性。恩格斯在自然哲学中揭示人的思想产生于劳动，即人的主观意识产生于人的实践行为，同时人的主观意识反作用于客观存在。

引申阅读

马克思主义哲学面向实践的方式(节选)

作者：刘同舫；哲学研究，2021 年 12 期

理论与实践的关系问题历来备受人们关注，无论对这一问题持何种态度或见解，人们都普遍认可二者的统一关系。对马克思主义哲学来说，笼统地将其与实践之间的关系表述为"统一的"，似乎只停留于表面而未能确切抓住二者的内在关联。理论与实践之间具有统一性，二者相互影响、相互促进——理论来源于实践而又指导实践，实践"催生"理论而又受理论牵引。理论与实践的统一关系意味着离开实践的理论是空洞的，离开理论的实践是盲目的。

学界关于理论与实践之统一关系的见解，在一定程度上适用于解释马克思主义哲学与实践之间的总体关系，主要强调了不可放弃理论与实践之

统一关系的主张，但相对忽视了在这种统一关系之外，还隐藏着马克思主义哲学之于现存世界的"反思性""批判性"与"超越性"的革新意义，使得传统的解释模式未能深入马克思主义哲学本身所具有的"解释世界"与"改变世界"的双重特性及其张力中。从马克思文本推进的思想逻辑看，其理论与实践的关系在对以往哲学家关于"解释世界"与"改变世界"关系的基本立场和阐释路径的分析中走向社会历史的深处，进入社会生产关系领域，促使"解释世界"与"改变世界"的关系从抽象的认识论维度转向具体的物质生产和生活的本体论维度。"解释世界"与"改变世界"的关系不仅涉及理论的现实实践性问题，而且与理论如何在实践中证明自身真理性的问题密切相关。因此，我们在强调马克思主义哲学与实践之统一关系的同时，必须认识到两者之间客观存在且应该保持的内在张力，并据此选取理论面向实践的合理方式。

思考与融合

马克思认为人的本质是一切社会关系的总和，人类社会是一个客观的、现实的、物质的历史发展过程，在这一过程中，实践活动是社会生活的基础。实践促成了人类生产的起点，提供了人类社会发展的动力；研究实践的观念并非为研究而研究，而是要为将理论转变为改变现实的力量做准备。

实践的观点是马克思主义哲学基于自然、社会、思维等现实的内在统一性，确立的一种解释世界与改变世界的科学理论。在某种意义上，实践哲学既蕴含着现当代哲学的比较之维与超越之道，也凸显了马克思主义哲学的内涵、特质与现代性意义。在解释马克思主义的实践观的过程中，需要对历史唯物主义中的实践存在论、唯物辩证法中的实践阐释学以及实践唯物主义中的伦理学等内涵特质进行深入发掘与多维阐发。

第二节 大学生社会实践教育的概念

概念界定是学术研究的逻辑起点及核心问题。大学生社会实践教育这一概念，看似早已被人所熟知和掌握，然而真正进入学理的考证分析进而阐释其本质，仍然面临着复杂的局面。综合来看，大学生社会实践教育是高校教育教学环节的重要组成部分，是加强高校思想政治教育工作的重要载体，也是全面提升高校人才培养质量的重要途径。

一、大学生社会实践教育的宏观定义

从宏观视角考虑，大学生社会实践教育可以理解为一种教育理念，知行合一、理论联系实际、理论与实践相结合都是实践教育理念的体现。从宏观实践观出发，大学生社会实践教育相对于传统教学划分为理论教学与实践教学。

从马克思主义基本原理界定的"实践"内涵去审视大学生社会实践，有助于加深对大学生社会实践重要性的理解，有助于高校充分认识社会实践对于高等教育发展和人才培养的重要意义。

有学者认为，大学生实践是人类实践活动的重要组成部分，是大学生在学习过程中理论联系实际的应用与创新活动，是在成长成才过程中改造主观世界、促进自身全面发展的活动，是在走向社会过程中与生产劳动和人民群众相结合的、适应社会的、承担社会责任的活动。以此将大学生实践分为大学生课程学习中的社会实践活动、大学生校园社会实践活动、大学生校外社会实践活动以及线上线下相结合的社会实践活动等多个类型。

二、大学生社会实践教育的微观定义

从微观定义上来讲，社会实践教育可以理解为一种教育措施，是大学生接受的众多教育中的一种，其与理论教学、实践教学等呈现并列与互补的关系。在探索常态化开展大学生社会实践活动，促进社会实践教育科学化、社会化以及长效化的过程中，国家出台了大量的政策文件。例如，2005年2月，中宣部、教育部和共青团中央等部门联合印发了《关于进一步加强和改进大学生社会实践的意见》，强调要充分认识加强和改进大学生社会实践的重要意义，极大地推动了大学生社会实践活动的规范化和高质量发展。因此，从这项活动开展的真实历程以及相关政策文件来看，大学生社会实践教育有其独特的历史语境以及由政策文件所保障的合法性内涵。

基于此，有的学者认为不能对大学生社会实践活动进行泛化的定义，其理由有二：一是从出现的时间视角来看，作为大学生社会实践重要组成部分的校内实践要远早于大学生社会实践；二是大学生社会实践有其特定的内涵，即走出校门，具有社会参与性。教育部《关于进一步加强高等学校本科教学工作的若干意见》在论及实践教学时指出："要切实加强实验、实习、社会实践、毕业设计(论文)等实践教学环节，保障各环节的实践和效果，不得降低要求。"这里就明确表明了实验、实习、毕业设计(论文)与社会实践是教育教学过程中的并列环节，呈并列关系，而不是包含与被包含的关系。

引申阅读

改革开放以来大学生实践教育的基本经验探究

作者：文大稷；思想教育研究，2018 年 01 期

开展大学生实践教育活动，是实践育人的根本途径。社会实践活动作为一种实践教育的形式，需要社会、学校和学生形成共同的认识，要从坚持培养社会主义建设者和接班人的高度，正确认识大学生社会实践的战略地位，以育人成才为着力点，树立"实践育人"的教育理念。"所谓实践育人，是指以学生在课堂上获得的理论知识和间接经验为基础，开展与学生的健康成长和成才密切相关的各种应用性、综合性、导向性的实践活动，加强对学生的思想政治教育并促进他们形成高尚品格、创新精神、实践能力的新型育人方式。"高校教育工作者按照实践育人的理念，正确引导学生在社会实践教育中提高思想政治品德修养，激发他们的爱国主义情感，从而调动他们学习的主动性和积极性，充分发挥社会实践教育活动锻炼人、教育人、培养人的功能。

实践育人的功能主要体现在如下几个方面：

一是社会实践教育活动能增强大学生的社会责任感。社会实践教育活动使大学生有机会走出校园，接触社会，增长见识，加深对国情、民情的了解，从而使他们进一步明确自己的历史使命，增强社会责任感，自觉地把自己的前途命运和祖国的富强、人民的富裕、民族的复兴紧密联系起来。

二是社会实践教育活动促进大学生全面学习，能培养学生们学习专业知识和理论的兴趣。通过社会实践教育活动，能有效地解决理论脱离实际等问题，丰富学生的知识，培养学生的技能。

三是社会实践教育活动培养大学生的创新能力。社会实践为大学生的创新活动提供了一个良好的平台，不但较好地解决了生产实践中存在的问题，而且较好地培养了学生的创新意识和开拓精神。

四是社会实践教育活动培养大学生艰苦奋斗的思想作风，使他们在实践中增强群众观点、劳动观念，体会到生活的意义、创业的艰辛。

五是社会实践教育活动加深大学生对建设中国特色社会主义的认识。中国走社会主义道路好还是走资本主义道路好？许多大学生存在着思想困惑，通过参加社会实践活动，大学生可以了解到改革开放以来全国各地经济建设取得的巨大成就，从而认识到社会主义具有强大的生命力，中国共产党完全有能力领导中国人民建设好中国特色社会主义。

社会实践教育活动可以使大学生看到所到之处的改革开放及经济建设情况，看到各条战线上出现的新人新事和新气象，看到改革开放取得的丰硕成果，看到农村发生的巨大变化，听到基层人民群众拥护共产党的领导、拥护改革开放政策的心声，从而坚定他们跟党走并建设中国特色社会主义道路的信心和决心。

思考与融合

大学生社会实践教育活动架起了高校和社会的桥梁。一是有力地促进了学校的教学改革，学生通过参加实践教育活动，既了解了社会，又把精神文明、科学技术带到社会，同时又将社会发展的信息反馈给学校，加速了学校科研成果向社会生产力的转化。二是可以检验培养的人才能否适应社会的需要，有助于根据社会经济文化建设对人才的需求情况适当地调整专业设置。三是关爱社会弱势群体，大学生社会实践教育活动如一缕春风，让那些需要社会关爱的人们感受到来自社会大家庭的温暖。大学生社会实践有着旺盛的生命力，更有着其独特的魅力，呼应着改革主题，反映了时代主旋律，在引导大学生积极投身社会主义现代化建设实践中发挥着越来越重要的作用。

社会实践是青年学生受教育、长才干和做贡献的重要手段和有效途径，推进新时代高校社会实践育人工作协同发展，加强大学生实践育人功能研究，必须坚持马克思主义认识论的观点，紧紧围绕习近平总书记对高等教育事业发展的重要论述，坚持理论联系实际，通过各学科、各专业和各课程的社会实践活动，教育引导学生坚定理想信念、厚植爱国情怀、提升综合能力，真正发挥好高校社会实践的育人功能。

第三节　大学生社会实践的内涵与特征

大学生社会实践活动是高校按照高等学校人才培养目标的要求，组织学生有计划、有目的、有组织地深入社会，积极参与社会政治、经济和文化生活，了解社会，增长知识技能，进而培养正确的世界观、人生观和价值观的实践活动过程。

一、大学生社会实践的内涵

大学生社会实践活动作为我国高等教育的一项重要的教育形式，是新时代下高校思想政治教育的延伸，是培养具有创新精神和实践能力人才的重要途径之一。其内涵主要表现在以下两个方面。

(一) 大学生社会实践是一种教育活动

人类实践活动的形式是多种多样的，教育活动只是其中的一种形式，大学生社会实践作为高等教育的一个重要组成部分，立足于实现高等教育的人才培养目标，力求做到学校教育和社会教育相结合、理论与实践相结合，使大学生在实践锻炼中受到教育，从而促进大学生身心的全面发展。

(二) 大学生社会实践是一项实践活动

大学生社会实践是以学生为主体、以学校为载体、以社会为舞台的一项实践活动，是在社会主义市场经济建设与高等教育事业相协调发展的客观要求的基础上发展起来的。只有引起社会各界的高度重视和共同参与，才能保证大学生社会实践活动的顺利进行。

根据大学生社会实践的内涵，可以看出大学生社会实践活动应当包括两个过程：一是实践活动的过程，即大学生积极参与社会实践，向社会学习的过程，同时也是大学生初步尝试社会角色转换的过程。二是社会化的过程，即大学生在社会实践活动过程中，对社会施加影响的过程，同时也是大学生角色社会化的过程。这里要强调的是，在大学生社会实践的过程中，大学生实现了个体角色向社会角色的转换，使自我价值和社会价值得到体现和升华。大学生社会实践的这两个过程应该是相辅相成、相互促进的。

二、大学生社会实践的特征

我国的大学生社会实践活动从 20 世纪 80 年代初开始，经历了萌芽阶段、推广阶段、全面展开阶段、深入发展阶段和创新服务阶段，基本呈现出以下四个方面的特征。

(一) 教育性

大学生社会实践所体现出的教育性是毋庸置疑的。高校社会实践能够结合大学生的思想实际和客观要求，引导大学生践行社会主义核心价值观，即开展在马克思主义指导思想、中国特色社会主义共同理想、以爱国主义为核心的民族精神和以改革创新为核心的时代精神指导下的实践活动。在实践活动中，方可发挥社会主义荣辱观教育的价值导向作用。在社会实践活动中，高校有目的、有组织、有计划地让大学生走出校园，深入社会，进行社会调查和社会服务等活动，实现社会生活、社会实践与思想政治教育工作的有机结合。这是新时代下加强大学生思想政治教育的有效途径，也是提高大学生思想政治素质和思想道德素质最直接、最生动的形式。当前，在全面建成小康社会、实现中华民族伟大复兴的中国梦的进程中，以社会主义核心价值观为指导，对防止当前拜金主义、形式主义、享乐主义、实用主义等思想对大学生的毒害，强化大学生社会实践的育人功能以及自觉培育和践行社会主义核心价值观，都具有重要的现实意义。

（二）实践性

哲学意义上的实践是指人类有意识、有目的、能动地改造现实世界的一切客观性物质活动。实践是认识的源泉，是认识发展的动力，是检验认识真理的唯一标准，是认识的最终目的。没有实践，思维的发展就失去了活力，更不会有创造性的思维。高校大学生社会实践正是借助实践对认识的决定性作用来实现其在人才培养中的重要作用的。大学生在社会实践中接触社会，通过亲身参与各种实践活动来了解社会，在实践中验证理论、运用理论，深化对理论的认识，增长才干，服务社会，在改造客观世界的同时又改造自己的主观世界，塑造人格，提高综合素质，培养创新能力，实现全面发展。大学生参加的专业实习、调查研究、勤工助学、社团活动、志愿者活动等都具有较强的实践性，能在实践中实现检验认识真理的目的，达到理论与实践的统一。

（三）主体性

马克思主义认为，人的主体性是人作为主体在与客体相互作用中所展现出来的特殊的质的规定性，也就是人在实践过程中表现出来的能力、作用、地位，即人的自主性、主动性和能动性。人是世界的中心，人的这种地位决定了人在与万物的关系中是作为主体而存在的。而哲学作为探寻人的存在根据的学问，自然要从人作为主体的性质出发，来认识人与世界的关系。所以，主体和主体性的问题是哲学研究的最核心的问题之一。大学生在社会实践中展现出来的主体性是指他们通过社会实践活动展示自己的思想、行为，培养创新能力，是满足自身成才和充分发展等方面的需要。从社会实践来讲，大学生是社会实践的主体，在社会实践中他们面对一个相对开放的环境和较少约束的世界，能够充分发挥其在社会实践过程中的主观能动性，最大限度地提高社会实践的效果。在社会实践中，大学生运用所学的专业理论知识指导自己的实践，在解决现实生活中遇到的思想行为问题的过程中提高自己的思想政治素质和道德品格，这就充分发挥了大学生作为主体的能动性。与此同时，在社会实践中大学生积极宣传党的路线、方针和政策，学习和践行社会主义核心价值观，增强对中国特色社会主义的道路自信、理论自信、制度自信、文化自信,注重将主体与客体统一于自身的发展,实现了自我教育、自我管理、自我完善。

(四) 创造性

一般认为创造性是指个体产生新奇独特的、有社会价值的产品的能力或特性,故也称为创造力。新奇独特意味着能别出心裁地做出前人未曾做过的事情,有社会价值意味着创造的结果或产品具有实用价值或学术价值、道德价值、审美价值等。创造性有两种表现形式:一是发明,二是发现。发明是制造新事物,例如瓦特改良蒸汽机、鲁班发明锯子等。发现是找出本来就存在但尚未被人了解的事物和规律。例如门捷列夫发现元素周期律、马克思发现剩余价值规律等。创造性由创造性意识、创造性思维和创造性活动三部分组成。在创造性的组成部分中,创造性思维是其核心。创造性思维又包含聚合思维和发散思维,发散思维是创造性思维的核心,它与创造性思维关系最为密切。发散性思维表现在行为上,即代表个人的创造性。大学生参加社会实践活动,一般都处于半社会化的状态。他们所面对的是不断变化的新环境,由此必然会产生新的矛盾和问题。这些新的矛盾和问题完全靠书本知识或学校经验是不能解决的,这就需要大学生将学校所学的专业理论知识运用于社会实践,充分发挥自己的主观能动性,创造性地提出解决矛盾和问题的新方法。因此,大学生在社会实践过程中锻炼了创造性思维方法,积累了丰富的社会经验,培养了自己的创新精神和创新能力,为今后走向社会进行创造性的工作奠定了坚实的基础。

📖 引申阅读

大学生社会实践要精准定位(节选)

作者:赵长禄;《光明日报》,2016 年 10 月 11 日

大学生社会实践活动是走马观花还是真正受教育、长才干、做贡献?这是将社会实践工作深入必须思考和解决的问题,而在实际工作中,我们要抓住思想引领、知识积累和服务社会三个"点",精准定位,真正将社会实践的"好钢"用在提高人才培养质量的"刀刃"上。

思想引领——用核心价值塑造精神高地,在社会实践中开展大学生的理想信念教育

人才培养,先塑精神。社会实践便是塑造青年学生精神高地的一个重要抓手。社会实践到哪里去？到老区、到故里、到足以撬动青年学生情感脉搏的地方去。如笔者所在的北京理工大学诞生于抗日烽火中的延安，曾被称为培养"红色国防工程师的摇篮"，始终将"延安精神""军工文化"等丰富的红色教育资源作为师生思想引领的最鲜活的教材，在一代代北理工学子的思想深处，写下了一笔笔有力的"北理红"。

知识积累——走近生产和企业发展一线，在社会实践中实现大学生的专业技能提升

实践育人，学为根本。大学生社会实践作为人才培养的重要环节，要使学生通过体验与认知，对课堂教育内容所蕴含的价值、知识有来自于实践层面的理解，并在教师的引导下思考，在实践中加深对创新驱动国家发展战略的理解。同时，社会实践要充分与学生的专业和发展相结合，借助学生的发展需求，将实践育人落在实处，并形成实践特色。

服务社会——深入国家和社会最需要的地方，在社会实践中推动大学生身体力行

如何促进青年学生在社会实践中实现有效的身体力行？"知使命、懂责任"的育人关键是为社会实践设计"获得感"。真理只有在实践中才能展示魅力，充分发挥实践育人的科学性，就必须将一份责任与使命的"获得感"赠予青年人。

思考与融合

大学生社会实践活动作为高校培养人才的重要方式，是理论见之于行动的务实环节。经历过社会实践活动的学生，多多少少都会有所感悟、有所收获。就初衷来看，大学生参加社会实践，通过把课本上所学的理论知识与社会上所见到的实际情况相融合，从而加深其对国情民意的认识和理解，进而提升大学生自身的观察能力、分析能力、交际能力、组织能力。

当前一些教师在组织开展大学生社会实践活动的过程中背离了实践育人的初衷，没有做到精准定位，使大学生在社会实践活动中没有存在感和获得感。以至于一些大学生出现了"社会实践不重要""实践活动走形式""实践总结流水账"等一系列的偏差认识，对社会实践抱有观望，甚至消极态度。

因此，正视问题、分析问题、解决问题，做到对社会实践活动的精准定位和精细安排，这是解决当前大学生社会实践活动中存在问题的关键所在，也是提高大学生社会实践活动效能的关键举措。

参 考 文 献

[1]　李薇薇. 高校社会实践育人体系构建的路径选择[J]. 中国高等教育，2021(09)：58-59.

[2]　王书明. 社会实践活动促进教学方式转变[J]. 思想政治课教学，2021(02)：30-33.

[3]　焦立. 社会实践：思想政治课的应有之义[J]. 中学政治教学参考，2020(39)：50-51+3.

[4]　郭彤梅，杨婕筠，甄珠，等. 社会实践在大学生角色社会化中的功能分析[J]. 教育理论与实践，2019，39(27)：38-41.

[5]　汪琼枝. 思想政治教育全过程融入专业社会实践协同育人模式初探[J]. 思想理论教育导刊，2019(08)：128-131.

[6]　潘光林，阮丽娜. 大学生社会实践的基本功能及模式探析[J]. 教育与职业，2014(02)：167-168.

[7]　任笑笑. 大学生社会实践中思想政治教育功能研究[D]. 西安理工大学，2021.

[8]　王仕葆. 实践育人视域下大学生社会实践活动实效性研究[D]. 西安科技大学，2020.

[9]　潘俊英. 中国特色社会主义共同理想：大学生社会实践的价值目标[J]. 广西社会科学，2010(03)：148-151.

[10]　潘俊英. 马克思主义是大学生社会实践的正确导向[J]. 广西民族大学学报(哲学社会科学版)，2010，32(02)：129-131.

第二章　大学生社会实践的理论

理论和实践有着密不可分的辩证统一关系。一方面，没有正确的实践活动就不会产生科学的理论；另一方面，没有科学理论指导的实践也不可能达到预期目的。如果说实践对认识、理论起着源泉、动力和检验标准等作用的话，理论则对实践起着引领、指导作用。任何一门学科都有其理论基础，学科范畴内的相关研究当然也需要本学科理论体系和相近学科的理论支撑。社会实践教育作为高等教育体系内的研究内容，以马克思主义科学理论体系为理论依据，这也是检验社会实践能否做到科学性、正确性的必然要求。

第一节　大学生社会实践的理论基础

实践教育需要有丰富的理论作为其指导思想，无论是中国古代传统文化或西方的教育理念，还是马克思主义的实践理论，都蕴含着丰富的社会实践教育思想。在中国特色社会主义教育制度下，积极广泛地开展大学生社会实践，也是马克思辩证唯物主义理论的重要体现。大学生社会实践的理论基础主要包含以下几个方面。

一、马克思主义哲学理论

(一) 马克思主义的唯物主义理论

毛泽东在《实践论》中明确表示只有亲自参与到某种事物的实践斗争中去，才能真正接触到事物的本质，从而全面地认识和掌握，这是从实践走向认识的过程，也是最重要的方法和途径。这充分表明了实践的重要性。坚持物质第一性，意识第二性，世界的统一性在于物质性，这是马克思主义哲学的理论基础，他强调人的认识是对客观存在的反映,意识是物质世界发展到一定阶段的产物。

大学生社会实践活动属于存在范畴，大学生社会实践教育属于意识范畴，同时大学生社会实践教育对社会实践又具有能动的反作用。社会实践是思想形成的基础，是检验思想正确与否的标准，也是思想发展的动力。

(二) 马克思主义的实践观

马克思主义的实践观强调实践是认识的来源，是认识发展的根本动力，实践是检验真理的唯一标准。实践决定认识，认识对实践有巨大的反作用，二者是辩证统一的关系。正确的认识可以促进实践的发展，错误的认识则会阻碍实践的发展，认识会随着实践的发展而不断进步。

科学实践观的确立是唯物史观诞生的重要标志，实践是历史唯物主义的一个重要范畴。马克思指出人类思维是否具有客观真理，是一个实践问题，而不是一个理论问题，真理需要在实践中得到证明。这意味着知识的正确与否不能简单地主观臆断，而要能在实践中得到检验，并通过实践提高对客观事物的认识，从而进一步改造客观世界。

(三) 马克思主义的认识论

1. 实践是认识的来源

马克思认为，人的认识过程一般包含认识到实践和实践到认识两个阶段，实践对人的认识具有十分重要的意义。从实践到认识，再从认识到实践，如此循环多次，才有可能形成正确的认识。人的认识主要有两个来源：一是来自自身的实践，即直接经验；二是学习知识，即从他人的实践获得的间接经验。

大学生认识社会需遵循一般认识过程的规律，也就是需要通过社会实践这一过程，也要以在一定的实践基础上得到的感性认识为基础，才能获得新的理性认识，大学生所学到的理论知识要在实践中检验，并反过来提高自身对客观对象的认识。

2. 实践是认识的动力

马克思主义认为认识产生于实践，实践的发展又为认识的发展提供了动力，认识会随着实践的发展而发展。人类实践活动的不断发展，促进了人类社会的进步，也使得人们的认识不断拓展。实践的不断发展，为人们认识世界提供了丰富的经验，认识是无止境的，因为实践的发展是无止境的。社会实践不但在深度和广度上要不断发展，而且在实践的内容与形式上也必然在不断发展。随着社会实践的发展，会产生许多新的有待解决或解释的问题，这就要求大学生继续坚持实践，坚持学习，在学习中实践，在实践中学习。

3. 实践是认识的目的

认识是为了更好地实践，实践是认识的目的。实践提供了认识的可能，只有实践才能提供认识所必需的信息，也只有实践才能促进人们对以往经验的总结和升华，提高人们的思维能力和改造世界的能力。实践活动一般可以分为科学实验、发展生产、变革社会关系这三类，这些活动不仅可以为社会的发展提供物质前提，同时也改造着人们的思维和认知，人们在不断的实践中优化和完善自己。大学生在社会实践中可以检验自己的认识和判断，开展自我教育和相互教育，锤炼精神品格，从而提升思想道德素质，养成良好的文明行为和习惯。

(四) 人的全面发展理论

人的全面发展是指每个人的智力、体力在社会生产过程中尽可能多方面地、充分地、自由地、和谐地发展，这是马克思在许多著作中都详细阐述的"人的全面发展"理论。马克思认为每一个人都应该不断发展自己各个方面的能力，这是人全面发展的前提条件。随着科技的进步和生产力的发展，尤其是人工智能领域的不断发展，使人逐渐从繁重的体力劳动中解放出来，因此需要不断发掘多样性的智力和潜能，从而提高人适应社会的能力，并实现人的全面发展。

人的全面发展不仅是马克思主义所倡导的基本理论之一，也是中国教育方针的理论基础，尤其是中国特色社会主义进入新时代以后，全面发展的理论得到了各界普遍的认同，也得到了党和国家强有力的支持。习近平总书记曾多次强调要不断促进人的全面发展，坚持以人民为中心的发展思想，这不仅是习近平新时代中国特色社会主义思想的重要内容，也是对马克思主义"人的全面发展"理论的继承和发展。

人的全面发展还包括人的需要的全面发展，这种需要可以分为物质层面的需要和精神层面的需要。人的需要体现了人的自然性和社会性的统一。中国特色社会主义进入新时代以后，我国社会的主要矛盾是人民日益增长的美好生活需要和不平衡不充分的发展之间的矛盾，这充分体现了人的需要越来越多样化。我们不断发展社会主义，最终实现共产主义社会，就是要使人的需要向全面多样化发展，进而实现人的全面发展。

马克思关于人的全面发展学说为高校开展社会实践教育提供了理论基础，这就要求教育与生产劳动相结合。为了促进大学生德智体美劳的全面发展，必然需要开展社会实践，必须深入生活，在实践中感悟和提高，这为高校开展社会实践提供了理论依据。

二、传统文化知行观理论

传统文化知行观中知与行的关系和哲学中理论与实践的关系类似，中国古代和近代许多先哲留下了关于知和行的至理名言，其中有些观点阐明了知行的统一性，理论与实际的相互关系。传统实践教育的核心思想之一就是对"知行观"的提倡和推崇。

商代初期的伊尹曾说："弗虑胡获，弗为胡成。"意指不进行深入的思考就不能获得知识，不进行实践也无法获得成功。这是从反面说明知和行的重要性。

孔子有"君子欲讷于言而敏于行"之说，劝告人们少说空话，多干实事；"毋意、毋必、毋固、毋我"的知行关系，强调知行统一，学以致用。

墨子也十分重视实践，认为检验言论是非有三个标准，墨子言曰："有本之者，有原之者，有用之者。于何本之？上本之古者圣王之事。于何原之？下原之百姓的耳目之实。于何用之？发以为行政，观其中国家百姓人民之利"。即要向上考察历史；要向下考察百姓的反映；在行政实践中，考察对国家人民的利益。这就是言论是非有三条标准的说法。墨子强调以事实为标准，这和唯物主义的实践理论不谋而合。

庄子思想中包含有不少关于"认识"的阐述，《庄子·齐物论》对辩证地看待事物提出了深刻的思考，如"非彼无我，非我无所取"提倡在辩证与观察中加深对客观事物的主观认识。

荀子也主张知行统一："不登高山，不知天之高也；不临深溪，不知地之厚也"。"凡以知，人之性也；可以知，物之理也"。学习理论如果不通过实践检验就等于半途而废，检验真理和知识必须通过实践，正所谓"道虽学不行不至，事虽小不为不成""事有证验，以效实然，知明而无过矣"。

西汉末年哲学家杨雄也论述检验真理和知识必须通过实践，"君子所言，幽必有验乎明……无验而言之谓妄"，同时强调行重于知："凡以知，人之性也；可以知，物之理也""知之不若行，学至于行之而止矣"，行是知的目的和完成。

汉代董仲舒持先知后行的观点，他说："君子以认识为本，行次之"，强调知对行具有指导作用，强调知先于行且重于行。不过在人类认知客观世界的发展过程中，有的阶段中，理论认知在前，实践检验在后；有的阶段中，实践行动在先，理论认知在后，不能一概而论。

明代的哲学家王守仁(王阳明)提出知行合一，他提出："知之真切笃实处即是行，行之明觉精察处即是知"。提出"致良知""知行合一"的认识论。在知与行的关系上，他坚持认为知和行是相互联系、相互统一、相辅相成的，不能混淆了知和行，也不能忽略了行的客观意义。

明清之交的唯物主义哲学家王夫之提出："因所以发能"和"能必副其所"，认为以客观对象为基础，主体的认识才得以发生，主体的认识必须符合客观对象的规律。王夫之批判了过去一切重知轻行的不正确说法，提出了行可兼知，行高于知的知行观。

近代民主主义革命家孙中山在认识论上，提出先行后知，知行结合，互相促进发展的论述。他十分推崇行在认识中的作用，强调"不知亦能行"，认为人类社会要进步，必须要勇于实践、勇于变革，他的知和行的辩证关系学说是在长期的民主革命实践中提出来的。

总之，中国历史上知行观虽然内容不尽相同，但是基本都主张知与行辩证统一，实践与认识是紧密结合起来的，二者相互区别，相互联系，缺一不可，对当代社会实践教育具有重要的指导意义。

三、生活教育理论

(一) 约翰·杜威的生活教育理论

约翰·杜威(John Dewey，1859—1952)是美国著名的教育学家，提出"将教育回归到现实生活之中"的教育理念，对西方的教育产生了深刻的影响，"教育即生活""学校即社会"等理论是其核心教育思想。其教育理念和教育思想认为教育的目的就在教育的过程之中：教育要从生活细微处着手，把握既有的经验，有针对性地进行教学；同时认为教育是生活的过程，接受教育就是在生活中不断积累经验、不断学习、不断成长。

(二) 陶行知的生活教育理论

陶行知是我国现代著名的教育家，他的教育思想核心就是生活教育理论，其中一部分就来自于约翰·杜威的生活教育理论。从陶行知生活教育理论看来，生活就是教育、就是教育的内容，生活教育内容丰富，包罗万象，是一个动态的、不断进步的过程，因此他提倡终身教育，在生活中受到教育和启发。生活中的实践范围广大，时刻充满了教育的环境、工具和方法。社会实践教育的内容还要注重与时俱进，在实践中不断注入新鲜血液和新鲜内涵。

根据陶行知的生活教育理论，教学的中心需要围绕实际生活去开展，高校必须引导和鼓励大学生积极体验生活、了解生活、思考生活。高校通过社会实践教育，积极推行素质教育，培养大学生的创新能力和民族责任感，努力使他们成为可堪大用、能够担当民族复兴大任的时代新人。

📖 引申阅读

在理论和实践的统一中展现马克思主义真理力量(节选)

作者：薛晴；《光明日报》，2022 年 03 月 17 日

《中共中央关于党的百年奋斗重大成就和历史经验的决议》明确指出："只要我们勇于结合新的实践不断推进理论创新、善于用新的理论指导新的实践，就一定能够让马克思主义在中国大地上展现出更强大、更有说服力的真理力量。"这一重要论述，深刻阐明了理论和实践的辩证统一关系，闪耀着马克思主义认识论的思想光芒，为不断推进实践基础上的理论创新指明了行动方向。为此，我们需从认识论高度把握理论创新实质，结合新的实践把握理论创新源泉，在知行合一中实现理论创新价值，进而展现马克思主义强大真理力量。

理论创新的实质是什么？要真正做到对理论创新的深刻理解，或者说达到理论创新的自觉，必须掌握理论创新的实质指向。马克思主义认识论指出，认识的本质是主体在实践基础上的能动反映。理论创新作为一种理性认识活动，其实质不仅限于反映事物的现象，更要揭示事物的本质和规律。列宁指出："人的意识不仅反映客观世界，并且创造客观世界。"因此，能动反映的创造性对理论创新极为重要。在马克思主义认识论视域里，理论创新既要坚持实践第一的观点，又要坚持马克思主义基本原理和贯穿其中的立场观点方法，这是由马克思主义理论创新实质所决定的。

坚持实践第一的观点，不断推进实践基础上的理论创新，要求我们既要具有不唯书、不唯上、只唯实的精神，尊重科学、尊重实践，在探索科学真理、变革世界的实践中形成新的规律性认识；又要具有自我革新、自我否定的博大胸怀，勇于承认和修正认识中的缺陷与不足，在发展中创新，在创新中发展；更要具有接受实践检验和磨砺的勇气与魄力。正如马克思所说："最好是把真理比作燧石——它受到的敲打越厉害，发射出的光辉就越灿烂。"

坚持马克思主义基本原理和贯穿其中的立场观点方法，既是我党理论创新的基本经验，也是我党坚持理论创新所遵循的一贯准则。习近平总书记指出："马克思主义基本原理是普遍真理，具有永恒的思想价值。""背离或放弃马克思主义，我们党就会失去灵魂、迷失方向。在坚持以马克思主义为指导这一根

本问题上，我们必须坚定不移，任何时候任何情况下都不能动摇。"需要说明的是，坚持实践第一的观点和坚持马克思主义基本原理，二者虽然分属于实践和理论两个不同基础，但并不矛盾，而且是完全统一的，统一于理论创新和实践创新的良性互动，照亮着人们求索真理之路。

思考与融合

马克思将实践与人的生活紧密联系起来，认为实践是人能动地改造物质世界的对象性活动，把人类的基本存在活动即物质生产活动归结为实践，通过实践实现客观世界和主观世界的统一。马克思指出，"全部社会生活在本质上是实践的"。只有通过实践，才能认识事物，才能解释历史发展的过程和规律。

坚持马克思主义实践观，就是要求大学生正确认识理论与实践的辩证关系，自觉地以马克思主义实践观指导社会实践，在实践中加深和升华对马克思主义的认识，加深对理论联系实际重要性的认识，深化对课堂教学内容的理解，强化和掌握社会所要求的思想政治品德。

只有理解和掌握马克思主义实践教育的相关理论，大学生才能在思想上树立科学的实践育人理念，进而从社会发展与进步的高度理解实践育人的重大理论和现实意义。

第二节　大学生社会实践的指导思想

马克思列宁主义、毛泽东思想、邓小平理论、"三个代表"重要思想、科学发展观和习近平新时代中国特色社会主义思想是任何实践最根本的指导思想。现阶段，大学生社会实践过程中必须自觉运用习近平新时代中国特色社会主义思想去观察问题、分析问题和解决问题。只有这样，才能形成正确的世界观、人生观和价值观，才能在政治上进步、思想上成熟，才能为社会做出更大的贡献。

在我国大学生社会实践教育发展的过程中，始终坚持用马克思主义中国化的最新成果作为大学生社会实践的指导思想。人的自由而全面地发展是马克思最为关注的目标。在他看来，人本质上就是在一定社会关系中，通过劳动来实现其生存的需要，发挥其能力和表现其个性的存在体。人的自由而全面地发展是一个实践过程，只能通过实践才能真正地体验、探索人的自由从而全面发展。

人才培养是高等教育的五项职能之一。高校的社会实践活动必须坚持正确的指导思想，否则社会实践活动就会迷失方向，大学生就不可能真正地在实践中增长知识和才干，锻炼意志品质，为祖国和人民服务。高等学校加强大学生思想政治教育工作是培养社会主义建设者和接班人的必然途径，通过大学生社会实践教育可以使学生逐步树立正确的世界观、人生观和价值观；同时能够教育学生运用辩证唯物主义的基本观点，全面、客观地观察问题、分析问题和解决问题；能够用历史唯物主义的观点和方法看待问题，正确分析和评价现实生活中的各种社会现象。

近年来，党中央高度重视大学生实践教育。习近平总书记多次强调："实践出真知，实践长真才。"他指出："社会是个大课堂。青年要成长为国家栋梁之材，既要读万卷书，也要行万里路。""学习是成长进步的阶梯，实践是提高本领的途径。"2017 年，习近平总书记在给第三届中国"互联网+"大学生创新创业大赛"青年红色筑梦之旅"的大学生的回信中写到："希望你们扎根中国大地了解国情民情，在创新创业中增长智慧才干，在艰苦奋斗中锤炼意志品质，在亿万人民为实现中国梦而进行的伟大奋斗中实现人生价值，用青春书写无愧于时代、无愧于历史的华彩篇章"。当今中国，青年大学生正沐浴在创新创业与实习实训的火热氛围中，高校教育工作者应该充分信任青年、热情关心青年、严格要求青年，积极为青年创新创业开展教育、传递知识、搭建平台、提供机遇，为青年学子的人生出彩提供新的机会。

青年学生也要在学习理论知识的同时积极投身社会实践，做到理论与实践相结合，到基层去、到祖国最需要的地方去，在社会实践中体现爱国、表达爱国；在社会实践中展示志愿精神、展现学生风采；在社会实践中提升专业技术、增强就业能力；在社会实践中坚定信念、磨砺自我、了解国家、增长本领，为人生的奋发有为夯实基础。

引申阅读

理论与实践相结合，让思政课成为热门课(节选)

作者：全林；《光明日报》，2021 年 12 月 14 日

近年来，全国各高校积极开辟"大思政课"的理论与实践相结合的途径，不断打通"思政小课堂"同"社会大课堂"之间的壁垒，探索出"大思政课"理论与实践相结合如下重要途径：

一是加强"大思政课"建设的顶层设计，推动理论与实践相结合。党政齐抓共管，加强顶层设计是推动"大思政课"建设的必然要求。高校党委书记、

校长作为"大思政课"建设第一责任人，需要带头走进课堂听课调研，带头推进"大思政课"建设，建立健全学校教务部门和教师工作部门牵头负责，院(系)具体负责，宣传、人事等相关部门直接参与的工作机制。

二是借助社会实践等多样形式推动理论与实践相结合。习近平总书记强调"所有知识要转化为能力，都必须躬身实践。要坚持知行合一，注重在实践中学真知、悟真谛，加强磨练、增长本领。"社会实践正是在响应这种号召，是理论知识转化为行动实践的重要途径。引导不同年级、不同阶段学生参与实践、砥砺成长。通过社会实践，认知国情，增长才干，锻炼毅力，奉献社会。

三是通过各类科研项目和比赛推动理论与实践相结合。科研项目、比赛的开展和推进能有目的地促进理论知识与实践锻炼的有机结合。既要突出科研项目和比赛成果的现实导向、问题导向，又要将项目、比赛推进过程中的做法、经验提炼成理论知识。如全国"挑战杯""互联网+"大赛、"创青春"大赛、红旅专项赛等等是将"大思政课"理论与实践统筹起来的重要平台，把家国情怀、公益服务、创新创业等思政元素融入其中，将大大提升科研项目和比赛的质量和效果。

四是构建多维度的"大思政课"建设考核评价体系，推动理论和实践相结合。构建多维度的"大思政课"建设考核评价体系，需要设立具体化、可操作的考核指标，包含课程建设规划、思政理念、教学方法和教学手段改革、考核方式、教学成果及应用推广成效等。提升"大思政课"建设质量和效果，需要加强"大思政课"教学的过程管理，突出"大思政课"建设管理的经常化、制度化和规范化特征。

思考与融合

马克思主义认识论坚持实践是认识的来源，同时是检验认识真理性的唯一标准。广大教育工作者在实际教育教学工作中，要坚持用辩证唯物主义的认识规律和辩证唯物主义的基本观点，引导青年学生投身基层，注重实践，获得真知；进一步坚持和发展马克思主义的青年实践观和发展观。

青年正处于世界观、人生观和价值观成型的关键时期，正处于人生的拔节孕穗期，面向青年学生开展高质量的社会实践教育，以社会实践活动为依托的"大思政课"，才能加深青年学生的全方位认知，最终有助于引导学生走出校园、走出课堂、走进社会、走进基层，进而加深对社会的认知和了解；有助于引导学生将课堂所学与企业的需求和社会各界的需要进行有机融合和积极对接，真正做到理论和实践相结合，在实践中对理论知识进行进一步融会贯通、学以致用；有利于引导青年学习生产一线和社会各界的先进典型与先锋模范，从榜样身上汲取力量和智慧，进而转化为自己发奋图强的精神动力。

第三节　大学生社会实践的开展原则

有效的大学生社会实践必须遵循一定的原则，这个指导原则既是社会实践活动规律的体现，又是对社会实践活动经验的概括和总结，是制定社会实践活动计划、内容、方法和组织社会实践活动的依据，其作为一个相对完整的体系，贯穿于整个社会实践活动的始终。正确理解社会实践原则，是促成社会实践活动科学化，提高社会实践活动质量，实现社会实践活动目标的必要条件。

一、科学性原则

科学性原则一般是指以先进的科学理论为指导，基本准则是运用科学的技术手段来进行社会实践活动，实践活动的开展应当由实践的客观性和规律性所决定。在大学生社会实践活动中，结合不同专业和不同年级的特点，应坚持从具体的专业和年级实际情况出发，设计合理的社会实践活动方案，科学安排社会实践活动内容，精心组织大学生社会实践活动，制定科学合理的质量评价标准，确定有效的开展模式，有效地进行社会实践活动。

在贯彻科学性原则的过程中坚持以下基本要求：

(一) 构建有效的社会实践活动模式

构建科学的大学生社会实践活动模式，可以有效地提高大学生社会实践活动质量。目前社会实践常见的模式有公益活动、社会调查、访谈、生产劳动、观察法等模式。需要强调的是，每一种实践模式的运用，每一次实践活动的设计和实施，都必须围绕社会实践的主题，以提高社会实践活动的质量和效果。

(二) 制定科学合理的质量评价标准

质量评价标准是社会实践活动的重要环节。当前，各社会实践活动质量评价主要集中在寒暑假的社会实践活动上，会出现集中片面的情况。这种缺乏科学性、规范性和可操作性的社会实践评价标准不利于学生参与社会实践的积极性与主动性。

（三）实践活动要与大学生的身心特点相适应

高校要根据大学生身心特点和不同年级、不同专业发展规律来开展相关活动，比如低年级大学生的社会实践活动重在熟悉环境、认识社会、了解国情；高年级大学生的社会实践则重在专业技能上，针对社会的需求和社会问题积极进行社会实践活动。

二、专业性原则

大学生社会实践的专业性原则是指在社会实践过程中，让学生立足专业优势，紧扣所学知识，将其落到实处，在实践中成长成才，实现课堂教学与生产实践的有效结合。近年来比较重要的社会实践主题都体现了社会实践的专业性原则要求。大学生在社会实践中真正将专业知识落到实处，实现在实践中成长成才的目标，重视与社会资源的优势互补，与大学生的专业特点紧密联系，学以致用，增强大学生社会实践的专业性和实效性。

在贯彻专业性原则的过程中要坚持以下三点基本要求。

（一）构建科学合理的社会实践工作机制

在专业性社会实践活动中，高校要根据人才培养目标的要求，引导学生参与专业性社会实践活动，提高学生的专业实践能力，使大学生在社会实践中培养自己的实践能力和创新能力，提升学校的人才培养质量。同时，注重构建辅导员、专业教师和社会实践主管部门共同落细落实的社会实践工作机制，让学生所学的知识在实践中得到检验，实现理论与实践的知行统一。

（二）鼓励大学生的社会实践活动与专业紧密结合

社会实践要紧密结合专业特点，积极开展专业性的社会实践活动，专业与实践有机统一。要在深入推进专业实践活动过程中不断细化专业社会实践目标，落实专业性社会实践计划，建立与专业相关的社会实践基地，丰富专业性的社会实践内容，多维度完善社会实践的评价与考核，积极发挥社会实践对第一课堂的拓展功能，力争使每名学生都参与一项专业实践活动。

（三）建设专业性较高的社会实践基地

学校通过专业实习基地的建设，加强了学校与社会的合作与联系，实现了资源共享，为学生提供更好的专业实践平台，促进学校人才培养质量的提升。学生通过专业知识的运用与实践,既加深了对专业的理解与认知,使学习更有针对性,又在实践中增强了学习效果,提高了社会实践能力。

三、目的性原则

大学生社会实践要以育人为目的,这就是实践育人的目的性原则。高校应把社会实践活动作为思想政治教育的有效途径,鼓励大学生积极开展社会实践活动,在实践中成长成才。

在贯彻目的性原则的过程中坚持以下两点基本要求。

(一) 社会实践活动要突出时代主题

社会实践活动要与时代主题紧密结合,紧跟党中央和时代的召唤,以实现中华民族伟大复兴中国梦为初心和使命,聚焦建设社会主义现代化国家新征程,如结合北京冬奥会、喜迎党的二十大等为主题的社会实践,指导大学生开展众多主题鲜明、时代特色感强的实践活动项目。

(二) 充分发挥大学生的主体性

实践育人的对象是大学生,每一个学生对社会实践活动都有切实的情感体验,只有让大学生充分地参与到社会实践活动中去,增强他们对生活的深刻感悟,才能更好地融入到社会实践中,为人民、为社会、为祖国服务。发挥大学生社会实践活动的主体性,使社会实践活动成为大学生自我教育的重要载体。

四、理论联系实际原则

理论联系实际是马克思主义"活的灵魂",大学生掌握知识的过程,实质上是一种认识的过程,具有从"生动的直观到抽象的思维,并从抽象的思维到实践"的特点。大学生在社会实践活动过程中必须自觉坚持理论联系实际的原则,在理论与实践相结合的过程中,掌握知识,培养能力,提高思想道德素质。

在贯彻理论联系实际原则的过程中坚持以下三点基本要求。

(一) 加强对社会实践活动的指导

大学生社会实践活动是加深学生对知识的理解、运用知识于实际和形成技能技巧的重要途径。在社会实践活动中,通过专业实习、生产劳动、科学实验、参观访问、志愿服务等社会实践活动的锻炼,提高他们的实践能力。同时,还可以组织学生参加一些必要的社会活动和生产劳动，使学生受到更多的实际锻炼，增加更多的直接经验，促进理论学习和知识运用的结合。

(二) 学习理论与社会实践活动并重

理论联系实际的前提是对理论的学习和掌握，社会实践活动必须将理论和实践相结合，同时在理论知识指导下，使学生从事社会实践活动。教学的主要任务是传授给学生学习和生活有用的理论知识。要在理论的指导下把教学和生活、间接经验和直接经验、观点和材料结合起来。在理论知识的系统学习中，让学生在中国特色社会主义建设的实践中，了解所学理论知识的实际意义，以便更好地掌握理论知识，提高运用知识解决实际问题的能力。

(三) 创新社会实践活动的形式

社会实践活动不仅要贯彻理论联系实际的原则，还要创新社会实践活动的形式，鼓励大学生在社会实践活动中创新，通过丰富多彩的社会实践活动，使学生学会独立地、创造性地运用知识，掌握一些必要的学习和劳动的基本技能，推动理论学习与社会实践活动的不断创新。

引申阅读

高校社会实践怎样与专业教育相结合——
中国传媒大学"子牛杯"社会调查征文比赛 12 年观察
(节选，略有调整)

记者：刘亦凡；《中国教育报》，2019 年 02 月 21 日

每逢寒暑假，大批高校学子都会走出校园，奔赴全国各地开展社会实践活动。

与课堂教学不同，社会实践将学生放在实际情境之下，通过具体问题的解决，提高他们的综合素养，因此日益受到重视。习近平总书记在 2018 年 5 月北京大学师生座谈会上，就对广大青年提出了"要力行，知行合一，做实干家"的希望，强调"不论学习还是工作，都要面向实际、深入实践，实践出真知"。

如何使高校社会实践成为课堂教学的有效补充，让社会实践与专业教育相结合，共同实现育人目标？中国传媒大学新闻学院"子牛杯"社会调查征文比赛，或许能够给予我们启发。

新闻传播学来源于实践也作用于实践，该学科的专业教育历来重视学生实践能力的培养。"子牛杯"鼓励学生深入一线进行实地调研，顺应的正是新

闻传播学专业人才培养规律。

新闻传播学专业的学生应该具备四个方面的"核心力量"，即：第一，在一件事情发生时，能够迅速判断出最核心的新闻事实；第二，提出问题并试着解答问题，这不仅意味着浅层次的提问，还包含对一个变革的国家和时代提出问题并试着解答；第三，拥有很强的写作能力，特别是各类型新闻的写作能力；第四，以口语表达为主要载体的表达能力。

新闻学院 2012 届本科毕业生付同学对"子牛杯"培养专业能力的作用感受颇深。她当年的选题是艾滋病患儿的教育模式调查，在出发之前，就为艾滋病患儿的教育问题预判了结论。"到了那儿发现，事实是非常复杂的。"付瑜说，后来从事新闻工作，她经常会提醒自己不要预判，做到真实和客观。

新闻学院院长则从学生对专业的认知和个人成长角度来阐释"子牛杯"的作用。他认为，在社会科学中，新闻传播学与人类生活距离最近，对历史发展和社会进步的推动作用是更直接的。当下纷繁复杂的媒介环境正改变着人们的生活方式，新闻传播学专业面临的变化和挑战也是最大的。同时，本科生正处在特殊的人生阶段，迈入 18 岁就有了法律义务，离开父母的保护开始接触社会，又因为大学校园这个缓冲地带的存在而没有完全进入社会。

思考与融合

大学生在开展社会实践过程中，应该充分利用好时间优势和专业优势，结合专业特色有针对性地选择实践项目，作品创作、社会调查、传授专业技能、义务支教等众多的，能够体现大学生价值尤其是专业特长的社会实践活动，都值得提倡。

例如，新闻专业的学生可以走进基层一线开展国情观察项目，并进行写实性报道；电子信息专业的大学生可以进村入户指导村民如何使用电脑、手机；电子商务专业的大学生可以发挥专业优势讲解宣传电子商务知识，帮助村民开通运营网店，销售特色产品；地矿类专业的大学生可以走进煤矿一线，在学习智慧矿山知识的同时，向采矿工人讲述开采原理、安全事项民法典、环境保护法等知识……

从广大教育工作者视角进行分析，可以将社会实践课程化，使之与学生的专业实践相结合，将其纳入正规的教学计划之中，为社会实践赋予更多的专业实践元素和功能，并加强对其过程的指导、考核与监督，在增强大学生社会实践的专业性的同时，增强社会实践的服务性，真正用学生所学的专业技能为群众办实事、做好事、解难事，使社会实践常做常新。

参 考 文 献

[1] 黎群笑，欧阳英. 毛泽东"实践"概念的历史沿革及逻辑分析："运动""调查研究"与"社会实践"[J]. 湖南科技大学学报(社会科学版)，2019，22(06)：17-24.

[2] 李一楠. 以红色社会实践活动推进大学生社会主义核心价值观教育的理性审视[J]. 思想理论教育导刊，2019(02)：78-82.

[3] 呼和，彭庆红. 大学生社会实践的群体自我教育机理及其实现[J]. 思想教育研究，2016(08)：78-81.

[4] 周熙明. 社会工作介入高校马克思主义理论学科服务社会实践研究[D]. 沈阳化工大学，2021.

[5] 岳俊帆. 高校社会实践的育人功能研究[D]. 大连理工大学，2020.

[6] 肖亚辉. 马克思主义实践观视域下大学生社会实践有效性研究[D]. 合肥工业大学，2017.

[7] 秦慧婷. 大学生社会实践的马克思主义大众化功能提升研究[D]. 河南师范大学，2017.

[8] 沈江平. "实践本体论"：一种历史唯物主义的检视[J]. 天津社会科学，2022(03)：33-43.

[9] 侯风云. 论马克思劳动价值论及其理论意义和实践意义[J]. 河北经贸大学学报，2022，43(03)：1-8.

[10] 李昕潞，陈云奔. 马克思实践哲学视域下劳动教育的价值应然[J]. 黑龙江高教研究，2022，40(06)：20-23.

[11] 岳天明，张成恩. 改革开放以来马克思主义科学实践观的中国化推进[J]. 北京工业大学学报(社会科学版)，2022，22(03)：51-63.

[12] 王立胜，曾嵘. 中国马克思主义哲学视域下的《实践论》《矛盾论》[J]. 毛泽东研究，2022(02)：27-38.

[13] 刘同舫. 马克思主义哲学面向实践的方式[J]. 哲学研究，2021(12)：25-34.

[14] 付文军. 论马克思实践观的原则与高度[J]. 思想教育研究，2021(08)：83-88.

[15] 王邵军. 马克思主义实践观及实践思政研究[J]. 山东社会科学，2020(11)：164-169.

[16] 李坤. 论马克思实践观的四个维度[J]. 天津师范大学学报(社会科学版)，2019(04)：30-35.

第三章　大学生社会实践的类型与功能

在经济社会高速发展的背景下，社会对人才全面发展有了更多的需求，和更高的要求，大学生社会实践活动也得到了更加深入、健康且全面的发展，并且取得了良好的效果。社会实践伴随着高等教育的发展逐步形成了实践教学、科技服务、调查研究、志愿服务等几种比较稳定的类型。学生作为参与主体，在参加上述类型实践活动的过程中，不仅对学校所学的理论知识进行了实际应用，提升了科学研究能力，还加深了对经济社会发展的认知。

第一节　大学生社会实践的主要类型

大学生社会实践经过不断的完善和发展，已经形成了自己独特的实践类型，要更准确地了解大学生社会实践的发展，不能忽视对社会实践类型的研究。当前，大学生社会实践主要有以下几种类型。

一、课程实践类

课程实践是课堂理论教学的延伸，其本质是提升学生的实践动手能力，同时培养学生对课堂知识的综合应用能力。学生在日常学习生活中接触到的课程实践主要有课程设计、课程实验、专业实习、毕业设计等，这些课程实践类教育教学活动构成了学生校园内社会实践的重要组成部分，对于巩固和加强学生所学的专业理论知识，引导学生用所学知识处理现实问题，提升专业素养，具有重要意义。

在具体的课程实践活动设计过程中，面对不同专业的学生，有不同的设计方案。例如，对于电子信息类专业学生来说，在实践教学过程中，主要需求为进行基于 OBE 理念的电子信息综合实验。具体来说，以电子信息行业毕业生所需要具备的知识技能作为学生课程实践的最终目标，明确学生学习的最终成效，再以学习成效为导向，制订电子信息工程专业的课程实践体系，再结合理论教学内容合理设计教学方式和实施过程，最后通过校内和校外两条渠道综合评价学生的学习效果，对不合理的方案进行及时调整修订，依次循环，形成闭环过程，如图 3-1 所示。

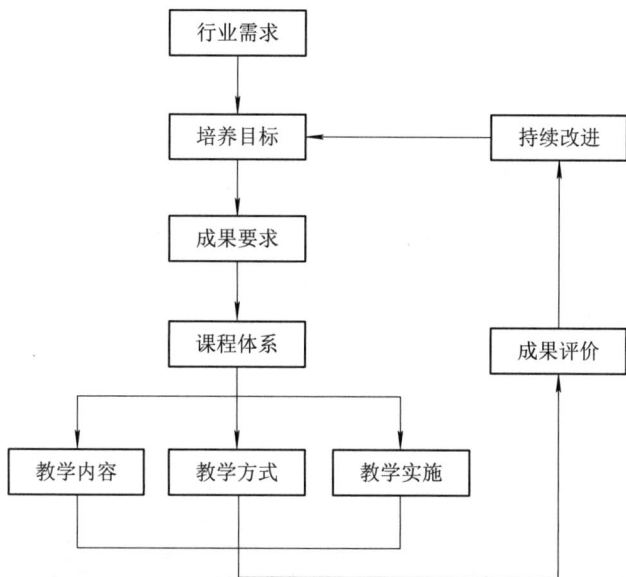

图 3-1　实践教学设计流程图

二、科技服务类

科技服务类实践是指在教师的指导下大学生运用自己所学的专业知识和技能，参加科技宣传活动、科技咨询服务等活动来为社会经济的发展作出贡献，同时提高自己的科研能力和知识运用能力的社会实践活动。科技服务类包括课外科技和创业活动，科技、文化、卫生暑期"三下乡"社会实践活动及自主创业等。

以科技、文化、卫生暑期"三下乡"社会实践活动为例，实践活动成员以志愿者的形式深入农村，传播先进文化和科技，体验基层民众生活，调研基层社会现状。通过开展一系列实践活动来提高大学生的社会实践能力和思想认识，同时更多地为基层群众服务。结合"精准扶贫"政策，为农民解决实际问题，为群众办实事、做好事、解难事，引导大学生运用所学知识和技能服务人民、奉献社会，培养他们为人民服务和发扬艰苦奋斗、甘于奉献的精神。

三、调查研究类

调查研究类实践是指大学生利用假期，有目的、有组织地围绕某一社会现象或问题进行参观、访问的社会实践活动。这类实践主要包括了对国情和社会经济状况的研究、对社会热点问题的研究以及针对社会需要，对某一专业知识的研究。

在实际开展过程中可以组织大学生围绕当前热点问题，结合实际、结合专业，开展调查研究，在调查中找出问题，分析问题，提出有价值的解决意见，形成调研成果。同时，在日常学习生活中，学校要加强学生对新闻敏锐性的锻炼，抓住当前社会的热点问题；在社会实践动员阶段，开设暑期社会实践系列讲座，加强对大学生社会调查的选题、途径、过程的管理和指导，帮助大学生正确认识社会现象，掌握科学研究方法，提高分析问题和解决问题的能力。以本书编委会所在的西安科技大学为例，学校每年都会结合陕西的红色文化、历史遗迹、革命遗址等资源优势，组织开展资源调查、红色文化传承等社会实践活动；例如学校结合延安的红色文化资源分布广泛、形态丰富、载体众多等优势，每年都组织"青年红色筑梦之旅"活动，如图 3-2 所示。

图 3-2　社会实践师生在延安参加"青年红色筑梦之旅"活动

四、志愿服务类

志愿服务是指大学生自愿参与、不计酬劳，用自己所学的专业知识和技能，通过自己的脑力或体力劳动，参加的社会公益活动，实现自身社会价值的一种社会实践活动。志愿服务具有自愿性、免费性、利他性的特征。

社会公益是高校开展社会实践活动的重要途径。此类社会实践活动涉及面较广，常见的有普法宣讲、环境保护、义务支教等活动。

在普法宣讲服务中，大学生可面向不同群体广泛开展法律宣传，比如对于城区居民开展侧重交通法规的宣传，对于沿海居民开展渔业保护法的相关宣传等，以提高广大群众的法律意识和法治观念。

保护环境，减轻污染，遏制生态恶化，不只是政府社会管理的任务，也是全社会的使命。大学生更有义务贡献自己的一份力量，可通过开展环境系列讲座，协助清理垃圾等活动，共同营造和谐的"绿色生活"。

近年来，义务支教被越来越多的学生所接受，此类实践团队以希望学校、郊区贫困学校等为平台，运用所学知识和技能，积极服务农村教育，达到服务新农村建设的目的，同时也为自己创造了解社会、锻炼自我、展示自我的机会和舞台。例如，本书编委会成员每年都会利用节假日定期开展关爱青少年义务支教和志愿服务活动，特别是注重发挥学校资源优势和学科专业优势，开展"科技作品进校园"社会实践活动，走进学校周边中小学，面向青少年展示大学生自主创作的科技作品，如图3-3所示。

图3-3　学生开展"科技作品进校园"社会实践

引申阅读

社会实践：从学校走向社会的过渡(节选)

作者：杨毓康；《光明日报》，2017年07月08日

大学生社会实践一般包括宣传传播、调查研究、社会公益、创业实习等。我

曾经参加或带领同学参加过其中三类社会实践，行经全国 19 个省市。结合个人的实践经历，简单谈一下我对大学生社会实践的看法。

　　大学生们的一只脚停留在学校，一只脚迈向社会；社会实践是我们更好完成过渡的重要途径。大学生参加社会实践，其实就在有意识或无意识地推进这一过渡。或许对我们多数人来说，社会实践是第一次离开家庭与学校的呵护，因而在好奇与欣喜中夹杂着担忧：外面世界是什么样的呀？我会看到、遇到、学到什么呢？能否完成社会实践呢？

　　我们理想中的社会实践，是第一次在与同龄人同吃同住中运用并检验所学知识，认识以至服务社会，发现乃至突破自我。于我而言，恰是如此。湘西石牌镇中心小学是我们学院的定点支教点，大一暑假我和同学在此支教了 20 天。我自己就是从农村考到天津去读书的，当我再回到农村且是更偏远的农村时，看到的是很多"小时候的自己"。一方面，我用心帮助这些"小时候的自己"；另一方面，在接触他们并反观自己成长的过程中，我养成了溯源性反思的习惯，将小时候的诸多经历，经过这次实践加以再思考，转化成人生财富。

　　不可否认，大学生社会实践也存在一些问题。我接触比较多的，就是目前社会对大学生支教实践的质疑。确实，短期支教可能存在很多毛病，比如前期准备不充分、未对支教者进行严格考核和培训、支教地点经常变更没有可持续性等。

　　我认为，社会实践出现问题的根源在于：我们有时并不懂得在社会中如何开展实践——毕竟我们大学生还没有完全熟悉社会，这种不熟悉，不仅存在于支教这类社会公益实践中，只不过比之其他类社会实践，社会公益类实践尤其是支教更易触动社会的敏感神经。在种种质疑声中，社会实践往往显得投入多产出少，"去了总比不去好"成了主流论调。

思考与融合

　　高校在组织开展社会实践时，一定要把握好大学生正在逐步从理论学习到实践认知过渡、从学校生活到社会生活过渡这两个过渡性的特点，要在这个基础上，审视社会实践对大学生增长知识见识和提升综合素质的意义，进而使大学生社会实践呈现出新的面貌。

　　西安科技大学在组织开展社会实践活动的过程中，始终坚持统筹规划，协调立项，分创新创业、国情观察、理论宣传、志愿服务、乡村振兴、生态环境保护等多个模块，其中创新创业、理论宣传、乡村振兴等模块要求学生要将社会实践内容设计与所学专业知识相融合，结合学科专业特色开展社会实践活动；国情观察、志愿服务等模块的侧重点则在走进社会生产生活一线，通过观察、交流、座谈、调研等形式对某一社会现象进行深入研究和分析，进而加深学生对社会的认知，有助于做好校园学习生活和社会生活工作的过渡与衔接。

第二节　大学生社会实践的功能

大学生社会实践的功能是社会实践系统内部诸要素之间以及系统与外部环境之间相互作用时所产生的结果。社会实践系统内部诸要素包括社会实践的主体、社会实践的客体、社会实践的目的、社会实践的内容和社会实践的方法等。社会实践系统外部环境主要包括自然、政治、经济、文化等要素。目前，在全面深化改革和全面建成小康社会的历史进程中，高校加强对大学生社会实践活动的管理和引导，对和谐社会的构建和学生的全面发展都具有重要的功能。

一、促进大学生全面发展

大学生社会实践符合马克思主义实践观和青年观，符合人的全面发展理论，它遵循了教育规律和人才成长规律，是青年成长成才的重要环节。所谓人的全面发展，就个人而言，是指由自然和社会长期发展而赋予每个人的一切潜能的最充分、最自由、最全面的调动。即指人的体力和智力的充分、自由、和谐的发展。普遍认为，"人的全面发展"就是人的各种最基本或最基础的素质必须得到完整的发展。人的全面发展最根本是指人的劳动能力的全面发展，即人的智力和体力的充分、统一的发展，同时也包括人的才能、志趣和道德品质等多方面发展。通常所说的"人的全面发展"是把人的基本素质分解为诸多要素，即培养受教育者在德、智、体、美、劳等方面获得全面发展。

马克思主义实践观认为，实践是人类存在和发展的根本方式，是人类实现自我教育的基本途径之一，知识只有应用于社会实践才能实现其最大的价值。社会实践是把理论知识转化为价值的必要载体，也是丰富知识的必要环节。这就说明，人与社会的发展离不开实践，而大学生的全面发展也离不开社会实践，大学生在实践中能更好地实现全面发展。

此外，古希腊哲学家亚里士多德主张"和谐教育"。瑞士教育家裴斯泰洛齐倡导教育应以善良、意志、理性、自由及人的一切潜在能力的和谐发展为宗旨。捷克教育家夸美纽斯在其名著《大教学论》一书中，提出了泛智教育的思想，希望所有的人都受到完善的教育，使之得到多方面的发展，成为和谐发展的人。法国启蒙思想家卢梭是自然主义教育思想的代表，他认为教育的目的和本质，就是促进人的自然天性，即自由、理性和善良的全面发展。

社会实践活动相对于德育、智育、体育、美育等活动来讲，虽然它们有各自的目标和任务、内容和侧重点，并遵循不同的发展规律，但这并不意味着它们之间彼此独立，毫不关联。恰恰相反，作为学校教育活动的一个有机组成部分，社会实践活动与其他活动彼此联系、相互影响，共同作用于人的全面发展。社会实践活动在人的全面发展中，所要解决的首要问题是人的劳动能力的全面发展，即人的智力和体力的充分、统一的发展问题。同时，也包括人的才能、志趣、情感和道德品质等多方面发展问题。因此，社会实践能将社会的要求转化为学生个体的需要，转化为学生学习和行为的动机，形成学生发展的内部驱动力，为人的全面发展提供强大的内部驱动力。社会实践让大学生走出课堂、走向社会，激发他们的主体创造意识，让他们在实践活动中培养进取的精神和完善的人格，提高综合素质。通过社会实践活动，大学生获得了全面发展的机会，增强了他们的社会责任感和使命感，这不仅是时代发展的客观要求，也是新时代大学生成长成才的现实需要。

二、促进大学生个性化发展

由于个性是一种较复杂的心理现象，又由于个性心理学作为一门学科历史还比较短，因此到目前还没有一个统一的、为广大研究者共同接受的明确定义。目前，心理学界一般认为阿尔波特的个性定义比较全面地概括了个性研究的各个方面。"个性"内涵非常丰富，是人们的心理倾向、心理过程、心理特征以及心理状态等综合的心理结构。个性倾向性是指决定一个人的态度、行为和积极的选择性的动力系统。个性倾向性决定着人对现实的态度，决定着人对认识活动对象的趋向和选择。个性倾向性主要包括需要、动机、兴趣、理想、信念和世界观。它较少受生理、遗传等先天因素的影响，主要是在后天的培养和社会化过程中形成的。个性倾向性中的各个成分并非孤立存在，而是互相联系、互相影响和互相制约的。其中，需要又是个性倾向性乃至整个个性积极性的源泉，只有在需要的推动下，个性才能形成和发展。动机、兴趣和信念等都是需要的表现形式。而世界观居于最高指导地位，它指引和制约着人的思想倾向和整个心理面貌，是人的言行的总动力和总动机。由此可见，个性倾向性是以人的需要为基础、以世界观为指导的动力系统。每个人的个性独具特色，正是这些具有千差万别个性的人，推动着历史的前进和时代的发展与变迁。

培养学生良好的个性，提升学生的人格，促进学生良好个性品质的形成与发展，一直是教育工作者不断努力追求的教育理想和目标。个性教育包含确立远大的人生理想，锻炼良好的社会适应能力，接触各种事物和现象，发现社会发展的主流，保持积极的生活态度等，这些内容都能在大学生社会实践活动中得到培养和发展。社会实践活动作为培养大学生适应社会的重要方法，能增强学生发现问题、研究问题与解决问题的能力，改进其脱离实际的思维方式和行为。通过各种形式的社会实践活动，能使大学生进一步了解社会、增强社会责任感和社会适应能力、提高综合素质和促进学生个性的发展。大学生社会实践活动为学生个性发展提供了一种强大的精神内驱力和实践动力，为学生主动接触社会提供了一个有效的平台。在社会实践活动过程中，大学生深入基层、深入生活，以一种开放的态度，主动关心社会、了解社会、服务社会，实现自身的价值。通过社会实践活动，学生能够提高自己的综合素质、实践能力，培养良好的个性特征，把握自己的优势与劣势，初步体验到个体社会化的过程，能够顺利地完成社会角色的转变。

三、促进大学生社会化发展

社会化是人类特有的行为，人只有在社会中才能实现人的社会化。社会化就是由自然人到社会人的转变过程，每个人必须经过社会化才能使外在于自己的社会行为规范准则内化为自己的行为标准。人的社会化是指人接受社会文化的过程，即指自然人(或生物人)成长为社会人的过程。从文化的角度来看，人的社会化是文化延续和传递的过程，个体社会化的实质是社会文化的内化。著名美国社会学家奥格本对社会现象中的文化因素进行了深入探讨。他认为人的社会化过程就是个人接受世代积累的文化遗产，保持社会文化的传递和社会生活的延续。这种观点反映了人的社会化在文化延续中的重要性。

从社会的角度来看，人的社会化过程不仅仅是个体融入社会的过程，也是增进社会进步的过程，也就是说，在人的全面发展的同时也推进了社会结构的发展与完善，进而促进了社会的进步。美国社会学家帕森斯曾说，社会没有必要把人性陶冶得完全符合自己的要求,而只需使人们知道社会对不同角色的具体要求就可以。他认为角色学习过程即社会化过程,在这个过程中,个人逐渐了解自己在群体或社会结构中的地位,领悟并遵从群体和社会对自己的角色期待,学会如何顺利地完成角色义务。其功能在于维持和发展社会结构。人的社会化过程有赖于个体与社会的相互作用,有赖于个人生理上的禀赋与社会环境的充分接触,有赖于个体主动参与的社会实践活动。如果个人从小与社会生活隔离,脱离社会实践,即使他具有个体社会化的自然基础,具有健全的神经系统,也不能实现人的社会化。

交往是人们社会生活的基本活动方式。人的社会性是在社会交往过程中形成的,对大学生而言,社会实践有利于推进大学生的社会化进程。只有在与人交往、相互作用的过程中,人才能逐步发展起其心理能力和社会交往能力。大学生走出校园这一特定的环境,深入社会、深入基层,开展丰富多彩的社会实践活动,主动与不同职业、文化、观点的人群接触和交往,接触不同的社会层面,扩大交际范围,从而逐渐了解和掌握各种社会信息,拓宽社会视野,积累社会经验和生活阅历。

大学生拥有良好的专业技术优势,但由于所处环境的限制,对社会的了解不够全面,社会实践活动能使他们清醒地看到自己的缺点和不足,从而重新调整自己、完善自己,实现理想与实际、理论与实践、自身与社会的统一,尽快成为一个具有独立个性的人。大学生能通过社会实践提高人际交往能力、独立生活能力和处理复杂问题的能力,以便做好从学习角色到工作角色的转变,实现大学生由自然人到社会人的转化。长期的校园生活使大学生对社会缺乏完整的、深刻的认识,比较容易形成认知的片面性和思维的局限性,常常用浪漫主义和理想主义的眼光看待社会和人生,使其社会化的进程受阻。通过社会实践,大学生可以提高对社会认知的正确度,让他们走出学校这个相对狭窄的空间,投入真实的生活和工作中,为他们将来的独立生活和发展做好准备,尽早实现从自然人(或生物人)向社会人的转化。

引申阅读

增强社会实践的实效性(节选)

来源:南开大学;《中国教育报》,2007 年 2 月 13 日

要不断地加强学生社会实践活动,其着眼点就应该是实现学生、大学和社会三者之间的良性互动,进一步强调社会实践的有效性。目前,我们的学生社

会实践活动的开展仍有不尽如人意之处，其原因就在于我们对社会实践的有效性强调得还不够，主要体现在以下两个方面。

一方面，相对于大学和社会的需要而言，对学生的需要强调得过多。学生在大学中接受教育就是要成才，无论"才"字的内涵如何丰富，毕竟都是以学生为核心，那么在社会实践过程中也必然要以学生为出发点进行选择；而大学的功能不仅仅是育人，还有服务社会的功能，而后者主要取决于社会的需要。在开展学生社会实践过程中，我们过分强调学生的需要，而忽略了社会的需要，结果出现了找实践基地难，找实践对象难等问题，而作为社会实践重要组织者、支持者的大学也随之陷入尴尬的境地。

另一方面，对学生的培养目标还不够明确。究竟要通过社会实践活动培养大学生哪方面的能力？提高哪方面的素质？社会的需要和大学育人的目标之间有多大的差距？对此，我们思考得还很不够。其结果是不能达到社会实践的预期效果，造成社会实践资源的浪费。

要解决这些问题，根本的出发点还是要进一步加强社会实践的有效性，以实践效果为导向，实现学生、大学和社会三者间的良性互动。

首先，以学生为本，以"了解自我，了解社会，了解国情，适应社会"为目的，充分利用有限的资源，力争效益最大化。具体应注意以下几点：一是加大社会实践与专业学习结合的程度。二是明确实践的内容，紧紧抓住学生、学校和社会发展中的重点、热点问题不放。三是将社会实践与大学生择业就业相结合。四是建立大学生社会实践保障体系。五是重视社会实践基地的建设。

其次，大学应主动改进教育方式，更新办学理念，以满足新形势的需要。在教学上，要强调学校教育、学生自我教育和社会教育相结合。在科研上，发挥学生的积极性、主动性，鼓励学生参加科研活动。在服务社会上，要以学生的社会实践为载体，主动地加强对社会的思想输出。

第三，切实研究实践地的具体需要，真正满足实践地的需要。实践地对学校的需求主要集中在先进的科研成果和优秀的人才这两方面，以下两种社会实践模式能较好地解决这一问题。招标模式：前期先由实践地的相关单位收集当地的具体需求，再由学校在全校学生范围内公开招标，择优组团，参加实践的学生则需要在实践地解决具体问题或担任具体职务。就业模式：每年的社会实践筹备阶段，有意识地鼓励高年级的学生尤其是高年级的硕士、博士生参加实践活动，鼓励这批学生到中西部地区、中小城市去。

思考与融合

近年来，实践育人的功能不断深化和完善，但目前部分高校实践育人工作水平参差不齐，部分高校模式陈旧落后，仍然停留在参观考察、调查访谈等浅层次、易开展的传统活动设计，或是沿用"灌输式""填鸭式"的教学模式，很难有效激发学生的创新创造意识和主动思考兴趣。

如何进一步凸显实践的育人实效，让学生学有所获，仍然需要值得每一个教育工作者思考。从实践活动组织的视角分析，以下建议可供教育工作者思考，科学调整教学计划和课内外实践安排，为学生创造更多参加社会实践活动的机会，提供更多的实践选择；培育专业的指导教师队伍，构建由专业教师、团委干部、辅导员及实践基地专业技能人员组成全方位、专业化的队伍；采用灵活的活动推进机制，不断改进社会实践活动的内容、程序，持续调整完善社会实践活动的程序设计和具体安排。

参 考 文 献

[1]　洪晓畅，毛玲朋. 高校思想政治理论课与社会实践活动的协同优化研究[J].
思想理论教育导刊，2020(10)：112-116.

[2]　孟勋，张凌媛. 从承认到认同：高校社会实践育人体系创新研究[J]. 高教
探索，2020(05)：114-119.

[3]　孔祥年. 新时代高校社会实践协同育人机制研究[J]. 学校党建与思想教
育，2019(08)：86-88.

[4]　洪晓畅，郑传娟，李鲁静. 大学生社会实践活动的思想政治教育功能优化
策略研究[J].思想教育研究，2018(06)：138-141.

[5]　呼和，彭庆红. 个体自我教育机理及其实现：以大学生社会实践为研究视
角[J]. 中国青年研究，2017(11)：42-48.

[6]　姚建军，师蔷薇. 大学生社会实践存在的问题及破解思路[J]. 思想理论教
育导刊，2016(03)：147-149.

[7]　刘瑾. 论社会实践与大学生思想政治教育实效性[J]. 兰台世界，2014(S4)：
131-132.

[8]　孔祥慧. 地方高校大学生社会实践优化研究[J]. 国家教育行政学院学报，
2014(11)：57-61.

[9]　李玉文，毕玲. 大学生社会实践能力的内涵和构成要素[J]. 教育探索，
2014(10)：44-47.

[10]　田雨峰. 广西高校社会实践育人质量提升策略研究[D]. 桂林理工大学，2019.

第四章　大学生社会实践的发展

从我国高等教育的发展历程来看，大学生社会实践活动是伴随着新中国高等教育的发展而逐步发展起来的，先后经历了从萌芽到起步、从起步到快速发展，再到现在参与人数不断增加、实践队伍不断壮大、实践要求不断提高和实践意义不断凸显的高质量发展等多个阶段。当前，全国各高校都非常重视大学生社会实践工作的策划实施，每年都有数百万的大学生积极参与社会实践活动，活动形式多样、活动内容丰富、实践成果显著、基地建设推进、后勤保障完善，活动参与面广，社会效益明显，各方面都取得了显著的成绩。

第一节　大学生社会实践的发展阶段划分

伴随着我国高等教育的发展，大学生社会实践活动历经了百年发展历程，已成为大学生思想政治教育的重要环节和高等教育的重要组成部分。回顾百年来大学生社会实践活动的发展历程，总结大学生社会实践活动的发展成绩和发展经验，对于我们立足新的历史阶段，加强和改进大学生社会实践活动具有重要意义。

一、大学生社会实践的萌芽阶段

新民主主义革命时期是中国大学生社会实践活动的萌芽和探索阶段。这一时期逐步形成了"教育与生产劳动相结合"的社会实践指导方针，但尚未出现严格意义上的大学生社会实践教育。

"五四"运动前后，教育救国、实业救国，以及对多种政治体制的探索是当时社会的真实情形。多所学校、众多民间团体和无数仁人志士尝试将西方政治思想和教育模式与中国实际相结合，致力于通过教育实践和劳动实践实现"启民智、开思想"的救亡图存。中国共产党成立早期，虽然在纲领性文件中没有明确表述劳动教育，但有了教育实践、教育救国的内容，提出了要将教育和生产实践相结合的思想。

当时教育界尚没有明确的社会实践概念，加之我国高等教育尚处于起步阶段，高等院校数量较少，大学生规模也较小，实践教育尚处于起步阶段。以当时创办的湖南自修大学为例，其推行将理论学习与劳动活动相结合，破除文弱之习惯，图脑力与体力之平均发展，并求知识与劳力两阶级之接近。20世纪30年代，在延安也开展了卓有成效的实践教育活动，提出实践教育"在于使教育与生产劳动联系起来"，并将"教育与劳动联系起来"纳入了文化与教育的总方针；同时在延安干部学院、延安大学等学校的课程设置中规定学员必须要参加一定时长的生产劳动，必须要在劳动中接受教育。

同时在当时的一些论著中也强调在实践中增进认识，例如，《中国革命战争的战略问题》中指出："读书是学习，使用也是学习，而且是更重要的学习。"这里所说的"使用"乃是社会实践。实践、认识、再实践、再认识，这种形式循环往复以至无穷，而实践和认识之间每一循环的内容，都比较接近到高一级的程度。这就是辩证唯物论的全部认识论，也是辩证唯物论的知行统一观。

二、大学生社会实践的起步阶段

在新民主主义社会向社会主义社会过渡阶段，面对我国薄弱的经济和工业基础，为促进经济建设和社会发展，中国共产党结合新国情和新环境，确立了教育要为工农服务和为生产建设服务的建设方针。1950年8月，中国教育工会第一次全国代表大会召开，就如何更新变革"教育与生产劳动相结合"的教育方针进行了充分讨论，并提出了教育要服务于工农和生产建设的指导方针，这一明确方针为新中国实践教育政策的出台提供了根本遵循。

在社会主义建设时期，社会实践活动在很长一段时间内以生产劳动为主，提出各级政府和各类学校要有计划地、尽可能地组织各种夜校、补习班、读书会等帮助学生进行自修，并组织学生适当地参加各种社会工作和文娱体育活动；同时要注重社会实践，要同社会生产劳动密切结合，学生要通过体力劳动和脑力劳动共同服务于社会生产，其中体力劳动具有基础性、重要性地位。在这一时期，很多学校相应调整了学生培养方案，实践教育环节占到了整个教育教学计划的30%左右，同时也坚持生产劳动、科学研究、社会活动的时间应该安排得当，以利教学的原则。

三、大学生社会实践的快速发展阶段

改革是在观照现实问题和反思历史经验的过程中持续开展的。随着国家经济社会发展进入改革开放阶段，大学生社会实践活动相应地迎来了快速发展。这一时期，改革成为了时代的主题，成为了包括教育事业在内党和国家各项事业的发展主基调，党的实践教育政策发生了很大的变化，实践教育的指导思想转变为"教育与社会主义现代化建设相适应"，实践教育开始快速发展。

1978 年，教育部发文强调高等学校要通过生产劳动以及实验、实习、社会调查、社会活动等使学生获得必要的直接知识和实际锻炼。1978—1982 年间，清华大学、北京大学等高校率先发力推动社会实践活动，清华大学提出了"振兴中华，从我做起，从现在做起"实践口号，通过学雷锋形式，创新了高校社会实践活动；北京大学组织 150 余名学生进行了"百村调查"，这对大学生社会实践和社会调查活动的全面开展和全国性开展发挥了极大的推进作用。

1983 年 10 月，共青团中央和全国学联共同印发了《纪念"一二·九"运动 48 周年，开展"社会实践活动周"的通知》，"大学生社会实践活动"的概念在党和国家的正式文件中被首次提出，并沿用至今。1984 年 5 月，团中央首次召开了大学生社会实践现场观摩经验交流会。同年 6 月，团中央、全国学联向全国大学生发出了"投身社会实践"公开信，号召广大学生理论联系实际，积极投身实践，进一步明确要把加强对学生的思想政治教育与社会实践结合起来。自此，大学生社会实践活动逐步进入了高校统一组织、学生自觉参与的规范化发展阶段。

1987 年 6 月，国家教委和团中央联合印发了《关于广泛组织高等学校学生参加社会实践活动的意见》，明确了大学生参加社会实践的活动目的、活动组织与领导、活动具体形式等问题。1990 年 6 月，中宣部、国家教委和团中央联合印发了《关于暑期高等学校学生社会实践活动的几点意见》，首次在党和国家层面明确大学生社会实践活动的主题。此后几年，各高校连续开展了"大学生暑期科技、文化、卫生三下乡服务活动"。在这一阶段，大学生社会实践活动的重要性被再次拔高，实践活动在各高校普遍开展推广。

2004 年 10 月，中共中央、国务院印发了《关于进一步加强和改进大学生思想政治教育的意见》，明确提出了"实践育人"的概念，并对高校实践育人工作进行了深入系统的安排。2005 年 2 月，中宣部、教育部和团中央等部门联合印发了《关于进一步加强和改进大学生社会实践意见》，强调要充分认识加强和改进大学生社会实践的重要意义，极大地推动了大学生社会实践活动的规范化和高质量发展。

四、大学生社会实践的高质量发展阶段

2012 年 1 月，教育部、中宣部和团中央等七个部门联合印发《关于进一步加强高校实践育人工作的若干意见》，强调了高校实践育人的重要性，为实践育人明确了制度保障。中国特色社会主义教育首先要明确"培养什么人、怎样培养人、为谁培养人"的根本问题，实践教育是培养社会主义建设者和接班人的内在与必然的要求，全面深化了实践和育人的关系，扩充了实践教育的内涵，丰富了马克思主义实践观，为深入贯彻落实新时代教育的职能，落实立德树人根本任务，扎实有效推进实践教育提供了系统的指导思想。

2017 年 12 月，教育部印发了《高校思想政治工作质量提升工程实施纲要》，提出要深入挖掘育人要素，不断完善育人机制，切实构建课程育人、实践育人和文化育人等"十大"育人体系，多措并举引导青年学生树立正确的世界观、人生观和价值观，将实践育人工作提升到了空前的高度。

近年来，教育部、团中央、中宣部等多部门先后提出了一系列的纲领性、指导性文件，对实践教育的主旨、性质、理念、内容、形式等方面做了系统的说明，从教育管理部门和学校层面明确了实践教育教什么、学什么、怎么开展的问题，为加强新时代实践教育提出了行动指南和根本遵循。

📝 引申阅读

推动社会实践不断特色创新(节选)

作者：陈兆宇；《中国教育报》，2021 年 09 月 22 日

社会实践一直是大学生成长的一门必修课。日常的课堂学习让大学生有了丰厚的知识储备，但知识的运用却成为难题，社会上甚至流传出"知识无用"的错误言论。为什么会出现这种情况？究其原因多是成长中实践的缺失，没有专业实践，自然不懂如何践行。这就向高校传递了一个明确的信号：人才培养过程中，社会实践环节必不可少。

丰富的社会实践活动能够弥补课堂知识的不足，帮助大学生在实践中探寻专业意义和自我价值，成为更加优秀的社会主义建设者和接班人。在社会实践中，大学生可以把自己的理论知识融入其中，发挥专业优势，不断完善、拓展自身的知识储备。在社会实践中，大学生也能接触到不同的人和事，了解不同

地方的风土人情，对国家和社会有一个更加直观的认识和感悟。实际上，课堂知识和社会实践在一定程度上是互补的关系。

作为培育人才的摇篮，高校不仅要教授专业理论知识，还应积极培养学生的社会实践能力，在实践中因材施教、因地制宜。常言道，耳闻之不如目见之，目见之不如足践之。古往今来，许多人物的成功不仅仅是依靠前人的理论，更多的是在原有理论基础上的实践与创造。高校应善于为学生搭建社会实践的桥梁，一方面，应着眼于地区特色，结合学院特色，充分发挥区校联动优势，因地制宜地开展社会实践活动；另一方面，社会实践活动要发挥大学生专业所长。知识传授需要因材施教，社会实践同样需要因材施教。社会实践充分结合学生专业优势，有助于大学生更好地运用、完善知识，从而在原有的基础上获得提升。

思考与融合

每年秋季学期开学后，都会有不少媒体报道大学生暑期社会实践活动成果与经验，力求以全员化社会实践引导广大青年学生用实际行动了解社会、历练自我，把自己的人生追求同国家发展进步、人民伟大实践紧密结合起来，努力为成为德智体美劳全面发展的社会主义建设者和接班人而不懈奋斗。

从实践中来，到实践中去，把论文写在祖国大地上，这不仅是社会科学理论界的任务，也是高等教育的使命。做好大学生社会实践，既需要顶层设计有效发挥指挥棒的作用，也需要各高校积极发扬主动性，更需要莘莘学子的自觉投入。

大学生社会实践其实是一个系统工程，需要调动全方位的力量才能做好。在达成共识的前提下，构建高校和社会互利共赢的基础架构是提升实践育人成效的关键。现阶段，为调动各方面的积极性，动员社会各方面支持大学生社会实践，全国各地相继制定了支持大学生社会实践的政策和具体办法，从各方面为大学生社会实践创造有利条件，全社会关心与支持大学生社会实践的良好局面也已形成。

第二节　大学生社会实践的现阶段特点

近年来，随着经济社会发展水平的提升，国家对教育事业的投入逐年加大，大学生社会实践活动也在朝着规范化、系统化和规模化的方向不断推进。在此过程中，呈现出了社会实践主题更加鲜明、社会实践内容更加丰富、社会实践组织更加规范等新的特点。

一、社会实践主题更加鲜明

全国大中专学生志愿者暑期文化科技卫生"三下乡"社会实践活动最早由团中央联合中宣部、中央文明办、全国学联等多部门展开，目前主要是团中央牵头组织，结合当年社会热点、党和国家重要重大事件，设定活动主题，印发全国方案通知，然后再由各团省委印发当年各省份高校的社会实践活动方案，最后由各学校团委配套印发各学校的社会实践通知。

从团中央层面来看，最早在 1997 年开始印发全国性的大中专学生志愿者暑期文化科技卫生"三下乡"社会实践活动通知，截至 2022 年，已连续 26 年统筹安排。26 年间，团中央坚持紧握时代脉搏、紧跟时代主题，每年都有特定的实践活动主题，体现了鲜明的时代特征，同时遵循教书育人规律和学生成长成才规律，坚持围绕学生，根据实践活动开展年份党和国家路线方针政策新要求和重大历史事件、经济社会发展热点难点，实现了每年有主题、每年不一样、每年有特色。现将 1997—2022 年，26 年间的社会实践主题整理如表 4-1 所示。

表 4-1　1997 年—2021 年大学生暑期"三下乡"社会实践主题列表

序号	年份	主　　　题
1	1997	传播文明圣火　推进扶贫开发
2	1998	在服务农村两个文明建设、服务农民生产生活的实践中深入学习贯彻党的十五大精神，深入学习邓小平理论
3	1999	弘扬"五四"爱国精神　勇担强国富民重任
4	2000	向新世纪迈进　在实践中成才
5	2001	播科学圣火　做文明使者
6	2002	同人民紧密结合　为祖国奉献青春
7	2003	实践"三个代表"　弘扬民族精神
8	2004	传承"五四"报国志　落实科学发展观
9	2005	服务和谐社会建设　提高思想政治素质
10	2006	践行荣辱观　服务新农村
11	2007	贯彻科学发展观　服务农村促和谐
12	2008	勇担强国使命　共建和谐家园
13	2009	高扬爱国主义旗帜　服务科学发展大业

续表

序号	年份	主　题
14	2010	服务"三农"发展　建设美好家园
15	2011	永远跟党走　青春献祖国
16	2012	青春九十年　报国永争先
17	2013	实践激扬青春志　奋斗成就中国梦
18	2014	为祖国勤学修德　以实践明辨笃实
19	2015	践行"八字真经"　投身"四个全面"
20	2016	青春建功"十三五"　携手共筑中国梦
21	2017	喜迎十九大　青春新建功
22	2018	青春大学习　奋斗新时代
23	2019	青春心向党　建功新时代
24	2020	小我融入大我　青春献给祖国 助力脱贫攻坚　投身强国伟业
25	2021	永远跟党走　奋进新时代
26	2022	喜迎二十大　永远跟党走　奋进新征程

二、社会实践内容更加丰富

在明确的实践主题之下，大学生社会实践活动内容灵活多样，从学生成长成才的视角来讲，主要包括坚定理想信念、厚植爱国情怀、扎实理论知识、锻炼综合能力等多个方面。从开展活动的具体内容来说，主要包括以下四个方面：一是坚持理论与实践相结合，强化理论学习实效，坚定学生理想信念的政治理论学习型实践，例如党史学习教育实践、理论宣传实践、四史教育实践、红色文化实践等；二是国情观察、认识社会，对经济社会发展成就进行切身学习和感悟的感知型实践，例如乡村振兴实践、关爱留守儿童实践、禁毒防艾宣传教育实践、生态环境保护实践、国情观察实践、民族团结实践等；三是增进服务意识，培养服务精神，强化劳动能力，在生产生活一线锻炼成长的体验型实践，例如志愿服务实践、环保爱卫实践、劳动教育实践等。

近年来，团中央组织了一系列的社会实践专项活动，并呈稳步递增趋势，使实践育人有效性不断提升。现将2014年至今团中央组织安排的部分专项社会实践活动整理如表4-2至表4-9所示，2020年未检索到团中央层面统一部署的专项社会实践活动。

表4-2　2014年全国专项社会实践列表(部分)

序号	项目名称	团队数量	立项单位
1	远洋探海者	490	北京远洋之帆公益基金会
2	索尼梦想教室	20	索尼(中国)有限公司
3	阿克苏诺贝尔	203	阿克苏诺贝尔(中国)
4	绿色新生力	26	人民网
5	"天翼"智慧城镇调研计划	100	中国电信集团
6	圆梦中国，公益我先行	100	团中央学校部、中国扶贫基金会等
7	天翼智慧城镇	*	共青团中央与中国电信集团
8	"井冈情·中国梦"	*	共青团中央学校部、井冈山革命传统教育基地
9	社会实践知行促进计划	*	团中央学校部
合计			939+*

*表示未见公开资料，数据不详。

表4-3　2015年全国专项社会实践列表(部分)

序号	项目名称	团队数量	立项单位
1	井冈情·中国梦	150	团中央学校部、井冈山革命传统教育基地等
2	全国大学生纪念抗战胜利70周年寻访活动	40	人民网
3	乡镇信息化与互联网+	100	共青团中央学校部、中国电信集团政企部
4	印象辽宁　梦想中国	100	团中央学校部、共青团辽宁省委等
5	"丝路新世界·青春中国梦"全国大学生"圆梦中国"暑期实践专项行动	*	团中央学校部、教育部新闻办、新浪微博
6	中国大学生保险责任行	*	中国保险行业协会、人民网
合计			390+*

*表示未见公开资料，数据不详。

表 4-4　2016 年全国专项社会实践列表(部分)

序号	项目名称	团队数量	立项单位
1	"印象辽宁·梦想中国"	100	团中央学校部、共青团辽宁省委员会等
2	"红色基因代代传·长征精神永放光"	50	团中央学校部、共青团贵州省委等
3	"井冈情·中国梦"	180	团中央学校部、井冈山革命传统教育基地管理等
4	"互联网+教育"进城镇	100	共青团中央学校部、中国电信集团政企部
5	印象长白山·筑梦"十三五"	100	团中央学校部、中共白山市委、白山市人民政府
6	中国大学生保险责任行	*	中国保险行业协会、团中央网络影视中心
7	"青春公益·美丽中国"	*	"一带一路"大学生公益联盟、浙江大学团委
8	"丝路新世界·青春中国梦"	*	团中央学校部
9	远洋"探海者"第八届全国大学生社会实践	*	共青团中央学校部、全国高等师范学校共青团工作研究
10	阿克苏诺贝尔中国大学生社会公益	*	共青团中央学校部、中国青年政治学院
合计		430+*	

*表示未见公开资料，数据不详。

表 4-5　2017 年全国专项社会实践列表(部分)

序号	项目名称	团队数量	立项单位
1	暑期"三下乡"社会实践直播评选活动	*	中国青年网联合一直播
2	"'天翼'互联网＋教育"进城镇	100	团中央学校部联合中国电信集团政企部
3	"青春梦想　相约成都"	*	成都市人民政府、团四川省委等
4	"丝绸新世界·青春中国梦"	*	中国大学生"一带一路"协同发展行动中心
5	让爱与生命永续	40	共青团山东省委员会、全国医药类高校共青团工作联盟等
6	印象长白山·筑梦"十三五"大学生暑期实践活动之"大学生文艺志愿者走边关"	50	团中央学习部、吉林省公安边防总队
7	"线上三上乡·扶贫我先行"	*	中国青年网、三下乡官网、今日头条
8	村土地利用规划志愿服务	*	共青团中央、国土资源部
9	"红色基因代代传·青春喜迎十九大"	100	团中央学校部、中共遵义市委、遵义市人民政府、团贵州省委、贵州省学联
10	保险扶贫志愿服务活动	*	中国保险行业协会、中国青年志愿者协会、团中央网络影视中心
11	"井冈情·中国梦"	*	团中央学校部、全国青少年井冈山革命传统教育基地管理中心
合计		290+*	

*表示未见公开资料，数据不详。

表 4-6　2018 年全国专项社会实践列表(部分)

序号	项目名称	团队数量	立项单位
1	中国大学生保险责任行活动	*	中国保险行业协会
2	中国大学生社会实践知行促进计划	*	团中央学校部
3	"'天翼'互联网＋教育"进乡村	100	共青团中央学校部、中国电信集团政企部
4	"弘扬右玉精神　争做时代新人"百所高校右玉行	100	中国青年报社、共青团山西省委
5	"青春致昆明　筑梦新时代"	100	团中央学校部、中共昆明市委
6	中国大学生保险责任行 2018 年暑期社会实践活动社会调查竞赛	*	中国保险行业协会、共青团中央网络影视中心
7	青少年禁毒防艾宣传暑期志愿服务活动	*	团中央学校部团、中央维护青少年权益部
8	"新疆学子百村行"	*	团中央学校部、新疆团区委、新疆生产建设兵团团委
9	"丝路新世界·青春中国梦"	*	团中央学校部
10	"井冈情·中国梦"	200	团中央学校部、井冈山革命传统教育基地
11	"追寻青春足迹·红色筑梦之旅"	100	团中央学校部、中共延安市委等
12	"健康扶贫青春行"	100	团中央学校部
13	"推普脱贫攻坚"	200	团中央学校部、教育部语言文字应用管理司
14	"印象长白山·筑梦新时代"	100	团中央学校部、中共白山市委等
15	"筑梦新时代·奋斗新征程"	100	团中央学校部、中共长治市委、团山西省委
16	"乡村稼穑情·振兴中国梦"	5	全国农林高校共青团工作联盟等
17	村土地利用规划编制志愿服务活动	*	中国土地学会、中国青年志愿者协会等
合计		1005+*	

*表示未见公开资料，数据不详。

表4-7　2019年全国专项社会实践列表(部分)

序号	项目名称	团队数量	立项单位
1	青少年禁毒防艾宣传	100	团中央青年发展部
2	全国农科学子聚力乡村振兴	293	团中央青年发展部
3	村庄规划	202	中国土地学会、中国青年志愿者协会、中国国土勘测规划院等
4	"青春才智助云品"昆明行	50	团中央青年发展部、中共昆明市委、昆明市人民政府
5	"井冈情·中国梦"	117	团中央青年发展部、井冈山革命传统教育基地
6	"深度贫困地区青春行"	384	团中央青年发展部
7	"追寻红色足迹·放飞青春梦想"灵丘行	149	团中央青年发展部
8	"健康扶贫青春行"	199	团中央青年发展部
9	"情系北大荒·建功新时代"	100	团中央青年发展部
10	"青春白山行·奋进新时代"白山行	101	团中央青年发展部、共青团吉林省委等
11	"推普脱贫攻坚"	238	团中央青年发展部
12	"七彩假期"	*	共青团中央、中央文明办、教育部、民政部等
13	"助力新时代文明实践中心"	*	中央文明办三局、中国青年志愿者协会等
14	"追寻红色足迹·情系圣地发展"	*	团中央青年发展部、中共延安市委、延安市人民政府
15	"丝路新世界·青春中国梦"	*	团中央青年发展部
16	"弘扬右玉精神·争做时代新人"右玉行	*	共青团中央青年发展部、中国青年报社、共青团山西省委等
17	"新疆学子百村行"	*	团中央青年发展部、新疆团区委、新疆生产建设兵团团委
18	"筑梦新时代·奋斗新征程"长治行	*	共青团中央青年发展部、中共长治市委、共青团山西省委
19	中国大学生保险责任行	*	中国保险行业协会、团中央网络影视中心
	合计		1933+*

*表示未见公开资料，数据不详。

表4-8 2021年全国专项社会实践列表(部分)

序号	项目名称	团队数量	立项单位
1	走进千村观察，助力乡村振兴	100	宁波大学团委
2	投身乡村振兴，助力健康中国	150	滨州医学院团委
3	"井冈情·中国梦"	250	井冈山革命传统教育基地
4	四川·宜宾‖乡村规划编制、科技支农、教育关爱等	50	团宜宾市委
5	江西·井冈山‖开展党史学习教育、国情民情教育和素质拓展等	*	井冈山革命传统教育基地
6	陕西·延安‖红色教育、乡村振兴、创新创业等	*	团延安市委
7	福建·福州‖党建引领、科教兴城、温暖榕城等	*	团福州市委
8	云南·玉溪‖调查研究、志愿服务、乡村建设、文创设计等	*	团玉溪市委办公室
9	内蒙古·鄂尔多斯‖乡村振兴、农村电商、生态环保等	*	团鄂尔多斯市委学校与少先队工作部
10	"新疆学子百村行"	*	团新疆区委学校工作部
11	推普助力乡村振兴	*	教育部语言文字应用管理司、共青团中央青年发展部
12	云南·昆明‖乡村建设、助学支教、文创大赛等	*	团昆明市委办公室
13	吉林·白山‖党史宣讲、红色教育、乡村振兴、志愿服务等	*	团白山市委
合计		550+*	

*表示未见公开资料，数据不详。

表4-9　2022年全国专项社会实践列表(部分)

序号	项目名称	团队数量	立项单位
1	牢记总书记教导　奋进新征程	*	宁波大学团委
2	"井冈情·中国梦"	*	井冈山革命传统教育基地
3	追寻红色足迹　助力圣地发展	*	团延安市委
4	好年华，聚福州	*	团福州市委
5	投身乡村振兴，助力健康中国	*	滨州医学院团委
6	推普助力乡村振兴	*	江苏师范大学
7	"新疆学子百村行"	*	团新疆区委学校工作部
8	走进千村观察，助力乡村振兴	*	宁波大学团委
9	守护朝阳　助力成长	*	中国社会工作联合会青少年与学校社会工作委员会
10	聚才引智　青春兴滇	*	团昆明市委办公室
11	"一起向未来"新时代英雄城市学子行	*	团武汉市委
合计			*

*表示未见公开资料，数据不详。

三、社会实践组织更加规范

在学生社会实践过程中，实践团队的组建看似简单，却蕴含着大学问，一个好的实践团队要求指导教师有水平、实践队长有担当、全体队员有目标、团队齐心协力有干劲。规范、有序、严谨的社会实践组织过程是实践育人取得实效的关键。目前，国家—省(自治区、直辖市)—高校—院系四个层级的组织架构和工作体系有效保证了大学生社会实践的顺利实施。在国家层面，每年6月前后，团中央会联合中宣部、中央文明办、全国学联等部门，联合下发实践活动通知，确定年度实践活动的主题，对当年的实践活动主要内容、队伍组建、实践方式等进行全面部署。在省(自治区、直辖市)级层面，一般由团省(自治区、直辖市)委联合同级党委宣传部、文明办、教育厅、学联共同开展，根据全国总体部署确定本地区活动主题、重点项目，负责活动的组织实施，进行领域内的总结表彰。在高校层面，主要由校团委等部门根据上级的部署和本校中心工作，开展本校活动的策划、动员和实施。在院系层面，按照学校的统一部署和安排，制定院系的实施计划，开展培训，组建院系级实践团队，进行基础实践成果的认定等。

在四级组织架构中，学校层面的组织显得尤为重要，以西安科技大学为例，在团中央统一的活动主题之下，按照"目标精准化、工作系统化、实施项目化、传播立体化"和"按需设项、据项组团、双向受益、校院联动"的原则，聚焦党和国家重大战略，围绕学校事业发展重点和青年学生发展需求，突出学校"红＋黑(煤炭)"特色，依托现代信息技术企业、传统煤炭企业、红色教育基地开展了一系列特色鲜明的社会实践活动，如图4-1至图4-3所示。同时学校将社会实践项目与"四史"学习教育、社会发展主题、学校学科优势、大学生专业实习、创新创业就业、社会公益项目、青马工程等相结合，形成目标一致、相辅相成的工作态势，共同发挥好组织引导大学生了解国情民情、提高认识和融入社会的素质能力等方面作用；同时引导广大学生在接受红色教育、坚定理想信念的同时，自觉弘扬学校精神，扎根行业建功立业，助力学校就业创业教育。

图4-1　社会实践团队师生在煤矿学习智慧矿山知识

图 4-2　社会实践团队师生在煤矿井下学习

图 4-3　社会实践学生在陕西照金革命纪念旧址学习

引申阅读

安徽师大近万名师生通过暑期社会实践学史力行
青春在志愿服务中绽放

记者：方梦宇；通讯员：田超；《中国教育报》，2021 年 8 月 23 日

"去年因为疫情我们没能守约，今年就算已经毕业了，我也一定要履行我的承诺，再来给你们当老师。"郭仁龙站在四川省南充市阙家镇光明小学的讲台上，台下是 40 多双充满期待与喜悦的眼睛。作为安徽师范大学 2017 级应用心理学专业的学生，他跟随安徽师大"情系川皖·圆梦巴蜀"山区留守儿童支教团来此支教。

这是该团队第 14 年开展暑期社会实践。"今年我们的支教会更注重对孩子们的红色教育，把革命的故事讲好、把英雄的故事讲好，加深他们对党的伟大征程和光辉历史的认识。"2019 级酒店管理专业学生黄芯茹作为队长，强调此行的教学重点。

大山里的孩子们没有出过远门，团队成员们特地带来了"'总书记的红色足迹'智慧'云地图'"。南湖红船、红军长征会师纪念园、渡江战役纪念馆……安徽师大地理与旅游学院师生围绕党的十八大以来习近平总书记亲自考察的红色党史教育基地，运用定位、建模、"互联网+"等技术制作成"云地图"，深受小学生们的喜爱。

"我从孩子们惊喜又渴望的眼睛中看到他们对党史知识的渴求，感受到他们对党的崇敬之情，我的责任感也油然而生，能把知识带进大山，就是我作为一名预备党员最有意义的工作。"郭仁龙说。

在中国共产党成立 100 周年之际，安徽师大 118 支校级重点实践团队足迹遍布全国近 20 个省份，千余名"小先生"在山区、社区、课堂、工厂，开展习近平总书记"七一"重要讲话精神宣讲。

"在对铜陵市义安区社区宣讲的备课中，我们想讲透习近平总书记'江山就是人民，人民就是江山'的重要论述，经过讨论和收集资料，最终找到了马毛姐和吕其明这两位安徽籍'七一勋章'获得者作为宣讲的切入点。"2019 级思想政治教育专业学生雷霆雯收集了近 2 万字的资料，4 名宣讲团成员来回改了 8 遍宣讲稿，才在教师的指导下最终定稿。

"从选题、撰稿到试讲等每个环节，都是学生主动参与，我们只从旁指导，让他们在思考与论辩中进一步加深对党史相关理论知识的认知与认同，

学透了，也就能讲明白了。"宣讲团指导教师、该校马克思主义学院教师聂圣平说。

"理论＋宣讲""理论＋观影""理论＋参观"……宣讲团成员摸索出了丰富的宣讲方式。校内两名省委党史学习教育专家带领近 200 名专家学者和优秀学生党员组建了 12 支师生宣讲团，巡回宣讲 100 余场，基层一线宣讲惠及人群达 2 万余人次。

思考与融合

社会实践为学生思想引领和价值引领注入了鲜活的动力，让学生在与社会的接触中了解社会，在切实的沟通与交流中感悟经济社会发展带来的巨大红利，在切实体会中坚定对马克思主义的信仰和对中国特色社会主义的信念。幸福是奋斗出来的，学生可以在实践过程中感受到付出的乐趣和收获的喜悦，进而体验自身的社会价值。

当前，大学生基本都是"00 后"的学生，生在红旗下，长在春风里。有一些学生在学习生活过程中都存在一种迷茫，即"如何做到为人民服务？"其实，无论是在校学生，还是社会群众，我们周边见到的每一个人都是人民的一分子，都是可以服务的对象，以理论宣讲类社会实践为例，实践队员在为听众讲述一个党史故事、一段奋斗历程、一位英雄的事迹、一套创新理论的过程，就是为人民服务的过程，就是在为社会奉献自己的一份力量，也是在实践中绽放青春的光芒。

第三节　大学生社会实践的现阶段意义

党的十八大以来，习近平总书记多次通过座谈、会议和回信等形式强调深入开展和参加社会实践对学生成长成才的重要意义，勉励广大青年学生既要向书本学习专业理论知识，也要向实践学习社会民情；强调广大学生要坚持学以致用，坚持深入基层、深入群众，努力成长为可堪大用、能担重任的国家栋梁之材。

一、社会实践是高等教育办学发展的重要组成部分

从高等教育的发展视角分析，社会实践是高等教育办学发展的重要组成部

分。中国高等教育事业的发展必须要始终坚持马克思主义的指导地位，这是中国高等教育坚持中国共产党的领导，坚定不移走中国特色社会主义道路，坚持为党育人、为国育才的需要，也是坚持中国高等教育发展规律的需要。实践的观点是马克思主义认识论的基本观点，大学生社会实践是符合马克思主义认识论，符合"实践、认识、再实践、再认识"的认识规律，符合社会主义教育客观规律，包括教育教学、生产劳动、认识社会等为一体的一种综合性实践活动。

从高等教育办学发展来看，实践育人已经成为高校人才培养体系的重要组成部分。2017 年 12 月，教育部印发了《高校思想政治工作质量提升工程实施纲要》，提出要深入挖掘育人要素，不断完善育人机制，将实践育人纳入了"十大"育人体系，提出要坚持理论教育与实践养成相结合，整合各类实践资源，让学生在实践中增长才干、提升能力，进一步体现出了实践育人工作在高等教育整体布局和新时代人才培养中的重要地位。

二、社会实践是统筹育人资源的切实可行途径

从学校的资源整合视角分析，社会实践是统筹育人资源的切实可行途径。人才培养离不开教育，教育活动离不开资源。如何将现有的各类教育资源进行有效整合和有机结合，让教育资源的育人效能最大化，这是当前很多教育工作者们需要面对和解决的一个重要问题。相比于组织育人、管理育人、服务育人和文化育人等育人体系，实践育人整合和统筹各类教育资源中具有显著优势。要提升学生综合能力不能仅靠课堂知识的学习，还需要一个"学思悟践"的过程，而这一过程的落脚点就是实践。

以当前各高校校企合作、校地合作和部门协作为例，不论是何种协同育人模式，最终学生的能力的提升都要在实践过程中得到体现和升华。同时高校社会实践不是无源之水，也不是闭门造车，需要社会各界提供一定的资源、平台和环境，例如政府见习、企业创新创业实践、社区调研服务。通过政府、企业和社会的平台支持和资源投入，有助于将社会育人资源引入学生教育教学过程，并有助于将个体资源的育人优势整合转化为系统化的整体的育人优势，实现育人资源的优势放大效应。

三、社会实践是开展思想政治教育研究的重要内容

从教师的科学研究视角分析，社会实践是开展思想政治教育研究的重要内

容。社会实践不仅为高校人才培养整合了资源、搭建了平台，而且为广大高等教育工作者开展大学生思想政治教育研究提供了重要的选题和内容。研究是手段，育人是目标。中共中央、国务院《关于加强和改进新形势下高校思想政治工作的意见》提出，高校把思想政治工作贯穿教育教学全过程，把思想价值引领贯穿教育教学全过程和各环节，形成教书育人、科研育人、实践育人的长效机制。

科学研究是立德树人的重要载体，教师强化担当、以行践知，将社会实践的研究同德育、智育、体育、美育和劳动教育等教育内容的研究相结合，是高校思想政治教育工作者开展大学生思想政治教育工作和科学研究的有效内容和重要视角。以国家社科基金、教育部人文社科项目、教育部人文社科项目思想政治教育研究专项和各省高校学生工作精品项目和研究课题为例，近年来先后有一大批实践育人相关的研究项目和课题获得立项，并且社会实践相关项目立项数量呈现出了逐年递增的趋势，可见社会实践在思想政治教育研究中的重要性。

四、社会实践是学生提升综合素养的重要途径

从学生的成长成才视角分析，社会实践是学生提升综合素养的重要途径。我国高校广泛化、系统化开展社会实践30多年来，实践育人工作取得了显著成绩，数百万的大学生通过社会实践受教育、长才干、做贡献，成长为了国家和社会的栋梁之材。当前，伴随着"新工科""过程认证""双万计划"等高等教育战略的不断提出和发展，当前我国高校人才培养模式也在发生着相应的变化，对创新型、应用型、技术型和高端服务型人才的需求不断增加。

社会实践可以将企业创新创业学习、企业观摩实习和调研社情国情等内容引入教育教学环节，学生走出校门、走向社会和走进企业，增加了亲身学习体会，有效改进了传统的呆板性、灌输式的授课模式，破除学校与社会、课堂与课外、历史与现实的学习阻碍。以团中央层面组织开展的大中专学生志愿者暑期文化科技卫生"三下乡"社会实践活动专项活动为例，团队数量呈现出了逐年递增趋势，并且增幅较大。这一方面凸显了党和国家对实践育人工作的重视，另一方面也给学生提供了更多的实践选择。

引申阅读

青春告白祖国　发出时代强音
上海市部署开展社会实践优秀成果宣传推广展示活动(节选)

来源：教育部高校思想政治工作简报，2019 年 16 期

突出参与感获得感，打造"行走课堂"育人品牌：扎实开展"小我融入大我，青春献给祖国"暑期实践。依托"行走课堂"学生社会实践长效机制，组织全市 60 所高校的 10 万多名大学生，聚焦"看伟大成就、讲中国故事、展青春风采、做时代英才、悟成才之道"主题，奔赴全国 30 个省份开展了近万个实践项目。在思政课教师、辅导员的指导下，学生团队深入校园、企业、社区、乡村、军营等基层单位，积极开展教学实习、技能实训、惠农服务下乡、基本医疗普查、留守儿童关爱、文化艺术展演等实践活动，涌现一批优秀实践团队和实践项目。上海财经大学推出千村调查 2.0 版，探索国情教育、社会实践、科学研究、学科建设"四位一体"的人才培养模式，提升实践育人成效。

突出示范性引领性，启动首场市级宣讲活动：两千大学生同堂表白爱国奋斗心声。9 月 5 日，来自全市 60 所高校的 2000 余名大学生在同济大学参加了上海大学生"青春告白祖国"启动仪式暨首场宣讲会。复旦大学博士生讲师团、上海交通大学知行社会实践团、同济大学乡村研习社、上海大学无人艇团队、上海理工大学牵头的"新时代·中国说"大学生讲师团等，分别围绕"传承红色基因、将青春梦融入中国梦、青春与祖国共奋进"主题，结合社会实践成果，用自己的语言讲述所见、所闻、所感，积极传播青春正能量，发出上海学子爱国奋斗的时代强音。

突出整体性协同性，构建"点面"结合的工作格局：实现所有高校、所有学生全覆盖。一是全市"一盘棋"统筹推动。组织全市高校大学生学习习近平新时代中国特色社会主义思想系列主题活动，通过艺术作品展、学生讲公开课、微电影展示、读书征文比赛、"理论之星"评选等形式，突显大学生自己备课、自我教育的特色。二是发挥片区资源集聚优势。推动杨浦、松江、临港等高校聚集的片区，开展联学联讲联演系列活动，突出资源共享、优势互补，拓宽优秀成果示范辐射范围。上海海洋大学已联合临港片区 5 所高校开展学生演讲活动。三是结合高校特色广泛开展。各高校结合开学典礼、新生入学教育、升国旗仪式等主题活动，突出自身专业特色和校园文化，全覆盖开展"青春告白祖国"。

　　突出思想性创新性，调动大学生参与热情：做到"主动讲、用心听""用心讲、主动听"。一是聚焦核心内容。紧紧围绕爱党爱国爱社会主义，引导学生用真情开展党史、新中国史以及党的创新理论宣讲，让广大学生深刻领悟中国共产党的初心使命，坚定"四个自信"，激发青春激情和奋斗决心。二是创新方式方法。组织大中小学学生共上一堂"我和我的祖国"思政课，组织"歌声唱响祖国颂""我和我的祖国"主题歌会、上海音乐学院原创音乐剧《春上海 1949》展演等丰富多彩文艺活动。三是丰富载体平台。推动易班网开展"青春献给祖国"等网络活动，充分利用抖音、快手、bilibili 等新兴网络平台，营造上海大学生向新中国成立 70 周年献礼的浓郁氛围。上海电力大学开展"青春为祖国而颂"抖音短视频大赛、"三行情诗表白祖国"网络活动。

思考与融合

　　"十四五"时期，我国已进入新发展阶段，在新发展理念引领下构建新发展格局。对高等教育来说，也是如此，教育新发展阶段最突出的特点是内外部环境条件和多种教育要素的改变，这既有学校的变化，也有教师和学生教与学方式的改变。

　　教育要形成新的发展格局，就是要基于学生成长需求，综合考虑学生个体、社会环境、外部资源等各方面影响因素，构建有利于学生成长成才的教学模式，开展具有针对性的教学活动。

　　在新发展理念和新发展格局之中，要定义好教育的主客体关系，注重发挥学生作为受教育主体的主观能动性。学生的积极性、主动性、能动性差，就会出现思想认识跟不上、理论学习不刻苦、实践活动不参与的消极情形，就会导致所学到的知识跟社会需要及生产生活实际联系不紧密。基于此，广大教育工作者要在学生生活、学习、实践的各个环节构建连贯持续的实践教学方案，促进学生融会贯通，形成良性的教育系统。

参考文献

[1]　徐燕萍. 境脉学习：青少年社会实践课程化的逻辑起点[J]. 教育发展研究，2019，38(10)： 47-51.

[2]　刘丽萍. 社会实践教学与大学生综合能力培养[J]. 实验室研究与探索，2017，36(04)：212-214.

[3]　田兆富, 亓强. 新形势下社会实践育人体系探析[J]. 教育与职业，2016(14)：115-117.

[4]　张玉龙. 共青团运用新媒体服务大学生社会实践的思路[J]. 学校党建与思想教育，2015(18)： 47-48.

[5]　赵欣. 社会主义核心价值体系教育视域下的高校社会实践教育[J]. 教育与职业，2015(22)： 112-114.

[6]　都基辉，刘晓东，胡智林. 改革开放以来大学生社会实践的历程、经验和启示[J]. 思想教育研究，2015(03)：97-101.

[7]　刘有升. 大学生社会实践科学发展的路径抉择[J]. 福州大学学报(哲学社会科学版)，2013，27(01)： 94-97.

[8]　廖悦. 大学生"三下乡"社会实践的现状研究[D]. 南昌大学，2014.

[9]　艾磊. 大学生社会实践发展及策略研究[D]. 吉林大学，2012.

[10]　骆军. 改革开放以来高校社会实践活动的发展及经验研究[D]. 华中师范大学，2003.

[11]　刘同国. 大学生社会实践活动现状与发展研究[D]. 山东师范大学，2010.

[12]　盛连喜. 新时期大学生社会实践活动的认识与思考[J]. 科学社会主义，2007(01)：101-104.

第二篇　大学生社会实践指导

本篇主要对大学生社会实践进行具体指导。内容包括三个部分：一是大学生社会实践的组织实施，例如实践选题、项目实施、单位选择等。二是大学生社会实践常见的调查研究方法，例如，问卷调查法、实际观察法、调查法、访谈法、案例分析法。三是大学生社会实践中常用文体写作的指导，例如，实践新闻、实践论文和实践调查报告等。读者可从本部分内容的学习中熟悉并掌握大学生社会实践的全过程实施方案和系统性调研方法，有助于社会实践活动的组织与开展。

第五章　大学生社会实践的组织实施

　　社会实践在具体实施的过程中，始终要坚持"因材施教"，否则，相关活动就难以收到实效。具体而言，就是要在遵循实践教育和学生成长规律的基础上，做好系统性规划，前期需要加强项目选题指导，并结合选题方向确定好实践目的，设计好实践内容和实践方式。在实践开展过程中，要加强全方位的指导、全过程的把控，并按照实际情况进行适时调整。项目后期，要对实践成果进行总结和凝练，同时要组织科学合理的考核评价和评奖评优，还要注重成果的应用和转化，真正使社会实践达到预期的育人目标。

第一节　大学生社会实践选题

　　社会实践选题是开展大学生社会实践活动的第一步，也是决定社会实践成败的关键环节。能否确定一个可行性好、吸引力强、创新性明确的实践选题，直接影响大学生社会实践活动项目的策划、开展与实施，尤其是实践成果的价值性、创新性、适用性、先进性、新颖性等，进而关系到社会实践育人根本目的的实现。

一、社会实践选题决定实践目标

　　社会实践是具有明确目的性的活动，最终想要达到什么目的、实现什么任务、确定怎样的实践对象、形成何种实践成果等，都与社会实践的选题息息相关，一个科学合理的社会实践选题不应该是简单地接触社会，而是要着眼国家战略，聚焦行业发展，深入前沿领域，以社会市场需求为导向，运用系统化的专业知识，推动核心技术攻关。

　　以西安科技大学 2018 年赴西部实践团为例，该团队从实践育人的实效性考虑，在解读近年来国家不断提倡的"一带一路"倡议的前提下，结合学校地处丝绸之路起点西安的地缘优势、煤炭院校的学科优势和煤炭行业继续深化供给侧结构性改革的迫切需求，基于丝绸之路沿线有扎根西部的学校校友、储量丰富的煤矿资源、颇具规模的煤炭企业和博大精深的丝路文化，最终确定了以煤炭企业现场学习为主，"一带一路"文化传承为辅的实践选题方向，进而确定了该次社会实践的目的，旨在以实践为载体，引导新时代的大学生沿丝绸之路走向西部、深入煤矿、走进一线，在现场学习中实现知识与应用的融会贯通。

二、社会实践选题影响实践成果

社会实践选题的提出与确定，是设计方案、安排活动进程的基础和前提。选题不同，其实践的活动内容、实践的对象范围、实践的调查方法、实践人员的选择确定、实践团队的规模大小、实践工作的统筹安排、实践成果的应用转化都相应不同。如果社会实践的选题没有充分设计和周全考虑，后期在社会实践成果的凝练与应用中难免会遇到困难与问题。在社会实践过程中，选题内容可以根据实际情况进行一定调整，但其核心方向是固定的。

西安科技大学实践团队在确定了选题方向的基础上，组织实践队伍沿古丝绸之路，先后在陕西、青海、甘肃、新疆开展实践活动，实践内容涉及校友走访、用人单位回访、企业学习、煤炭行业调研等。2019年该团队指导教师依托实践育人成果申报了当年度陕西省辅导员工作精品项目，进一步实现了成果的深度应用和后期转化。

三、社会实践选题的主要途径

社会实践选题有多种来源与途径。诸如，现实社会生活、课堂理论发展、个人特定经历、文献资料研究、兴趣专业特长以及已有的实践项目成果等，都是社会实践选题的主要来源。然而，笔者将社会实践选题的外延涵盖为三个主要层面，即理论课程的重点难点问题、大学生关注的热点焦点问题和团中央的年度实践选题。

以西安科技大学为例，2021年立项A类社会实践团队34项，在立项过程中结合了当年度团中央和团省委的文件要求、学校专业特色和社会热点话题，主题类别涉及乡村振兴、国情观察、创新创业、禁毒防艾、生态环境保护等多个领域。具体立项项目详见表5-1。

表 5-1　西安科技大学 2021 年暑期社会实践项目列表

序号	团队类别	团队名称	实践地点	活动形式
1	国情观察 创新创业	"百年初心、煤海逐梦" 实践团	内蒙古、山西、陕西	线下
2	国情观察 创新创业	赴山西国情观察实践团	山西大同	线下
3	国情观察 关爱留守儿童	微爱临遇实践队	陕西临潼	线下
4	创新创业	加拿大劳伦森大学线上研学 实践团	陕西西安	线上
5	创新创业	"青春使命·安全同行"实践团	陕西、上海、天津、 江苏、浙江、北京	线下
6	创新创业	赴西咸新区、渭南高新区创新创业 调研实践团	陕西西安、渭南	线下
7	创新创业	"青春新疆行，筑梦丝绸路"就业 调研	新疆昌吉	线下
8	创新创业	"我是你的眼"就业创业实践团	陕西西安、宝鸡、 延安	线下
9	创新创业	连云港徐圩新区创新创业实践团	江苏连云港	线下
10	创新创业	赴榆林现代化矿井调研实践团	陕西榆林	线下
11	创新创业	江浙地区就业考察实践团	陕西、江苏	线下
12	创新创业	"红墨"党史宣讲及现代智能化煤矿 调研实践团	陕西榆林、延安	线下
13	乡村振兴	"助力乡村振兴，安全青春同行" 实践团	陕西、黑龙江、甘肃 等	线下
14	乡村振兴	芋元村乡村振兴调研实践团	陕西咸阳	线下
15	乡村振兴	助力临潼"红色引擎"兴农村调研 实践团	陕西临潼	线下

续表一

序号	团队类别	团队名称	实践地点	活动形式
16	乡村振兴创新创业	乡约双创，建工兴村	陕西、甘肃、宁夏	线下
17	乡村振兴创新创业	青春助力陕西乡村振兴团队	陕西蓝田	线下
18	乡村振兴禁毒防艾	长武助力乡村振兴实践队	陕西长武	线下
19	党史学习教育	"回望百年奋斗路·青年接力新征程"湖南长沙、韶山党史学习实践团	湖南长沙、韶山	线下
20	党史学习教育	传承红色基因党史学习专项实践团	陕西西安、延安	线下
21	党史学习教育	"重走转战路，坚定跟党走"实践团	陕西榆林	线下
22	党史学习教育	"回望百年奋斗路·青年接力新征程"赴陕西、湖南党史学习实践团	陕西、湖南	线下
23	党史学习教育	追寻红色足迹实践团	陕西延安	线下
24	党史学习教育	"追溯百年，梦回延安"实践团	陕西延安	线下
25	党史学习教育	献礼百年·党史学习宣传实践团	陕西、贵州、重庆	线上＋线下
26	党史学习教育	"赓续红色百年，庆祝建党百年"实践团	陕西、上海	线上
27	党史学习教育	"回望百年奋斗路，青年接力新征程"实践团	陕西、山东	线上
28	党史学习教育	"看望抗战老兵，传承抗战精神"实践团	陕西临潼	线下
29	党史学习教育	红色教育基地学习实践团	陕西西安	线上＋线下

续表二

序号	团队类别	团队名称	实践地点	活动形式
30	生态环境保护创新创业	赴秦岭西安段露天矿井生态问题调研	陕西西安	线下
31	生态环境保护	"一带一路"绿色同行	陕西、宁夏、甘肃、新疆	线上
32	民族团结	"石榴花向党·胡杨情扎根"实践团	新疆	线下
33	十四运会和残特奥会志愿服务	助力全运盛会胡杨青年实践团	陕西西安	线下

引申阅读

积极构建大学生实践能力培育共同体

作者：胡建军；《光明日报》，2015 年 03 月 30 日

大学生实践能力培育共同体是指政府、高校、社会、教师和学生等各构成要素以培育和提升实践能力为目的的培育载体，它是推进实施"实践育人共同体建设计划"的重要基础。构建大学生实践能力培育共同体是一项系统工程，既需要政府、高校、家庭和社会的通力协作，又需要专业课程、校园文化、教师和学生等教育教学各环节各要素之间的协调统一。因此，亟待进行大学生实践能力培育共同体的理论研究和实践探索，切实推动高校实践育人，增强大学生思想政治教育的实效性。

构建多方资源协调统一的培育共同体。多方资源协调统一是指在构建大学生实践能力培育共同体过程中，要充分发挥政府、学校和社会等多方资源的作用，将培育大学生实践能力的校园平台延伸到社会平台，进一步丰富培育大学生实践能力的软硬件资源，形成有利于大学生实践能力的培育环境。其中，政府要发挥主导推动作用，调动相关部门积极参与，促进学校、企业和社会各方资源的深度整合、发挥集聚效应。

组织、建立和完善与地区发展和教育现代化发展相适应的培育工作体系，形成纵向衔接、横向贯通、科学运行、务实高效的人才培育网络与平台；优化校外培育场所资源建设，搭建培育活动的网络平台；加强督导评估，发挥多部门协作优势，开展对培育活动的定期督导评估，增强实践能力培育的针对性和有效性。

高校要发挥中枢贯通作用，在政府的领导和大力推进下，根据大学生实践教学的要求，融合政府、企业、社区等多方资源，共建一批类别细分、功能多样、各具特色的大学生实践能力培育基地，包括教学与科研和生产紧密结合、学校与社会密切合作的实践教学基地；高新技术产业开发区、工业园区、大学科技园合作共享的大学生就业创业基地；依托爱国主义教育基地、城市社区、农村乡镇、工矿企业、部队、社会服务机构等建立的志愿服务基地、学工基地、学农基地、学军基地等，真正将实践能力培育的课外平台延伸至社会平台。社会各界尤其是企业、事业单位要关注、关心大学生实践能力的培育状况，积极参与高校大学生实践能力培育基地建设。

思考与融合

社会实践是多方联动、统筹推进的过程，绝不能成为孤立的"单打独斗"，高校社会实践组织部门要形成合力，落实责任。比如，学生个体在参加实践前，要认真谋划，选定主题，做好规划，做细做实准备工作。作为实践活动组织部门或者指导教师要协助学生打通供需信息通道，理顺学生的专长是什么、需求是什么，学生选择的企事业单位、实践基地的实际需求，协助实践学生做到无缝对接。

同时，实践活动过程顺不顺、效果好不好、收获大不大，有没有完成预期目的，不能只从实践总结和报告中找答案、作对比，还应参考实践接收单位、实践组织部门、实践指导教师、参与实践学生等实践相关单位和个人的综合性评价，同时要参考各方意见，不断完善管理服务保障机制和实践效果评价机制，真正形成实践育人共同体，让实践活动更有价值、更有吸引力。

第二节　大学生社会实践项目实施

高校实践育人的运行是高校实践育人机制中的主体部分。如何构建科学有效的项目实施机制是关乎高校实践育人效率、质量与发展的关键，决定着思想政治教育内容体系及其相互关系。社会实践实施方案在具体构建中应做好前期准备、完善制度保障、丰富实践内容、建立科学的评价反馈机制，形成理论与实践结合、线上与线下互动、课上向课外延伸的育人格局。

一、社会实践准备阶段

"凡事预则立，不预则废"，大学生社会实践活动也不例外。在对社会实践的内容和形式做出决策之后，认真细致的前期准备工作就成了社会实践活动能否取得预期成效的关键性环节。准备工作做得好，既能节省有限的人力、物力和财力，又能确保社会实践活动的有序进行和顺利开展，取得"事半功倍"的效果。准备工作做得不好，就有可能遇到种种意想不到的困难，甚至会出现"一着不慎，满盘皆输"的结局。因此，重视社会实践活动前的准备工作，提前做好思想和组织上的统一，人力、物力、财力上的保障，能确保社会实践活动有一个良好的开端。

活动从筹划、实施到完成是一个复杂艰辛的过程，许多仅凭愿望出发、缺乏必要思想准备的同学，往往是半途而废，结果也事与愿违。开展社会实践活动前，必须使大家提高认识，统一思想，步调一致地进行活动。为此，社会实践活动前应召开一次由全体人员参加的动员培训会，通过讲解让参加者从总体上了解社会实践活动的目的和要求、内容和形式、时间和地点等内容，还要强调社会实践活动的纪律要求、管理体制、安全事项等内容。

社会实践出发前还要制定好具体的实施计划，要详细、具体、周到、全面，同时还要有可操作性，使之确实能为实践活动的顺利开展服务。计划分集体计划和个人计划，内容各有侧重，双方互为补充，集体计划指导个人的计划和活动的实施，个人计划又丰富了集体计划。在制定计划时要围绕社会实践的目的，设计出活动的内容和主题，要确定参加社会实践的人员范围、人数和分工。要确定活动的具体时间地点、方案实施和活动程序，要明确对团队成员的纪律要求，同时也要做好经费预算。

二、社会实践实施阶段

本阶段要结合具体情况筛选并确定人选，组成实践团队，严格选拔素质过硬、在各方面表现比较突出的学生组成社会实践团队，团队人数应视具体情况确定，体现专业配备合理，并配有指导教师。此外，还要针对社会实践项目进行必要的专业培训，使学生充分了解实践内容、实践形式和实践方法等，做到目的明确、纪律严明。参与实践的人员全都要纳入培训范围，这样才能提高实践队伍的整体素质，确保实施质量。社会实践团队可以积极争取当地政府和企事业单位的支持，围绕社会实践的目的和主题，发挥专业优势，力求务实创新地开展社会实践活动。实践成果可以是学术论文、调研报告、书面汇报、队员日记、图片记录等。

学校要采取各种有效方式指导各社会实践团队开展好社会实践活动，使学生在社会实践中接受教育、增长才干。对社会实践中出现的问题要及时沟通解决，这样可以增强社会实践团队的合作意识，避免因为小的问题而影响社会实践活动的整体推进。对实践活动中富有成效的做法和经验要注意总结、提炼、宣传，积极向学校官方网站、微信公众号、微博提交实践成果和实践感言，及时向学院反馈团队实践信息，积极联系媒体做好宣传报道。实践中及时交流、总结、记录，填好社会实践登记表，做好实践资料分类整理，如照片、录像、访谈记录、项目合作意向书、共建社会实践基地协议书等。

三、社会实践评价阶段

在结束社会实践活动之后，及时进行考核评价是检验社会实践效果的有效手段。通过总结实践中的经验、挖掘活动中的亮点、分享过程中的收获，让社会实践成为大学生融入社会、完善自我的重要途径。为了加强大学生社会实践的育人效果，增加社会实践中实践育人的实效性，公正有效的考核评价机制必不可少。

在社会实践活动结束后，依据各高校社会实践相关管理规则和条例，需要对每个社会实践活动进行考核评价，各个社会实践团队和个人要依据考核评价标准对实践情况进行总结经验、挖掘亮点，形成报告。同时要在校内开展社会实践评奖评优活动，对在社会实践活动中表现突出，并做出成绩和贡献的集体和个人进行表彰，形成良好的激励机制。对评选出的社会实践优秀论文和社会实践调查报告通过交流、座谈、报告、展览等形式进行广泛宣传，对社会实践活动中的成果进行展出，进一步扩大社会实践活动的影响和效果。大学生是参与社会实践的主体，应以学生为本，让学生参与考核评价。对大学生社会实践的考核评价应该把实践选题、实践过程、阶段性成果、形成的实践报告、积累的宝贵经验都纳入考核评价体系，通过对各阶段真实具体的考察，最终做出科学的评价。

引申阅读

把社会实践融入时代的春风里(节选)

作者：陈茜，陈垠杉；《中国青年报》，2021 年 12 月 16 日

恰逢建党百年，青年奋斗正当时。大学生们接过革命的薪火，重走红色足迹、追溯红色历史、体悟红色文化，以青年的方式传承建党精神，以青春的姿态响应时代号召。

今年，推进党史学习教育取得扎扎实实的成效是广东医科大学暑期实践工作中的"重中之重"。他们 116 支实践团队全部开设了党史学习教育专题实践内容，同学们从中深刻感受到百年党史的魅力。

依托"灯塔筑梦"实践团党史宣讲契机，广东医科大学策划了"辛亥革命—第一次国内革命战争—土地革命战争—抗日战争"的红色"追星"线路，打造"广东医青年说"灯塔云团课。

"把抽象的理论从书本中拽出来，让青年讲党史，才能戳中青年的'燃点'，才能让思政教育真正入脑入心。"该校团委书记陈婷说。五年来，该校 694 支团队的 12 568 名师生走向全国 17 个省份的 276 个乡镇开展基层服务，累计服务时长超过 150 万小时。

上海交通大学"乡村振兴，教育先行"实践团因疫情没有到场，但暑假里的一堂思政课让他们印象深刻。

"女高是孩子们的一个家，更是孩子们梦想起飞的基地，助孩子们起飞的是党和人民。"位于云南丽江的华坪女子高级中学，印着这句话的红旗随风飘扬。今年暑假，实践团 20 余位教育学博士、硕士研究生来到这里，感受榜样的力量。

实践团成员刘亚楠是一名来自大山的女大学生，目前在上海交大教育学院攻读研究生，求学的艰辛让她对"七一勋章"获得者、华坪女高校长张桂梅十分敬仰。

"小时候，语文课本里写着'山的那边有天安门广场'，当时我兴致勃勃地登上家乡最高的山，却发现山的那边还是山。高中毕业后，当我真正走出大山，才知道原来山的那边真的有天安门。"向张桂梅讲起自己的求学经历时，刘亚楠不觉已泪流满面。

这时候，张桂梅起身拥抱了她，并用贴满膏药的手替她擦掉了眼泪。"张老师用亲身经历给我们上了一堂深刻的党性修养和师德教育课。来自楷模的温暖拥抱，还有当时萦绕鼻尖的淡淡膏药味，都将成为我坚定初心、不懈奋斗的动力。"刘亚楠说。

思考与感悟

　　如果不能理解社会实践对人才培养的重要意义、对大政方针的广泛宣传、对社会发展的积极促进和对调查研究的有效推进等方面的真正含义，就无法制定出切实可行的行动策划，无法做到真实有效的过程管理，自然也就不能组织好高质量的实践活动。

　　因此，如何不断提高社会实践质量，特别是上述材料和分析中所提到的社会调研类和学习宣传类社会实践活动的含金量，让大学生真正能深入其中、融入其中，体验经济社会发展所取得的伟大成绩，值得实践有关各方都深入思考。

　　一代人有一代人的长征，一代人有一代人的使命。新时代对于青年有不同的责任和要求，使他们更加重视在实践中获得成长，用脚步去丈量世界，要把自己的努力奋斗融入民族复兴的伟大使命中。这要求他们在社会实践中要更加用脑、用心，发掘个人成长和社会实践融合的积极因素，真正把社会实践融入时代的春风里。

第三节　大学生社会实践单位选择

　　选择对口合适的社会实践单位是实践过程中的核心环节，有利于社会实践规范、制度和规模化的开展。一个优秀的社会实践活动是可以持续性和经常化开展的，且获得的经验具有总结和推广的价值。在选择社会实践单位时需注意应选择具有较为丰富的教育资源和贴合学生实践学习实际的实践单位，这是保证社会实践顺利、有效、深入、持续开展的重要条件。在具体选择社会实践单位的过程中可以遵循以下原则。

一、明确实践目的

　　在选择社会实践单位之前，首先要明确选择该社会实践单位的目的、意义。只有遵循着实践活动的目的和意义选择社会实践单位和开展社会实践才能具有实际有效的效果，避免投入人力、物力、财力，最终做了无用功。

二、分析专业特点

　　统筹安排社会实践项目之前要分析参与社会实践学生的专业特点，结合社会实践的方向确定实践单位，以便学生能够利用自己所学专业，在社会实践活动中将理论与实践相结合。

三、选择实践单位

实践单位的选择要有针对性和代表性，如进行创新创业类、红色教育类、乡村振兴类、服务社会类等不同的社会实践内容，要选择不同领域、行业、性质的实践单位，才能使实践单位对学生富有教育意义。同时应与实践接收单位提前做好对接，在时间和形式上达成一致意向，避免影响其正常的生产或工作，切实达到合作双赢的目的。

西安科技大学在 2019 年开展过的以"走进'一带一路'科技成果创新转化高地 感受创新科技魅力"为主题的大学生社会实践活动中，结合学校本身地处"古丝绸之路起点和硬科技之都"西安的地缘优势，选择了西安的多家与学院专业相关度高的企业作为社会实践接收单位，其中，通信与信息工程学院师生历时十余天，先后走访了陕西某设计公司、西安某软件有限责任公司、西安市某信息科技有限公司、中国科学院某研究所等多家省内企业建立社会实践基地，开展大学生创新创业社会实践活动，如图 5-1 所示。

图 5-1　实践团队师生签约建立社会实践基地

四、签订实践协议

在实践过程中，可与企事业单位进行深度交流，争取签订实践协议，加深校企合作，为学生后续就业创业和实习实践搭建平台。《社会实践基地协议书》参考文本如下。

共建大学生社会实践基地协议书

甲方：

乙方：

为贯彻党的教育方针，落实中宣部、中央文明办、教育部、共青团中央《关于进一步加强和改进大学生社会实践的意见》的文件精神，引导大学生自觉走与实践相结合的成才之路，帮助大学生在实践中受教育、长才干、做贡献，增强大学生实际分析问题和解决问题的能力，培养"知识、能力、素质"协调发展的高素质、应用型、创业和创新型人才，经甲乙双方友好协商，本着"优势互补、资源共享、互惠双赢、共同发展"的原则，建立社会实践和双向服务协作关系，双方协议如下：

一、自签字之日起，在乙方建立××大学大学生社会实践基地，共同实施人才培养工程，并择时正式举行"××大学大学生社会实践基地"挂牌仪式。

二、乙方作为××大学的大学生社会实践基地，愿为学校大学生社会实践提供便利，负责为××大学学生在当地的参观、学习、调研、培训、支教、政策宣讲等相关社会实践活动提供必要的条件、帮助和指导。

三、甲方在条件允许的情况下派出适当的学生，利用暑期一周左右的时间到乙方参加社会实践活动。甲方考虑到乙方的正常生产、教育、工作等情况和接受实践学生数量等方面的要求，采取小批量、不同专业年级混合组队的方式组织社会实践团队。

四、甲方配合乙方对学生社会实践的考核工作，教育学生自觉服从安排，利用所学知识为服务单位解决力所能及的问题。甲方师生在实践基地期间要遵守乙方的各项规章制度，接受乙方的领导和安排及其他合理要求，严守企业的商业秘密。

五、甲方在社会实践结束后，组织学生进行总结、交流、评比。在社会实践活动过程中或结束后，积极联系各级各类媒体做好活动的相关宣传工作，扩大乙方的社会知名度。

六、甲乙双方本着"优势互补、资源共享、互惠双赢、共同发展"的原则执行本协议。双方加强沟通与协作，总结交流经验，确保社会实践基地沿着正确的方向健康地发展。

七、实践基地运作过程中遇到其它本协议未提及的事宜或在实践过程中有争议的问题，由双方协商解决。

八、甲乙双方的具体合作项目可在本协议的基础上另签协议。双方合作过程中因实习、培训、技术开发和咨询、劳务等发生的费用，由双方本着"平等协商，互惠互利"的原则加以解决。

九、本协议一式两份，甲乙双方各执一份，经双方签字盖章后生效。

甲方：   乙方：

签字代表：   签字代表：

　　年　　月　　日   　　年　　月　　日

引申阅读

"云"平台让学生增值评价有了"测量尺"(节选)

记者：邓晖；《光明网》，2021 年 04 月 14 日

几乎在每个人的大学记忆中，暑期社会实践都是一份挥之不去的记忆。自 20 世纪 80 年代蓬勃发展以来，社会实践已成为高校人才培养的重要环节，既是第一课堂的有力支撑和延伸，也是立德树人、"五育"并举的重要阵地和有效抓手。

2020 年 10 月，教育部发布《深化新时代教育评价改革总体方案》，提出"改进结果评价，强化过程评价，探索增值评价，健全综合评价"的改革要求，明确将大学生社会实践纳入评价指标体系。但由于缺少评价工具、实证数据等，大学生在社会实践中是否提升了能力、能力提升的程度如何、能力提升的路径机制是什么等问题也成为了学生成长的"黑匣子"，难以量化评估。如何在实践育人的语境中探索学生增值评价，成为摆在高校面前的一道必答题。

近日，由团聚力会同来自于教育部社科中心、共青团系统、北京师范大学、西安交通大学、重庆大学、西南交大、华中科技大学、北京航空航天大学、中国政法大学等多位实践育人专家联合完成的《2020 年大学生实践育人报告》(以下简称"报告")在京发布。聚焦实践育人背景下的学生增值评价，依托社会实践"云"平台，团聚力研究团队开发了适合测量大学生社会实践投入的研究工具，对 2020 年暑期 168 所高校的 13 200 多支实践团队、65 000 多名同学的社会实践情况进行了全面跟踪记录，通过实践活动前测—后测的数据对学生实践收获进行了测量和数字化再现，也使得提升实践育人实效，探索增值评价路径成为可能。

在加强宣传教育方面，报告建议高校通过政策宣讲会、借助校园网站、微信推送等方式及时发布社会实践有关信息，使学生认识到参与社会实践的重要性和价值性，引导形成参与社会实践的积极态度。如重庆大学通过评选社会实践先进个人、社会实践优秀团队、社会实践优秀调研报告等优秀典型，广泛运用各类媒体和宣传手段，大力开展学生社会实践先进事迹宣传，提高社会实践的认知度、接受度和学生参与社会实践的主动性、积极性。

在保障资源方面，报告建议高校通过开展社会实践辅导课程、建立长期稳定高质量的大学生社会实践基地等方式做好大学生社会实践保障，激发学生参与社会实践的积极性。如西安交通大学搭建"校地企媒"协同育人模式，

整合学校与地方、企业和媒体资源，同陕西省 12 市、区签署共建社会实践基地合作协议，每年选派 400 名优秀大学生赴陕西省各市、区及其所辖乡、镇(或街道)基层党政机关见习实践、挂职锻炼或就业。西南交通大学对实践育人工作中涉及的经费和物资保障，加大倾斜支持力量，确保专款专用。

思考与融合

　　大学生社会实践基地的提档升级能为学生创造更好的学习、生活、实践的平台，丰富学生的校外学习生活，也让学生参与实践活动的积极性、主动性大幅度提高。高校在组织开展社会实践的过程中，要广泛吸取社会资源，寻求社会支持，加大社会实践基地建设，尽可能多地把社会资源吸引到大学生社会实践活动中来，为大学生实践活动的开展创造良好的外部条件。

　　从企事业单位的视角分析，企事业单位既可以通过为高校建立实习实训基地，为大学生提供实习实践岗位等形式储备和锻炼未来所需的人才；又可以在不断深化合作的过程中将行业领域对人才的标准融入高校专业培养方案，增进专业教学与实践认知融合。

　　同时，学校也要结合办学特色、培养方案、课程设置等方面对学生实践环节的要求，大力加强学生社会实践基地建设，通过构建稳固的实践基地，提升办学水平，改善服务质量，确保学生实践活动持续、稳定、健康发展。

第四节　个人社会实践的开展

　　团队社会实践和个人社会实践各有优势，前者可以开展范围相对较广的实践活动，各有分工，而且可以凝聚团队的智慧，使得实践活动整体效果更佳。个人社会实践则是时间范围较小，组织相对容易，不用担心统筹协调问题。前期调查结果来看，学生参与的社会实践还是以个人实践为主，在实践类型上，创新创业、红色教育、社会调研和社会服务是最常见的社会实践类型，还有一些是学习参观类、政策宣讲类的社会实践。

　　以西安科技大学为例，学校要求每名大学生在校期间必须参加社会实践，并取得相应社会实践学分，这是本科生认定第二课堂教育学分的要求之一。学生可结合社会实践项目活动类型及个人实际情况自行开展，可参加社会实践评奖评优和表彰。个人社会实践工作由各学院团委(团总支)负责组织开展与考核评定。学生在结束个人社会实践活动之后需提交《个人社会实践登记表》，并完成《社会实践报告》，为方便学生个人与社会实践单位对接，可为学生提供统一的介绍信。以西安科技大学 2021 年度学生个人社会实践为例，主要设置了以下模块的内容，供学生选择。

一、重走长征路，点亮中国精神

为庆祝中国共产党成立 100 周年，引导广大青年学生不忘初心、牢记使命，激发担当时代重任的使命感和责任感，学校鼓励学生开展"重走长征路""点亮中国精神"实践活动。学生可以深入家庭所在地或假期常住地周边长征纪念地、爱国主义教育基地学习，拍摄学习照片、撰写实践心得，录制老党员、老战士、行业模范等典型人物讲述历史和先进事迹的照片、音频和视频等，牢记红色政权诞生的历史，铭记缅怀革命先烈。

二、服务社会，不忘初心

实践活动旨在弘扬"奉献、友爱、互助、进步"的志愿者精神，立足新时代、展现新作为，倡导时代新风正气，推动社会全面进步，促进志愿服务事业发展。学生可深入家庭所在地周边的敬老院、福利院以及社区等地开展疫情防控志愿服务和相关调研活动。

三、乡村振兴，身先士卒

实践活动建议学生利用假期在家庭所在地或假期常住地，开展基础教育、志愿服务、助农兴农、青年工作、基层社会治理等领域的实践活动，助力乡村振兴。

四、创业就业，直面未来

实践活动建议学生积极与假期居住地周边企业联系，通过调研、观摩、实训实习等方式，深入了解相关行业动态、企业人才需求和就业创业政策，拓宽视野，将寒假社会实践与专业学习相结合，积累职业经验，提高就业竞争力。

五、铭记经典，博览古今

学生可通过认真阅读国学文化典籍，了解经典书籍的作者生平、创作背景等，撰写个人实践心得以及个人学习感悟。坚定文化自信，自觉践行社会主义核心价值观，弘扬优秀中华传统文化，传播青春正能量，为建设社会主义文化强国贡献自己的青春力量。

六、网络"云实践"

学生可充分发挥移动互联网和智能网络平台的作用，从地方经济社会发展特别是乡村振兴等领域入手开展社会调查，常态化开展"云组队""云调研""云实践"等活动，形成乡村调查报告等实践成果。

七、走进青少年群体，关爱青少年群体

学生可利用假期，走进乡村小学、街道小学或者小学生家庭，了解青少年的学习生活状况，当前面临的困难和问题，做好记录，同时结合专业特色向他们介绍当前科技发展前景和国家的相关教育政策、资助政策，鼓励青少年认真学习，将来为国家和社会多做贡献。

八、感谢恩师，你我同行

学生可利用个人社会实践的机会回到自己的母校，向恩师汇报自己的学习和生活情况，感谢老师的培育之恩。通过回访母校，学习恩师脚踏实地、吃苦耐劳、无私奉献的精神，将学习生活、所见所闻带给学弟学妹，鼓励他们努力学习、奋勇拼搏。

📖 引申阅读

某些大学生社会实践为何沦为作秀(节选)

作者：夏白桦；新华每日电讯，2017 年 08 月 11 日

很多人都在大学时代参加过或长或短的社会实践活动，主要是前往农村或社区开展支教、支农、支医等活动。如果学生们真能踏踏实实完成各种社会实践，当然是一件好事。在帮助基层解决一些实际困难的过程中，学生们也能更好地了解真实的基层情况，掌握课堂上学不到的知识。

但从现实来看，一些大学生并没有真正理解社会实践的意义。他们带着走过场的心态参与社会实践，暴露了形式主义之风。在"变味"的大学生社会实践活动中，以下几种比较有代表性：

一是弄虚作假。曾有媒体报道，一些大学生因为贪玩、怕吃苦等原因，并未真的参加社会实践，而是到社区找人帮忙盖章，然后向学校交差。在某电商平台，代开社会实践报告、实习证明，已成一种热门业务。

二是走马观花。一些大学生参与社会实践时，没有将心思用在深入了解基层方面，而是用在了拍照、发朋友圈、观光、谈恋爱等方面。其结果是，社会实践活动结束了，从"实践"中收获的干货却没多少。

三是功利化心态比较普遍。一些大学生对社会实践缺少正确的认识，他们对实践的内容不关心，报告、总结却写得十分漂亮。他们希望通过报告、总结获得荣誉，增加以后考研、求职时的胜算。

四是缺乏常识与技能。一些大学生根本没有教书育人的能力，却一窝蜂地跑到山区支教，除了混一段经历，于各方而言都弊大于利。前段时间在网络热传的那篇《叔叔阿姨，暑假请不要来我们这里支教了》，谈得未必全面，却也在一定程度上指出了大学生扎堆前往农村支教的弊端。

思考与融合

社会实践变形走样的现象时有发生，之所以会"变味"，根本原因还在于一些大学生对社会实践的认识不到位，要么对社会实践不关心、不重视，要么将社会实践娱乐化，要么充斥着"社会实践就是为了刷简历"的错误认识。

在现实中，一些学校或者队伍将社会实践活动的动员号召、出征仪式搞得轰轰烈烈，既有学校领导讲话，又有学生代表发言，还有授旗仪式，形式繁多。但是往往是重形式而轻内涵，只重视表象，不重视实质，社会实践效果怎么样，收获怎么样，似乎无人关心，这可能也是社会实践变味的一个诱因。在提倡个性发展的当下，一些学校在组织学生社会实践活动时，同质化严重，不能满足不同层次、不同个性的大学生的实际需要。也正是基于此，西安科技大学等高校也探索设置了个性化的活动主题，供学生进行针对性选择。

社会实践本身是促进大学生了解社会、增长才干、回馈社会的重要方式，然而一些地方把社会实践变为个人的作秀场。如何不断提高社会实践的含金量，让大学生真正能深入其中，有所收获，不再弄虚作假，需要有关各方都深入思考。这不仅需要大学生要去扭转思想，脚踏实地地去体会生活中的苦与乐，而且高校和社会也应优化考评方式，严格把控活动开展的各个环节，提高社会实践的含金量，帮助大学生更好地参与社会、适应社会。

参 考 文 献

[1]　王苹. 社会实践活动设计三原则[J]. 思想政治课教学，2020(12)：47-48.

[2]　杨涛. 群众路线下的高校学生社会实践路径探索[J]. 学校党建与思想教育，2018(15)：45-47.

[3]　任克. 高校社会实践指导体系研究[J]. 学校党建与思想教育，2018(10)：86-88.

[4]　黄俊鹏. 大学生社会实践活动机制构建探究[J]. 学校党建与思想教育，2018(06)：63-64+72.

[5]　马振清. 警惕"变质"的大学生社会实践[J]. 人民论坛，2018(01)：110-111.

[6]　李薇薇. 高校社会实践育人机制的建构：基于北京科技大学社会实践育人模式的分析[J]. 思想教育研究，2017(07)：114-117.

[7]　江克宁. 试论大学生社会实践教育机制的构建[J]. 学校党建与思想教育，2016(24)：66-67.

[8]　胡昌荣. 志愿服务社会实践基地建设的必要性及基本原则[J]. 学校党建与思想教育，2016(22)：75-76.

[9]　钟江顺，杨富荣. 大学生社会实践动机的心理引导策略研究[J]. 黑龙江高教研究，2015(05)：65-67.

[10]　刘教民. 构建高校社会实践育人新模式的实践与思考[J]. 中国高等教育，2014(19)：17-20.

[11]　高道才，林志强. 大学生社会实践基地化建设研究[J]. 高等农业教育，2014(08)：64-66.

[12]　张育广，王新伟. 大学生社会实践的组织管理与运行机制研究[J]. 内蒙古师范大学学报(教育科学版)，2013，26(11)：31-33.

[13]　李燮. 试论大学生社会实践保障资源的管理方法[J]. 中国成人教育，2013(20)：38-40.

[14]　呼和. 大学生社会实践育人机理及运行机制研究[D]. 北京科技大学，2018.

第六章　大学生社会实践的调查研究方法

在社会实践调查过程中，经常使用一种或多种具体方法去获得调查数据和调查结果，然后进行理论概括和总结，这种通过实践检验理论和发展理论是社会科学研究的基本原则。大学生社会实践常用的方法主要分为定量研究方法和定性研究方法两大类，其中定量研究方法主要是指问卷调查法，而定性研究方法主要是指实地观察法、文献调查法、人物访谈法、案例分析法等。

第一节　问卷调查法

问卷调查法通常也称为问卷法，是调查者通过设计问卷，向特定对象了解或收集信息的一种调查方法。问卷调查法主要是对特定人群的特定活动进行准确、具体的测定，是社会调查研究活动中用来收集资料最常见的一种工具。调查结果通常采用社会学统计方法进行定量的描述和定性的分析，为描述各类社会现象和解决各类社会问题提供重要数据支撑。科学合理的问卷与抽样会使调查的结果更具价值性与可靠性，因此如何设计一份高质量的问卷是我们在社会实践中会经常遇到的问题。

一、问卷调查的主要结构和内容

问卷调查的内容一般分为三个部分：前言、主体和结束语，详细划分可以包括 6 个部分，即标题、说明、主体、编码号、致谢语和实验记录。

（一）前言

1. 标题

标题反映了问卷调查的研究主题，用词要准确、一目了然，增强问卷的针对性，提升被调查者的兴趣。如大众对食品安全的看法、大学生恋爱观调查与分析、乡村教师工作与生活状况调查等，合理的标题可以让被调查者直观地看出调查的目的是什么，自己是否是合适的被调查对象。

2. 说明

在前言部分应该说明问卷的标题，解释这次问卷调查的目的、意义和主要内容，说明对被调查者的要求以及对信息保密的保证。结尾应对被调查者的配合表示感谢，注明调查的机构或团体和调查时间。

(二) 主体

主体包含调查的基本问题，被调查者的基本信息，比如性别、年龄、基本情况等，这是一般问卷主体的两个内容。

1. 主体内容

主体内容可以分为事实性问题、判断性问题和假设性问题，一般由问题和答案组成，是整个问卷调查的最核心部分。

事实性问题。主要包括被调查者的基本情况，如姓名、性别、出生年月、民族、文化程度、职业、家庭情况等。

判断性问题。主要了解被调查者在某个问题上的行为或态度，有时还会就某个行为或态度作进一步的了解，设置更详细的问题。

假设性问题。假设某种情况已经发生了，了解被调查者遇到这种情况会如何处理或者有什么看法。

2. 编码号

一些题目较多、调查样本较大和需要电脑统计分析的问卷调查表会留出编码位以便于录入和统计，一般一个编码号对应一个答案，有几个答案就会有几个编码号。

(三) 结束语

1. 致谢语

为了对被调查者完成问卷调查表示衷心的感谢，一般会在问卷的末尾写上"谢谢您的配合""感谢您的真诚合作！"等致谢语。如果在说明中已经有了表示感谢的话，末尾可写上"再次感谢您的配合"。

2. 实验记录

实验记录主要记录调查的完成情况，以便后续总结分析。调查者和被调查者会在上面留上姓名和日期。

以上几个部分是问卷调查常用的内容和结构，如果是一般性意见征求等简单问卷，问卷的结构和内容设计还可以更简单一些。

二、问卷调查的类型

问卷调查的类型可以按照填答方式、问卷发放形式、构成问卷的问题类型进行划分。

(一) 按填答方式进行划分

问卷调查一般可以分为自填式问卷和访谈式问卷。

1. 自填式问卷

自填式问卷有直接发放问卷和邮寄问卷两种方式，一般直接发放问卷的方式最普遍，即问卷由被调查人拿到以后及时填写并交给调查者，自填式问卷则具有匿名性与非公开化的特点，在问答敏感问题的时候可以使被调查者真诚地回答，从而使调查者收集的信息更加有效。

2. 访谈式问卷

访谈式问卷以问卷内容为基础，由调查者向被调查者提问，被调查者直接向调查者回答问题的一种方式。访谈式问卷可以通过面谈或者电话访问进行，其中如果是电话访问的话应向被调查者提前说明大概的访问时间，且时间不宜过长。访谈式问卷与自填式问卷相比，优点在于访谈式问卷回答不完整的问卷少，问卷有效率较高，回收率也较高。

(二) 按照问卷发放形式划分

1. 邮寄式问卷

调查者通过快递的方式邮寄给被调查者，被调查者完成问卷后又通过快递的方式邮寄给调查者。

2. 发送式问卷

由调查者将问卷直接发放给特定的群体，待完成问卷后调查者再统一收回。

3. 电话访问式问卷

通过电话访问的形式，向被调查者提问，调查者根据被调查者在电话中的回答情况进行填写。

4. 网络问卷

计算机和调查统计软件为调查者提供了更多的机会和选择，具有简单、便捷、隐私性好、成本较低等特点，越来越被广大调查者所选择，成为当前较为普遍运用的一种形式。目前国内最常使用的在线问卷平台有问卷星、Qualtrics、腾讯调查、Typeform、谷歌调查等。

(三) 按照构成问卷的问题类型划分

一般可以将问卷分为封闭式问卷、开放式问卷与半封闭式问卷。

1. 封闭式问卷

封闭式问卷主要由封闭式问题构成，问卷提出问题的同时，也提供与问题相关的若干个答案，被调查者根据实际情况从所给答案中选择一个或多个答案。

2. 开放式问卷

开放式问卷的题目和封闭式问卷的题目是一样的，但是没有提供参考的答案，需要被调查者根据自己的实际情况填写答案或者看法。

3. 半封闭式问卷

半封闭式问卷也称综合式问卷，它同时含有开放式问题和封闭式问题，具有上面两种类型问题的特点，既可以限定问题的答案以供被调查者选择，又可以让其自由回答，使调查者获得更全面的信息。

总的来说，在问卷调查中最常用的是封闭式问卷，其次是半封闭式问卷，最后是开放式问卷。

三、问卷设计的一般步骤

问卷设计的一般步骤包括明确研究目标、厘清研究概念、收集文献资料、编写问卷调查问题、测试与修订问卷调查问题。

(一) 明确研究目标

首先要明确调查的目标是什么，目标一定是具体的问题，其次要明确研究的对象，如以调查问卷"中国经济进入新常态对中国人的心理健康的影响"为例，调查对象是有心理疾病的人，还是没有心理疾病的人？是就业的人还是未就业的人？都需要进一步明确。

(二) 厘清研究概念

当明确调查目标以后，需进一步说明需要调查的概念。如果我们关心中国经济进入新常态对中年人的心理影响，那我们需要厘清从哪些方面去衡量中年人的心理影响，这就涉及到中年人从个体到群体、从已就业和未就业群体等诸多因素去考虑。

(三) 收集文献资料

在具体编写问题之前，需要收集大量的文献资料，了解前人在类似主题上的问卷设计情况和调查情况，并参考前人已经设计好的问题来设计调查问卷的问题，可以提高我们问题的准确性。

(四) 编写问卷调查问题

编写问题阶段要始终站在受访者和需测量概念的角度去编写，初步编写完成后需要考虑以下两个问题：一是受访者是否能够正确理解这个问题？二是受访者是否愿意如实回答且有能力回答这个问题？以上问题都满足后才意味着编写问题基本完成。最后再调整各个问题的顺序，写好卷首语和结束语，调整好字体和排版。

(五) 测试与修订问卷调查问题

为了保证问卷调查的有效性和客观性，测试与修订问卷调查问题是重要的一步，做好问卷调查的测试与修订，可以大大提高数据收集的效率和效果。问卷测试有系统的方法，比较常见的有专家评审、焦点小组访谈、试调查、统计结果检测等。问卷调查测试后，就要对问题进一步修订和完善，直到基本没有瑕疵为止，问卷调查的标准化实务流程如图6-1所示。

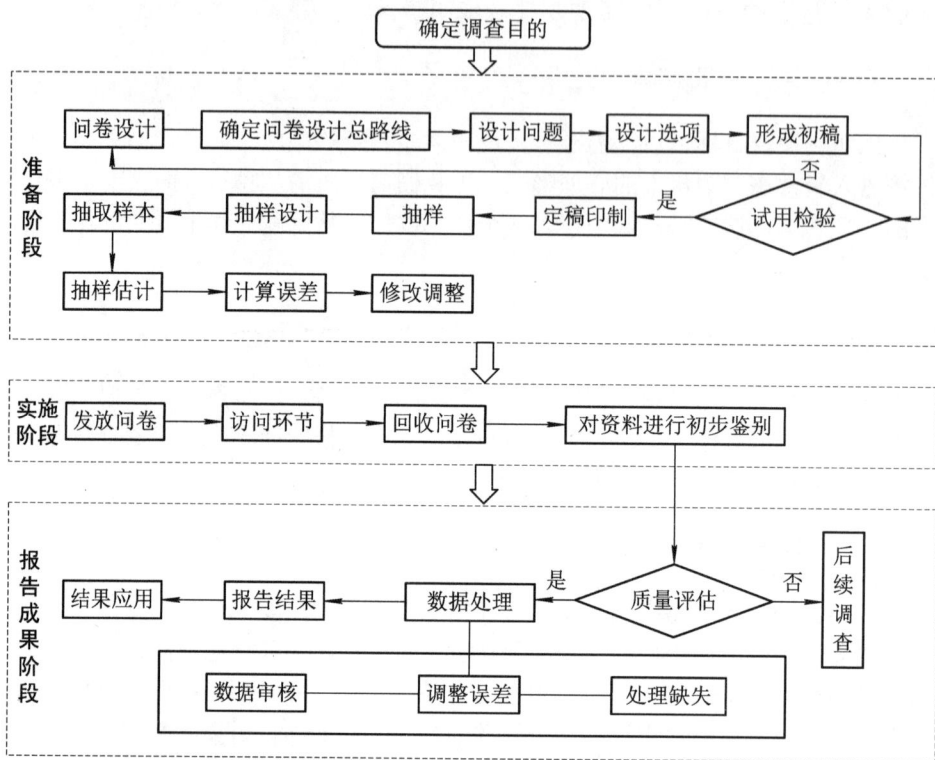

图 6-1　问卷调查的标准化实务流程

　　注：问卷调查的标准化实务流程图引自《问卷调查的标准化：必要性、困境与出路》，作者：董海军，李希雨。

引申阅读

农村留守儿童更易遭受校园欺凌吗？——
基于 1487 份农村中小学生问卷调查的实证分析(节选)

作者：贾勇宏，吴恩慈；教育与经济，2022 年 02 期

　　本研究中的农村留守儿童是指"父母双方外出务工或一方外出务工，无法与父母正常共同生活的不满 16 周岁的农村户籍未成年人"。在本研究中，农村非留守儿童作为参照样本，农村留守儿童被分为三种类型：母亲在家型、父亲在家型、父母都在外型。

(一) 数据来源

本研究数据来自本研究团队 2019 年所做的农村中小学生校园欺凌状况问卷调查。问卷调查选取了河南省西华县、正阳县、上蔡县、平舆县、西峡县，湖北省彭场镇、沙湖镇、归州镇，安徽省濉溪县的 1700 名农村中小学生作为调查样本，最后回收有效问卷 1487 份，问卷的有效回收率为 87.5%。问卷调查工具为自编调查问卷，问卷的 Cronbach'salpha 信度系数为 0.866，KMO 球形效度检验的系数为 0.928，Bartlett 球形检验 P = 0.000，问卷的信度、效度良好。

(二) 变量定义

本研究将样本的校园欺凌情况用"是否遭受欺凌"来描述，分为"是"和"否"两种情况，分别赋值为 1 和 0，并将其作为因变量构建实证研究模型。由于因变量为二分变量，所以研究采用二元 Logistic 回归模型。模型的解释变量包括学生个人特征变量：性别、年龄、班级成绩排名、是否寄宿、班干部经历、是否为独生子女、欺负他人经历、人格特质等。

基于 Olweus 的气质理论，本研究将人格特质作为一个独立解释变量来考察。人格特质基于大五人格(OCEAN)模型，依次设计为："孤独、不合群、安静；多疑、易怒、想要攻击别人；马虎、懒惰、不守时；胆小，对较多人感到害怕；敏感，总是感觉心里不舒服；以上都没有"，选择"以上都没有"的样本赋值为 0，选中任意一项的样本视为具有负向人格特质，赋值为 1。

本研究在个体特征变量中设置留守类型变量，将农村非留守儿童作为参照群体，赋值为 0。根据农村留守儿童的父母在家类型把样本留守儿童分为三类，依次为母亲在家型、父亲在家型、父母都在外型，分别赋值为 1、2、3。模型 2 在模型 1 的基础上引入家庭支持(家庭经济状况、父母关系、亲子沟通情况、与监护人关系等)变量，并通过"我觉得家长能帮我解决校园欺凌的矛盾"这一问题来体现学生对家长处理校园欺凌的信任度。模型 3 在模型 2 的基础上加入了教师支持(通过学生对老师处理校园欺凌满意度、发生欺凌是否愿意首先向教师求助来表征)。

思考与融合

以问卷为工具来收集资料的问卷调查是现代调查研究过程中的重要方法。借助问卷这一工具，调研人员能够对社会活动过程进行系统、具体的测量，并运用统计手段对结果进行量化描述和分析。一项社会调查通常由三个紧密相连的环节构成，首先是通过把研究对象概念化，弄清楚要研究的问题；其次是设计一条用数据说明要研究的问题的路径，把研究问题与合适的统计模型联结起来，即所谓的研究设计；最后是从数据分析中得出研究结论。

大学生在校园学习生活过程中要逐步进行角色社会化，就是通过社会化教育、社会实地调研，使大学生由学生角色逐步向社会角色转变，从而适应未来社会的需要。具体来说，可以充分利用寒暑假和各种节日活动，积极探索和建立社会实践与校园学习相结合的方式，积极开展社会调查，自觉走出校门，走向社会，参与实践，在实践调研中了解国情民情、磨炼意志品质、增长才干本领。

第二节　实地观察法

实地观察法主要用于观察调查对象的行为、态度等，观察者通常不直接与调查对象交流，而是通过运用感官和科学的观察工具，有目的、有计划、规范性地收集信息，了解人或社会现象或问题的调查方法。

一、实地观察法的特点

(1) 实地观察法是一种有目的、有计划、规范性的观察活动。

(2) 实地观察法是运用人的感官和科学的观察工具进行的观察活动。

(3) 实地观察法是在科学理论指导下积极能动的观察活动。

(4) 实地观察法的观察对象是正在发生的某种行为和社会现象，而这种行为或社会现象是在没有其他因素干预，自然的情况下发生的。

(5) 实地观察法是一种系统的观察方法。

二、实地观察法的种类

(一) 根据观察者的角色划分

实地观察可分为参与观察和非参与观察。

参与观察也称局内观察，就是观察者参与到被观察者之中，并通过与被观察者的共同活动从内部进行观察。参与观察按照参与程度的不同，可分为完全参与观察和不完全参与观察。完全参与观察，就是观察者完全参与到被观察的人群之中，作为其中一个成员进行活动，并在这个群体的正常活动中进行观察。不完全参与观察，就是观察者以半"客"半"主"的身份参与到被观察人群之中，并通过这个群体的正常活动进行观察。非参与观察也称局外观察，就是观察者不加入被观察的群体，完全以局外人或旁观者的身份进行观察。一般地说，参与观察比较全面、深入，能获得大量真实的感性认识，但观察结果往往带有一定主观感情色彩；非参与观察比较客观、公允，能增加许多感性知识，但往往只能看到一些表面的甚至偶然的社会现象。

(二) 根据观察的内容和要求划分

实地观察可分为有结构观察和无结构观察。

有结构观察也称有控制观察或系统观察，它要求观察者事先设计好观察项目和要求，统一制定观察表格或卡片。在实地观察过程中，要严格按照设计要求进行观察，并作详细观察记录。无结构观察也称无控制观察或简单观察，它只要求观察者有一个总的观察目的和要求，一个大致的观察内容和范围，然后到现场根据具体情况有选择地进行观察。有结构观察能获得大量翔实的材料，并可对观察材料进行定量分析和对比研究，但它缺乏弹性，比较费时；无结构观察比较灵活，简单易行，适应性较强，但观察所得的材料比较零散，很难进行定量分析和对比研究。

(三) 根据观察对象的状况划分

实地观察可分为直接观察和间接观察。

直接观察，就是对当前正在发生的社会现象所进行的观察。间接观察，就是通过对物化了的社会现象所进行的对过去社会情况的观察。所谓"物化了的社会现象"是指反映过去社会现象的各种物质载体，例如写实性绘画、古迹或遗址、各种腐蚀性或积累性物质痕迹，以及反映一定社会现象的物体或环境等。一般地说，直接观察简便易行、真实可靠。间接观察比较复杂、曲折，它需要比较丰富的经验和知识，有时还需要科学的鉴定手段和方法，而且在推论时可能发生种种误差。但是，它可弥补直接观察的不足，更是对过去社会现象进行观察的可行方法。

三、实地观察法的基本要求

(一) 注意观察的客观性

因为社会研究的目的是收集真实的数据，然后通过对社会研究数据的科学分析得出正确的结论，因此观察的客观性要求观察者如实地记录所观察到的情况，不能按着自己的好恶任意增减或歪曲事实，既要记录对自己有利的事实，又不能随意去掉对自己不利的事实，也不能为了丰富自己的研究课题而主观编造不存在的东西。

(二) 注意观察的全面性

在社会实践中，大学生所面对的一切都是由多方面、多层次组成的，因此也具有多种属性、多种联系和多种表现形式。在认识事物、进行社会研究的过程中，也必须从不同的角度、不同的侧面、不同的层次去观察事物，从而认识事物的全貌。如果大学生只了解事物的某一方面、某一层面、某一角落，就不能全面、正确地了解事物，甚至可能在观察中造成错误。

(三) 注意观察的深入性

事物的形成一般具有复杂性，要想真正、深入地调查和了解某一事物，就必须深入细致地观察，而不能只看表面，要透过表面去看本质，要了解事物的本来面目，要根据事物的本质得出正确的结论。

(四) 注意观察的持久性

观察往往不是一蹴而就的，为了取得充分的一手资料，观察的时间往往是较长的，观察的过程往往是艰辛的，短暂时间的观察无法理解某件事的整个过程。没有长期的观察，对观察对象或社会现象的认识往往是暂时的、片面的，甚至是错误的。例如实地观察法，只能通过深入持久的观察，甚至是融入当地，与当地人一起生活，才有可能获得大量真实的、感性的一手材料，从而得出符合客观事实的结论。

(五) 遵守法律和道德

在进行社会调研的过程中，要遵守国家的法律和当地的法规，尊重当地的生活习惯和风土人情。例如禁止非法入侵公民的家中，要遵守社会公德，不做违背调查对象意志的事情，尊重少数民族的风俗习惯和严格的宗教规章制度。

引申阅读

把学习观察实践同思考结合起来

作者：光明日报评论员；《光明日报》，2017 年 05 月 06 日

5 月 3 日，习近平总书记在中国政法大学考察时强调，青年时期是培养和

训练科学思维方法和思维能力的关键时期，无论在学校还是在社会，都要把学习同思考、观察同思考、实践同思考紧密结合起来，保持对新事物的敏锐，学会用正确的立场观点方法分析问题，善于把握历史和时代的发展方向，善于把握社会生活的主流和支流、现象和本质。

"博学之，审问之，慎思之，明辨之，笃行之"。学习、观察、实践都是青年人格和思维塑造的重要环节，在学习知识、观察现实和实践历练的社会化过程中，青年逐渐形成自己的人生观、世界观和价值观。思考与学习、观察、实践是相互联系、相辅相成的，学习、观察、实践的过程，也是一个不断思考认知的过程。只有把学习、观察、实践与思考结合起来，才能培养科学的思维方式，为青年走向社会、认识世界、改造世界锻造思想武器。

当今世界处于信息时代。面对世界的深刻复杂变化，面对信息时代各种思潮的相互激荡，面对纷繁多变、鱼龙混杂、泥沙俱下的社会现象，面对学业、情感、职业选择等多方面的考量，青年人一时有些疑惑、彷徨、失落，是正常的，关键是要学会思考、善于分析、正确抉择。要培养科学的思维方法和思维能力，要善于运用批判性、反思性、发散性思维，进行多角度思考，"养成了历史思维、辩证思维、系统思维、创新思维的习惯，终身受用"。

青年是国家的未来、民族的希望。当代青年要主动将学习观察实践同思考结合起来，培养训练科学的思维方法和思维能力，树立正确的人生观、世界观和价值观，在火热的青春中放飞人生梦想，在拼搏的青春中成就事业华章，为实现"两个一百年"奋斗目标、实现中华民族伟大复兴的中国梦注入强劲、持久的青春动力。

思考与融合

实地考察法是研究者亲临实地，在自然状态下观察正在发生的现象的方法。实地考察法为研究者提供的关于客观事物的亲身体验及充分理解，有利于研究者了解事物的全貌及其发展全过程。它适用于涉及面较广，或与时间的推移紧密相关的事物的联系及过程的研究。对于一些开拓性的课题，或者在研究的探索阶段，采用实地考察法有助于收集丰富、全面的资料，从而建立研究假设。

社会实践要求大学生利用自己的知识储备去解决实际问题。在成功解决实际问题的过程中，大学生势必要不断地使理论与实践相结合，使他们的主观与客观无限趋近。以社会调查类的实践为例，社会调查之前，大学生通过各种途径对所调查的对象已经有一定的认识。在进行社会调查的过程中，大学生通过访谈、实地勘察和数据收集会得到大量感性材料。

以实地考察法为主要工具的社会调查结束之后，大学生在教师指导下对观察得到的大量感性材料进行深入分析，进而得出符合实际的结论，最终对某一社会现象或者某一调查对象得到系统性的认识，完成主观与客观的统一。

第三节　文献调查法

文献调查法是对各种现有的文献和资料进行收集与分析，从而达到一定调查研究目的的一种方法。在运用文献调查法的过程中，需要解决的核心问题是从庞大的文献群体中选择出适合课题的数据，并对这些数据进行适当的分析和利用。传统的文献调查法一直通过人工方式进行，20 世纪 50 年代以后，调查者开始利用计算机、统计软件等现代设备和技术对文件进行处理、存储和使用，极大提高了文件调查的效率。

一、文献调查法的特征

文献调查法具有两个明显的特征。

(一) 文献调查法是最基本、最通用的信息收集方法

任何社会调查研究的前期准备工作都必须从文献调查入手，使调查目的更加明确和有意义，使调查内容更加系统、全面、新颖。它可用于收集难以通过其他方式收集的信息。可以说在很多调查阶段，都伴随着持续不断的文献调查。

(二) 文献调查法是一种独特和专门的研究方法

文献调查法不仅是收集资料的重要方法，而且是一种独特且专业的研究方法，正是这一独特性让其他研究方法不能完全代替文献调查法，也是文献调查法与其他调查方法之间最显著的区别。那些旨在再现或分析历史现象的研究课题，如分析抗战时期延安革命根据地的生活状况等，或者是研究不可能重演的现实社会的某些事件，如某一时期社会革命、生活状态等，以及时间跨度大的纵贯性课题，如国有企业改革和发展的变迁等，只能是主要依靠文献法来完成的。

二、文献调查法的步骤

文献调查法主要包括文献搜集、摘录信息、文献分析三个步骤。

(一) 文献搜集

文献调查法的实施是从文献搜集开始的。文献搜集必须遵循一定的基本要求，掌握一定的方法。只有广泛地搜集文献，了解所需的文献，才能保证文献调查法的顺利进行。

1. 文献检索

文献检索一般分为公开的文献检索和未公开的文献检索。

个人撰写的日记、书信、自传、回忆录等文件，内部文件、规章制度，政府部门、企事业单位、社会组织的统计报告和总结报告，家规家谱以及宗教组织的教义和规则等都属于未向社会公开的文献资料。这部分文献数量较少，检索方法单一，只能根据已知线索或主观判断请教个人或查找相关单位进行。

公开发表的文献主要是各类正式出版的书刊、报纸和杂志，以及各类互联网上公开发表的文献和新闻信息。这类公开发表的资料数量巨大，一般都是文件研究的主体，我们需要着重掌握的是检索这部分文献的方法，然后合理使用专门的文献检索工具。

已出版文献包括在互联网上正式出版的各类文献和著作，这部分资料的数量非常庞大，需要通过专门的图书情报机构(图书馆等)或互联网软件去查找。这就要求必须充分利用现有的图书信息和网络资源，具体的检索方法比较复杂，往往需要使用一些专门的文献检索工具，因此如何使用这些文件检索工具也是我们需要关注的问题。

2. 文献搜集

目前文献搜集主要有三个渠道：个人、机构和网络。在具体的文件调查研究中，我们应该根据具体调查研究对象和内容采取以下两种方法搜集文献资料：

(1) 未公开发表的文献，如果它属于个人收藏，如个人日记、信件、自传、回忆录和其他文献，在获得所有者同意的前提下可以通过租、借、复制等方法来搜集。

(2) 对于公开发表的文献，若是正式出版发行的各种书籍、刊物、磁带、光盘等文献资料，可到图书情报机构和可能收藏这类文献的单位、读者那里去借阅，或者从互联网上的有关数据库中下载，当然也可以直接购买。

(二) 摘录信息

收集到足够的文献资料以后，下一步就是摘录信息。

1. 摘录信息的基本步骤

(1) 浏览。浏览是指在文献搜集结束后，将收集到的所有文献资料(包括音像资料)阅读一遍，对其有一个初步的了解，初步判断文献的价值。

(2) 筛选。筛选是从搜集到的文献中选择可用的部分进行汇总，在浏览的基础上，结合调查课题的需要，从而确定这一部分资料。

(3) 精读。精读是认真阅读所选的现有文献，同时注重理解和吸收。越是重要的文件，越要认真阅读，那些必要的、应用性强的文件往往需要反复阅读和思考。在此基础上，进一步厘清对调查研究课题有价值的信息。

(4) 记录。记录就是把在精读中确认的有价值信息记录下来，供进一步分析研究之用。记录信息最基本的要求就是及时，最好边看边记、边听边记，或者是读一部分记一部分。

2. 摘录信息的主要方法

长期以来，文献的主体一直是各种印刷文献，因此传统的记录信息方法以印刷文献的记录方法为典型代表，主要有以下四种。

(1) 标记。标记就是直接在书上做记号。记号可以有许多种，按需选择。

(2) 批注。批注就是在图书、期刊正文上面的空白边或正文下面的空白边上，注释简单的订误、音注、校文、体会、意见、评语或疑问等内容。

(3) 抄录。抄录就是按照文档的原样复制有价值的信息。

(4) 编制纲要。编制纲要就是以概括的语句和条目的形式依次将整本书或整篇文章的基本观点、框架结构、主要数据等内容，以摘要句和条目的形式记录下来。

(三) 文献分析

文献分析是社会调查研究中的一项重要工作，主要依靠文献来解释问题。文献分析有两种：定性分析和定量分析。

1. 文献定性分析

文献定性分析是通过对文献内容的分析，来揭示文献所反映事物的性质、本质特征和发展规律的一种分析方法。目前存在的文献大多数都是通过定性分析而形成的。因此，它是最常用的一种文献分析方法。

文献定性分析的步骤如下。

(1) 整理资料。

(2) 明确哪些文献资料与调查研究主题密切相关。

(3) 将调查研究课题的基本框架确定出来。

(4) 撰写调查报告。

2. 文献定量分析

文献定量分析是对各种文献的量化内容进行客观、系统、定量的描述，文献定量分析又称内容分析。

文献定量分析方法的程序和基本步骤如下。

(1) 确定抽样。一般用简单随机抽样、分类抽样方法。

(2) 确定记录单位。记录单位是具体调查对象的计量单位，比如文献的人物、概念、段落、主题等都可以成为记录单位。

(3) 完成文献记录单位的编录，汇总成编录单，方便后续量化分析和统计工作。

(4) 计量分析，这是最重要的环节之一，一般有计词法、概念组分析法和空间分析法等计量分析方法。

三、文献调查法的评价

文献调查法的优点有很多，比如不会被调查者干扰，减少信息出现错误的可能；调查方式和时间均比较自由，可以随时随地进行；文献调查的时间和经济成本较低，可以在前人研究的基础上进行。

当然，文献调查的方法不是万能的，也存在一些弊端，比如许多文献的作者带有一定的思想倾向，不是特别客观；保留下来的文献已经过某种精选或是观点不够完整等。

📋 引申阅读

民间文献、数据库与作为方法的总体史(节选)

作者：黄向春；《光明日报》，2020 年 02 月 17 日

本报编者： 近些年来，各地各类民间文献的发现、收藏渐成热潮，各类档案资料的整理、出版也呈"井喷"之势，这些不仅极大推动了新文化史、社会史等的发展，丰富了历史研究的面相，使我们的一些既有看法得到修正，同时也促使

我们将目光更多投向对这些文献基本解读方法的总结和探索上。事实上，怎样更好地做好这些珍贵史料的整理、出版与保护工作，如何处理民间文献数据库与社会理论及田野研究的关系，如何运用民间文献及其数据库，并结合深入的田野调查推动历史研究等等，都是摆在我们面前亟待思考和解决的问题。本期刊发的两篇文章分别从民间文献与数据库、总体史的关系以及明清地方档案的整理与出版的角度，进行了思考，期待能够引起学界更多关注与探讨，共同推动相关命题的深化。

作者：所谓民间文献，一般泛指在民间日常生活中形成并留存的历史文本，包括族谱、碑刻、契约文书、诉讼文书、宗教科仪书、唱本剧本、账本、书信、日记、医药书、堪舆书、日用杂书等等。其中如谱牒、科仪书、唱本剧本等文类，虽较早即已进入宗族史、宗教学、文学和民俗学等研究领域或学科范畴，但对于总体上何谓民间文献，学界尚无明确一致的定义。不过，尽管这些文献数量巨大、文类庞杂，所涉历史时段也长短不一，我们仍然能够归纳出某些基本的共性特征。第一是书写性，民间文献是以文字为载体的书写文化的组成部分，在知识体系与社会形态的关系上与口头传统相区别，反映的是"文字下乡"的历史过程及其文化统合的结果。第二是民间性，尽管并非完全与官方无关，有的甚至是官方介入的结果，如碑铭、诉讼文书等，但其产生、使用和传承的场合或领域、使用者及其群体的目的以及所具有的功能和反映的意志大体是非官方的。第三是地方性或地域性，其应对的事务、涉及的人际关系、使用的语言、因循的习俗以及文类的格式及其流通范围等，都属于地方或地域社会的范畴。第四是实践性，民间文献不是单纯的文人创作活动的文本，而是民众书写实践的产物，是嵌入于权力关系、组织行为以及个体和群体的社会能动性的一部分，既体现了客观历史过程与制度、话语、观念的互动，也包含着口头传统与书写文化之间的互动。第五是日常性与民俗性，民间文献都是因日常生活的惯例和处理各种事务的需要而形成的，因此是宏观历史过程在民间社会所展开的"细节"和"实态"，并在约定俗成中成为地方共享的习俗性知识。概言之，民间文献既是在包罗万象的日常生活领域中对文字的实用性、工具性运用，同时也是构成大众生活世界的一种文字形态。因此，民间文献不仅极大地丰富了文献系统的内容，而且更完整全面地呈现出中国历史上以文字系统为载体的文化在基层社会中的存在、传承和演变方式，深刻反映了国家与地方、一体与多元的复杂关系及其内在逻辑。

思考与融合

文献研究法也称情报研究、资料研究或文献调查，是史学、哲学和社会学最常使用的研究方法之一，是指对文献资料的检索、搜集、鉴别、整理、分析，形成事实科学认识的方法。文献研究法所要解决的问题主要是如何在浩如烟海的文献资料中选取适用于课题的资料，并对这些资料做出恰当的分析，归纳出有关问题。所以，文献研究法不仅仅指资料收集，更加侧重对这些资料的分析。通过文献资料研究，可以获得新论据、找到新视角、发现新问题、提出新观点、形成新认识。研究文献，可以从前人的研究中获得某种启示，少走弯路、减少盲目性，也可以利用前人的权威观点为自己佐证，使研究增强说服力。

　　近年来，国内教育工作者对大学生社会实践的研究整体呈现了越来越热、越来越专的趋势，主要集中在社会实践的实效性、育人内涵、价值意蕴、历史发展、存在问题、影响因素、增强育人实效性的发展路径等方面。例如，以"社会实践"和"大学生"为关键词，在中国知网数据库进行检索，检索到近 10 年刊发的相关研究文献 787 篇，其中核心期刊论文 138 篇，研究生学位论文 46 篇。这表明大学生社会实践已成为教育工作者研究和关注的热点，研究相对丰富，已经积累了相当数量的研究成果，进一步说明了实践育人的重要性。

第四节　人 物 访 谈 法

　　人物访谈法是调查者通过对被调查者进行访谈来收集和提供研究数据的一种方法。访谈方式可以是面对面的，也可以是通过电话来进行的。

一、访谈法的类型

　　在访谈过程中，尽管谈话者和听者的角色经常在交换，但归根到底，访谈员是听者，受访者是谈话者。

　　访谈有正式的，也有非正式的。访谈方式可以一人对一人，逐一采访询问，即个别访谈，也可以开小型座谈会，进行团体访谈。

　　访谈法可分为结构型访谈和非结构型访谈，前者的特点是按定向的标准程序进行，通常是采用问卷或调查表，后者指没有定向标准化程序的自由交谈。

二、访谈法的步骤与形式

　　(一) 访谈法的主要步骤

　　(1) 设计访谈提纲。

· 100 ·   大学生社会实践教育

(2) 进行恰当的提问。

(3) 准确捕捉信息，及时收集有关资料。

(4) 适当地作出回应。

(5) 及时作好访谈记录，一般还要录音或录像。

(二) 访谈法的主要形式

访谈法收集资料的主要形式是"倾听"。"倾听"可以在不同的层面上进行，包括以下三个层面。

1. 保持积极态度

在态度层面上，访谈者应该是"积极关注地听"，而不应该是"表面地或消极地听"。

2. 坚持共情交流

在情感层面上，访谈者要"有感情地听"和"共情地听"，避免"无感情地听"。

3. 做到认知对等

在认知层面上，要随时将受访者所说的话或信息迅速纳入自己的认知结构中加以理解和同化，必要时还要与对方进行对话，与对方进行平等交流，共同建构新的认识和意义。

三、访谈法的注意事项

进行访谈之前要进行必要的预约；努力与受访者建立融洽的关系；发掘受访者的优点，真诚关怀受访者，并以受访者关心的事为话题；正式访谈时，访谈员要耐心听受访者的谈话，且要注意自己的访谈语言；访谈结束，访谈员要对受访者表示感谢。

为使访谈顺利进行，访谈员可尝试进行以下几方面的准备并运用一些访谈技巧：首先为了制造愉快的访谈气氛，要选择一个合适的访谈环境；恰当运用"复述"的技巧，并且正确记录；对涉及个人隐私的问题要妥善、含蓄地处理；必要时运用"深究"的技巧，对被访者的回答进一步探索。

在访谈过程中，受访者不愿意合作一般有以下三方面原因：一是对访谈感到迷惑和不理解；二是对访谈内容不感兴趣；三是无暇费时接受访谈。访谈员要根据具体情况分析原因，努力克服这些困难，使访谈顺利进行，达到收集研究资料的目的。

📖 **引申阅读**

社会实践，走出去大有天地(节选)

作者：李奕《光明日报》，2021 年 04 月 13 日

　　"我意识到，只有亲身经历、亲自去调研，才能把问题的根源挖掘出来，才不会沦为空谈。""这次观摩活动让课本里一行行的文字变得鲜活起来"……这是在线观摩北京市政协十三届四次会议后，几位中学生的肺腑之言。

　　"十四五"时期，中国将进入新的发展阶段，在新发展理念引领下构建新发展格局。党的十九届五中全会明确提出"建设高质量教育体系"的要求，教育的资源观该怎样拓展，教育的环境观该怎样优化和联动，来实现高质量的发展最终服务学生的成长？"模拟法庭""模拟政协"等教育实践给我们带来一些思考。

　　随着社会实践的推进，特别是疫情期间，学生居家学习，线上、线下、多场景、多业态，跨越班级、年级和地域，融合学科、携手新伙伴。学生看到的、学习到的、感受到的，远比传统意义上教室中、课堂上的多，教育的环境观和资源观已经发生了深刻变化，教育走向融合、走向真实的生活成为一种趋势。

　　教育的新发展理念就是在目标、途径、方法等方面不断优化、与时俱进，其中，教师、学生发展的动力问题是关键，将城市发展中的问题、某些社会现象、学生关注的热点话题等用适当的方式进行价值的选择、判断和加工再造，再引入到教育教学中，赋能教育过程，激发学生的兴趣和好奇心，不再只是死记硬背，更多关注身边的人和事，关注国家和世界，努力去思考，自觉担当作为。

　　他们通过调查问卷、实地考察和科学家访谈的方式，形成了自己的雏鹰建言，进一步形成了一份"模拟提案"。提案引起北京市政协委员、中科院自动化所研究员赵晓光的关注，经过她的细致指导和建议，这份"模拟提案"被修改形成正式提案后在政协北京市第十三届委员会第四次会议上提交并正式立案。李有毅校长也大力支持、全程指导相关主题的模拟提案，最终将《保护科学家故居，弘扬科学家精神》模拟提案作为素材带上全国两会。

✏️ **思考与融合**

　　教育的新发展理念就是在目标、途径、方法等方面不断优化，因时而新、因事而化，其中以学生为主体的深度参与是能否产生实效的关键所在。在实

际教育教学过程中，选取某一社会问题或社会现象为实践研究对象，引导学生在背景调查和文献研究等方法的基础上，选定特定人物或者特定群体为研究对象，通过人物访谈的形式进行更深层次信息的选择、判断和加工整合，形成系统化的、感性与理性相结合的结论，进而加深学生对问题或事物本质的认识。

我们始终要坚持立足新的发展阶段，形成新的资源环境观；树立新发展理念，发挥教育主体的主动性；构建新发展格局，推动建设教育命运共同体。要使学生和师生家长、学校乃至社会各行各业在无形中构建一种持续连贯的教育资源循环体，为促进学生成长提供强大的合力，形成良好的教育生态。

第五节　案例分析法

案例分析方法亦称为个案分析方法或典型分析方法，是对有代表性的事物(现象)深入地进行周密而仔细的研究，从而获得总体认识的一种科学分析方法，可通过选择一个或几个个案，做深入的接触和观察，对所研究的问题做深入的了解。它可针对单一或群体事件、人物或社会群体进行详细分析和记载，并做出案例式解释。

一、案例分析的类型

案例分析按照研究对象的不同，一般分为以下三种类型。

人员类个案：如公务员、乡村老师、医生、程序员、外卖小哥、青少年、大学生、农民、矿工等。

团体类个案：如家庭、学校、工厂、农村、班级、党团组织。

事件类个案：如大学生校园贷现象、电信诈骗事件、地摊经济、青少年犯罪、红色文化育人、爱国主义教育等。

在开展研究的过程中，视具体的研究而定，可以是针对一个特定的人群所作的系统性分析，或是对一个组织进行组织结构的社会分析；也可以是对一项特定的事件所作的社会学考察。

二、案例分析的步骤

一般可分为确定对象、资料搜集、做出判断和提供建议四个阶段。

(一) 确定对象

研究之初先要确定个案研究的对象，这个对象必须具有普遍性和代表性。以市场营销的研究为例，可以选择营销水平较高或营销能力较弱的案例——这是由案例的典型性与个别性决定的，如果选择了过于普通的例子，很难在个案研究中取得显著的结论。

(二) 获取信息

获取信息可分为对象访谈和收集资料两个阶段。首先，对选定的对象进行访谈，在访谈过程中获取需要的信息。其次是收集资料，对访谈过程中没有获取到的关键信息通过查阅文献、数据检索等其他方式进行收集，注意要兼顾好深度和广度两方面。

(三) 做出判断

通过对个案调查资料的评价和分析，找出问题的关键，做出判断。

(四) 提供建议

建议有以下两种方式：一是以调查报告形式提出建议或方案，送交有关部门参考，影响决策部门的决策，从而达到建议的目的。二是通过新闻媒介向社会公布调查的结果(例如通过广播、电视、展览、论文等)，推动问题解决。

虽然个案研究只涉及少数研究对象，但是调查者要尽可能深入地了解这些情况，提前进行深入的案例研究，提出假设，然后用实验或社会调查的方法来验证，最后使用案例研究方法进行追索。

引申阅读

电信诈骗易感性影响因素指标体系构建与分析(节选)

陈振兴，董瀚蔚，郝卿等；西安科技大学学报，2022 年 02 期

研究人员运用扎根理论对诈骗案件特征和规律进行分析整理，找出在不同案例中分布较广泛的因素，并据此建立诈骗易感性影响因素模型，可以有效预测甄别出电信诈骗的高易感人群，对提高电信诈骗预测水平，遏制高发态势具有重要意义。

(一) 案件开放性译码

学生群体是电信诈骗的主要受害群体，研究人员通过人民公安报、公安部刑事侦查局等公开信息筛选分析了近年来面向学生的典型诈骗案件，并结合案件造成的后果、社会影响和舆论关注程度，选取 20 起大学生或准大学生遭受电信诈骗，心理压力过大，造成创伤，甚至身亡的代表性案例，邀请反诈专家、警务人员、案件受害人等组成专家组，对上述典型案件所涉及到的诈骗易感性影响因素进行访谈，结合具体案件分析材料进行编码。选取 70%的案例材料进行开放性译码分析，30%的案例材料进行饱和性检验。在加工和优化的基础上，得到包括学历、情绪特质、信任倾向、安全知识、金融知识等 14 个范畴。部分案件开放性译码见表 6-1。

(二) 主轴译码与选择译码

通过主轴译码筛选去除不同案例和概念之间的重叠因素，并划分不同概念要素的类属关系。在选择译码环节，挖掘不同主范畴所对应的核心范畴，并分析其区别与联系，进而解析呈现整体现象间的逻辑关系。结合前期文献研究资料信息，对范畴与主范畴深入比较，最后得到个体因素、心理特质、能力水平、经历经验 4 个核心范畴。

(三) 饱和度检验

用剩余 6 个案例分析材料对译码进行饱和度验证，没有发现新的重要概念和新的关联，说明典型案例分析、译码、编码达到理论饱和。

思考与融合

案例分析法是以案例为基础的一种开放式、互动式的新型教学方式。教师在实践教学过程中扮演着设计者和激励者的角色，鼓励学生积极参与讨论。社会实践过程中的案例分析要经过事先周密的策划和准备，首先要选定研究对象，例如社会现象、客观问题等；其次要选取具有代表性的案例，要避免案例选取的随意性；接下来还要组织学生开展筛选、梳理、分析、讨论或争论，形成反复的互动与交流。

从学生参与的视角分析，案例分析法的中心环节就是对案例的分析、梳理及讨论。这个过程一般可以分为四步，分别为提出案例、分析案例、讨论案例和总结案例。在较为关键的分析案例和讨论案例环节：首先，指导教师应安排社会实践团队围绕案例进行资料查阅和讨论，经过讨论得出汇总意见；其次，要求每个团队成员发表自己对现象、问题或事务的不同见解，进行充分交流；最后，指导教师进行总结点评，对成员的见解进行梳理和评判，同时进行分门别类汇总，为形成统一的认识做好基础性工作。

表 6-1　案例开放性译码分析

序号	电信诈骗典型案例	梳理与分析	个体信息	概念化（易感因素）	范畴化
1	"徐某某案"　2016年8月，山东临沂准大学生徐某某（女）被诈骗9900元，随后猝死	接到教育部门助学金申领电话；应系忧伤、焦虑、过度压抑等不良情况下引发的死亡	准大学生、女性、年龄较小	容易受到外界因素影响，情绪调节能力较弱	年龄、性别、学历、环境易感、情绪波动
2	"蔡某某案"　2016年8月，广东揭阳准大学生蔡某某（女）因轻信中奖领奖信息，分三次被诈骗9800元，跳海自杀	"我太容易相信别人了""这种感觉真糟糕、真的承受不了""没想到会连续被诈骗"	准大学生、女生、年龄较小	轻信他人、缺少风险意识、容易缺少反应能力、缺少金融安全知识	年龄、性别、学历、信任倾向、应急反应、金融知识
3	"8.08 特大跨国电信诈骗案"　2017年8月，大学生李某（男）因小额贷款被诈骗6000元，服农药自杀	官方媒体报道显示，过大心理压力，以及多种外界因素让李某自焚身亡	大学生、男性	情绪调节能力较弱、反诈知识学习不到位，缺少金融安全知识	反诈教育、被诈经历、情绪波动
4	"段某案"　2016年9月，吉林长春大学生段某某（男）因交学费点开虚假链接被诈骗2000元，随后药后自杀	"家里本身条件不好、经济压力大""缺少防骗意识""个人精神状态不好""非常焦虑"	大学生、男性	家庭经济条件不好、缺少防备心理、缺少风险防控意识	经济水平、风险感知、情绪波动
5	"宋某某案"　2016年8月，山东临沭大学生宋某（男）被冒充公检法诈骗2000元，随后自杀	"我这么聪明的人咋就被骗死了""心理一时无法承受导致轻生死""个人精神状态不好""完全没有意识到会有风险"	大学生、男性	缺少防备心理、此前没有接触过诈骗案件、周边也没有同学被诈骗、缺少风险防控意识	被诈经历、相关经历、风险感知
6	"女大学毕业生被骗25万后烧炭自杀案"　2019年8月，海南海口某女士因"杀猪盘"诈骗，先后被骗25万元，随后自杀	"家境贫穷""刚毕业、社会经验少""容易相信别人""多次转账""贷款筹钱"	大学毕业生、女性	缺少应急反应能力、家庭经济条件不好、性格过于依赖他人、轻信他人	性别、学历、性格特质、经济水平、信任倾向

参 考 文 献

[1]　王文山. 基于社会实践的大学生社会化技能培养调查研究[J]. 学校党建与思想教育，2015(02)：31-32.

[2]　聂法良. 大学生大众化社会实践调查研究[J]. 国家教育行政学院学报，2013(07)：38-42.

[3]　周批改. 毛泽东社会调查方法研究综述[J]. 理论视野，2017(11)：78-83.

[4]　湛东升，张文忠，余建辉，等. 问卷调查方法在中国人文地理学研究的应用[J]. 地理学报，2016，71(06)：899-913.

[5]　张娜，潘绥铭. 互联网定性调查方法：观察与体验[J]. 河北学刊，2015，35(02)：140-144.

[6]　栾伟，曹莹，唐文娟，等. 基于行为事件访谈法及专家咨询法的医疗护理员胜任力模型研究[J]. 护理学杂志，2022，37(04)：59-63.

[7]　周常青，胡慧，艾亚婷，等. 认知性访谈法研究报告框架的介绍与解读[J]. 解放军护理杂志，2021，38(09)：57-59，63.

[8]　梁力军，刘丽娜，张辰雨. 金融业不当行为风险致因与监管策略研究：基于文献综述与问卷调查实证[J]. 金融理论与实践，2022(02)：51-59.

[9]　牛成英，任潇潇，高海燕. 应答行为视角下问卷调查数据质量综合评价[J]. 统计与决策，2021，37(12)：47-51.

[10]　董海军，李希雨. 问卷调查的标准化：必要性、困境与出路[J]. 湖南师范大学社会科学学报，2021，50(02)：135-143.

[11]　廖菲. 人文奥运与市民素质：对北京民众公共行为的实地观察[J]. 北京社会科学，2007(01)：10-15.

第七章　大学生社会实践常用文体写作

社会实践过程中常用的文体类型主要包括新闻、论文和调查报告，这些文章的撰写质量对社会实践的深度、广度和实效具有重要的影响。例如生动的新闻报道可以增加社会各界对大学生实践活动的认识，同时学生之间也可以相互学习，取长补短；系统的研究论文有助于对社会实践成果的进一步总结凝练，增强实践育人的实效性；深度的调查报告有助于就某一社会问题提出具有建设性的解决方案，还可以锻炼学生分析问题、处理问题的能力。

第一节　社会实践新闻的撰写

新闻宣传报道对大学生社会实践活动有着重要的指导意义，对社会实践活动中的重要事件、先进人物、先进单位等先进范例、成功经验进行宣传报道，就会起到事半功倍的教育作用和宣传效果，有利于提高大学生社会实践活动的实效性。

一、新闻的定义、结构及特点

(一) 新闻的定义

新闻是指通过报纸、电台、电视台、互联网等媒体途径所传播的信息的一种称谓。新闻概念有广义与狭义之分。就其广义而言，除发表于报刊、广播、互联网、电视上的评论与专文外的常用文本都属于新闻之列，还包括消息、通讯、特写、速写(有的将速写纳入特写之列)等。狭义的新闻则专指消息，消息是指用概括的叙述方式，以比较简明扼要的文字，迅速及时地报道国内外新近发生的、有价值的事实。一篇新闻报道，无论是消息、通讯还是特写，一般都包含时间、地点、人物以及事件的起因、经过、结果6个要素。

(二) 新闻的结构

新闻的结构一般有以下五个基本部分。

一是灵活鲜明的标题。

二是引人入胜的导语。

三是叙事翔实的主体。

四是有的放矢的背景。

五是恰到好处的结尾。

新闻的写作应重点掌握以上五个组成部分。

(三) 新闻的特点

1. 真实性

真实性是新闻最重要的特点。真实是新闻的生命，离开了真实，新闻就失去了存在的意义。所谓新闻的真实性，就是要一切从实际出发，忠于事实，遵循事实本身所具有的客观属性。新闻的真实性具体表现在以下两方面。

一是它要求所写的人、事、地点、时间、数字、情节都必须真实，甚至连细节描写也要真实。道听途说，扩大或缩小事情都是新闻不允许的，比如说学生没有参加某个社会实践，如果硬着头皮写新闻，写出来的新闻总有一种不真实感，因为究竟开展了哪些社会实践该生并不知情，仅凭自己的感觉来写社会实践方面的新闻，这样的新闻肯定就会失去真实性。

二是要真实地反映事物的本质，不能只看表面现象，要挖掘出事物内部真实可靠的东西。如果奉行流行的形式主义，新闻就没有真实性可言。新闻的真实性要求大学生要有高度的责任感，身临其境的体验，分析思考的头脑，力求客观、公正、真实、全面。

2. 时效性

新闻贵在新，要新就要讲究时效。时过境迁，慢三拍的报道就毫无新闻意义。特别是在当今信息社会中，通信手段日益现代化，新闻的吸引力如何，很大程度上取决于传递的速度。新闻的时效性主要有两层意思。

一是新闻要及时迅速。用一句老话说，新闻应该鲜活，而不是"明日黄花"。"快"是新闻的第二生命，任何迟缓都会削弱甚至失掉新闻的价值。如电视台新闻播放时常常有"本台刚刚收到的消息"，这就突出了快和新。

二是新闻报道要合"时宜"，即在最合适的时间内报道某一特定的新闻信息。有些新闻报道并不是越快越好，还有一个发表时宜，即时机问题。尤其在一特定的时期内一定要注意，某一报道的效果，不能因为抢时间而不顾及影响。

3. 新鲜性

新闻有一种出人意料、引人注意的特性，除了要求新闻报道的迅速性，还要求新闻写作的灵活性、创新性，要突破俗套、改革创新、变换角度写，以新带旧；要变换体裁写，以旧生新，还有语句的描述，标题、导语、正文、结尾怎样创新等。新鲜性可以说是新闻的本质属性。新闻的新鲜性主要包括时间新和内容新两方面。

一是时间新。时间新对通讯员采写新闻稿件的能力提出了较高的要求。例如，通讯员要具备较强的新闻敏感性，要具备积极的"抢新闻"意识，要具备熟练的采访写作综合能力等。

二是内容新。新闻是新近发生的事实的报道，但并非凡"新近发生的事实"均可成为新闻，只有内容具有"新鲜性"才可能成为新闻。谈及大学生社会实践的新闻，就是在实践过程中收获的新思想、新视野，以及进行实践方面的新技术、新举措等。

4. 目的性

有经验的记者，在采写一篇新闻或通讯的时候，总要反复考虑报道的目的性：为什么要报道这件事？到底想解决什么问题？能起到什么作用？能达到什么目的？只有明确了报道的目的性，才能提高报道的质量，使报道有思想性和真实性，才能得到好的宣传效果和社会效果。

例如，在社会管理上，把党和政府的路线、方针、政策及时准确地传递给公众，把人民群众的愿望和心声及时反馈给党和政府，通过满足公众的知情权来构建和谐社会；在环境保护上，传播生态文明知识，引导人们树立尊重自然、保护自然的生态文明理念，把生态文明建设放在突出地位，努力建设美丽中国，实现中华民族的可持续发展。

二、常见新闻的写作

新闻主要分为新闻报道和新闻评论。新闻报道主要指新近发生的、重要的、有社会意义的事实报道。新闻评论是报纸、电台用以直接表达意见、评价事实、引导舆论的一种文体。新闻报道与新闻评论相比较而存在，它不直接评论，而是通过对事实的叙述来达到评价生活的目的，其表达方式主要是叙述。语言要求简洁明了、通俗流畅、生动形象。根据表达方式、结构体制、语言运用和时效性强弱的不同，新闻报道可以分为消息、通讯、报告文学、新闻公报等。这里，我们主要介绍消息和通讯的写作。

(一) 消息的写作

1. 消息的含义及特点

消息是各种新闻体裁中使用最多、也是最活跃的一种体裁，在新闻报道中占有非常重要的地位。消息是指国内外新近发生的具有一定社会价值的人和事的简要而迅速的报道。消息可以直截了当叙事，具有极强的说服力，使读者信服；同时面广、量大、内容丰富、读者众多，有相比于其他新闻类型的显著优势；还能够迅速、及时地将国内外瞬息万变的情况报道给读者。这是由消息的所具有的体裁特点及所具有的报道优势决定的，具体而言：

一是语言的简括性。简要、概括地报道新闻事实，是消息有别于其他新闻体裁的最本质特点。在写作上，消息重在概括性地陈述，所以篇幅相对较短；而通讯则重在对事实的描写、展现、解释、分析等，所以篇幅较长。即便是描写性或分析性消息，也重在言简意赅。

二是内容的客观性。消息的客观性表现在内容真实，事实准确。事实，是消息的本源。内容真实、用事实说话是消息的特点和优势。消息报道的力量就在于真实。一方面，消息所写的人名、地名、时间、事件经过、周围环境、历史背景、引语数字、细节描写、人物心理活动以及报道中所涉及的自然科学和社会科学知识等都要准确无误；另一方面，消息所写的应是能反映事物本质的、有普遍意义的事实。

三是选题的新颖性。消息的新颖性表现在内容新鲜，这样的消息才具有价值。所谓新，不仅是指别人没有报道过的事实，而且要求对于广大读者具有新的认识意义和指导意义。为此，消息不仅要把新事件、新人物、新经验、新创举等新鲜事物报道给人们，给人以新的信息，而且要选择有价值的材料，能给人以新的思想、新的认识和启迪。

四是时间的快捷性。消息的快捷性表现在迅速及时，讲求时效。迅速及时地报道群众须知而未知的事实，是消息的又一鲜明特点。当然，消息的快要注意合乎时宜，要注意以事实的新鲜和真实为前提。

2. 消息的类型

消息的类型，可以从不同角度加以区分。从内容上看，消息可以分为农业消息、工业消息、文教消息、体育消息、社会消息等。从报道对象上看，消息可以分为人物消息、会议消息、成就消息、参观消息、节日消息等。从报道范围上看，消息可以分为国内消息、国际消息等。这里按写作体裁和写作特点来划分，消息可分为以下五类。

一是动态消息。动态消息是快速报道国内外刚发生的、将要发生的、正在发展的事物动态。国际国内的重大事态，各个领域的新事物、新成就，都可以及时报道。大量的、连续的动态消息构成现实生活丰富多彩的画卷。动态消息又可分为两类：一是连续性报道，一天一报，汇集起来便成了一件事物的完整过程；二是不连续报道，事件本身就很完整。

二是综合消息。综合消息主要反映某些全局性的动向、成绩、教训等，报道面较广，声势浩大。可以围绕一个中心报道许多有关的动态，还可以把一个地区或一个部门的同类事实综合在一起加以报道。综合消息要有分析、归纳和综合。

三是特写消息。特写消息是用电影特写镜头的手法写的一种新闻，往往集中描写重大事件的重要场面，或某件事的重要片断，语言形象生动。

四是经验消息。经验消息也叫典型报道，它是对一些具体部门、单位开展工作取得成功经验的报道。这种消息通常要介绍情况、反映变化、归纳做法、总结经验，从事实发展过程中找出一些规律性的东西，提供借鉴，推动工作。

五是述评消息。述评消息是夹叙夹议，即报道和评论相结合的新闻体裁。当人们对当前的事态不理解时，在报道事态发展的过程中需要加以评论，帮助人们提高认识；当事件告一段落或发生转机时，也需要及时地认清形势总结规律。述评，就是摆事实，讲道理，提出问题，解决问题。述评消息包括时事述评、事态述评、工作述评、思想述评等。

3. 消息的写作要点

一是精心制作标题。标题在消息的写作中具有重要作用，主要体现在两个方面：一方面具有引导作用，能够引导读者筛选阅读；另一方面具有美化和序化作用，能够增强消息的可读性，反映消息的精华。消息的标题通常有三种类型：一是正题，正题是标题的骨干和核心，高度概括消息的中心内容；例如"人民解放军百万大军横渡长江"。二是引题，引题一般用来交代背景，说明原因，烘托气氛，解释意义等。引题一般多作虚题，例如"贯通大中小　聚力更出彩——各地各校全面推进'大思政课'建设扫描"。三是副题，副题一般用来补充、注释和说明、印证主题。副题一般多作实题，例如"清扫穷角落　同走富裕路——无锡县4000多困难户向贫困告别"。好标题必须反映出实践调研的主题，在大学生社会实践过程中要发挥好标题的功能；例如，社会实践的主题可以选择某一个村庄(社区)、企业、行业、单位、群体、特殊事物或现象进行调查，农村养老问题、新农村建设、乡村振兴战略等都可以作为调研主题，在此类社会实践消息的撰写过程中可以通过标题来增强实践活动的吸引力，类似"逐梦沃野育英才——涉农类高校深度服务乡村振兴系列报道"的标题就恰到好处。

二是写好导语与主体。导语写法并不单一、刻板，并非一定是五个"W"俱全(时间、地点、人物、事件、原因；when、where、who、what、why)，基本要求是简洁明晰，能集中概括新闻的主要事实，揭示全文主题。主体部分写作应特别注意的是，主体与导语文字应避免重复。

三是注意背景材料的穿插。背景材料写作要注意以下几点：要紧扣主题，使背景材料起到丰富、深化、解释主题的作用，不能东拉西扯，偏离主要新闻事实。要有的放矢，考虑读者需求，把背景材料写在最关心最渴望的"盲点"上，大家都很熟悉的消息，不要重复赘述。要与主要新闻事件结合起来，让它成为整条新闻的有机组成部分。

(二) 通讯的写作

1. 通讯的含义及特点

通讯是一种用于对新闻事件或人物进行详细而生动的报道的新闻文体，主要运用叙述、描写、抒情、议论等多种手段，具体、生动、形象地反映新闻事件或典型人物的一种新闻报道形式。通讯作为记叙文的一种，是报纸、广播电台、通讯社常用的文体。

通讯与消息都具有新闻性、现实性和时效性，但通讯不同于消息。总的来说，通讯有几个明显的特征，即通讯能够报道某一新闻事实的全貌或全过程，重视对细节和情节的展开，在文字上能够广泛运用多种表现手法。

通讯写作成功的关键是要抓住矛盾来谋篇布局。只要在通讯写作中抓住读者的心理，根据读者关心的问题来组织结构，安排材料，巧设矛盾掀起波澜，就能写出引人入胜的作品。通讯的特点如下。

一是新闻性。通讯是新闻报道的一种形式，它必须迅速、及时地反映现实生活中值得报道的人物与事件。通讯的内容必须具有新闻性，即要具有新闻价值。

二是完整性。通讯是消息的深入和补充，或者说是消息的延伸和扩展。消息常常简要地报道一个事实的片断，通讯则要求在真人真事的基础上选材、安排场面和刻画人物，常常要详细地展示所报道人物和事件的具体情况，有时要反映事件的"全过程"，因而具有完整性。

三是形象性。通讯必须要用具体、生动、典型的事例来揭示事件的本质，去感染人、启迪人。消息概括性强，通讯具体性、形象性强。有人物的外形，有人物活动的环境，有事件过程及细节，有景物描写、心理描写。因而，通讯在表达方法上更加自由灵活、变化多端，比消息有更多的描写、议论、抒情，语言更加生动活泼，具有生活气息和文学色彩。

四是评论性。通讯运用夹叙夹议的方法对人或事做出直接的评论。消息是以事实说话，除述评消息一般不允许作者直接发表议论，通讯则要求在报道人物或事件的同时，表露记者的感情与倾向。然而通讯的评论不同于议论性文体的论证，它必须时刻紧扣人物或事件，依傍事实作适时的、恰到好处的评价点拨。因此这是一种通过描写、叙述、抒情等表达手段进行的议论，它的特点是以情感人，理在情中。

2. 通讯的结构

通讯的结构灵活多样，不拘一格。可根据不同的内容需要灵活安排，即便是同样的内容，也可以运用不同的布局安排。

一是标题。通讯的标题多数为单行式，有的有副标题，也只是交代报道的对象和新闻的来源。

二是开头。通讯的开头多姿多彩，不拘一格。主要有以下两种方式：一是直起式。开门见山直述其人其事，直接抒发感情或直接发表见解。二是侧起式。利用铺垫的方法，从头说起，娓娓道来，然后再进入正题。

三是通讯的中心。这是通讯的主体，这部分的关键在于要把调查采访来的纷纭材料理出一个头绪，然后酌情合理地安排使用这些材料。材料的安排布局，以依照事物发展的前后过程为主线，有的部分是按"横式结构"组织材料，有的部分是按"纵式结构"组织材料，也可以用纵横兼备的线索安排布局材料。

四是通讯的结尾。通讯的结尾比较灵活自由。有的是提出召唤，引读者共鸣；有的是意犹未尽，给读者留有回味的余地；有的用精辟议论结尾，揭示和深化主题等等。

3. 通讯的写作要点

一是要注重内容具体翔实，生动感人。基础在于有丰富具体、真实入微的材料，这些材料要靠深入地挖掘搜集。

二是要注重分析材料，提出主题。面对一大堆的材料，怎样才能把它加工制作成为一篇完整的通讯，哪些材料有用，哪些没用，各种有用的材料之间彼此是一种什么关系，在这些问题没有理清楚之前，不能盲目下笔。通讯的主题，是在采访、写作的过程中逐步形成的。一般是先有素材，后有题材，再有主题。采访中收集到的大量的原始材料，尚未经过综合整理、提炼加工的东西，叫作素材。人们根据一定的报道思想，根据自己对生活、对事实的理解和评判，从大量素材中选择、提炼、加工成的写作材料，叫作题材。题材经过深思熟虑，由浅入深，由表及里，抓住本质和核心，渐渐形成一个明确的思想，叫作主题。

三是要注重运用多种表现方法。通讯主要是人物通讯、事件通讯，需要精心剪裁，运用多种表现手法，像描写、议论、抒情等手法，写好典型材料和扣人心弦的细节，以增强真实感人的力量。

三、社会实践活动新闻写作注意事项

在社会实践活动开展过程中，应加强新闻宣传工作，要及时向校内外报纸、电视、网络等媒体发送文字及图片新闻信息，充分展示学校师生参与社会实践的风采。社会实践活动新闻的写作需要注意以下几方面。

(一) 充分准备交流

为了调研清楚一个事实，有许多必不可少的采访交流，但学生应当分析清楚问题，妥当地分配给不同的采访对象，说明采访目的，争取对方协助。具体来讲，要做到以下几点。

1. 注重礼仪，体现素养

与采访对象第一次见面时，学生应当尽快出示介绍信并说明采访目的，以求得到对方的信任，同时也要体现出作为学生参与社会调研的基本素养。

2. 明确主题，便于回答

交流要有主题，越是经验不足的学生，所提的问题越容易笼统，含糊不清，而越是笼统的问题越难回答。例如，最难回答的问题：你有什么感想？你当时是怎样想的？要提有特点的问题，既然泛泛的提问只能得到泛泛的回答，那么就要注重有特点的提问，这样才能得到较理想的回答。

3. 一问一答，随机应变

不建议把采访提问变为"一问一答"，这种采访方式容易让气氛紧张。如果设法把采访提问变为自由交谈、聊天，会使采访人情感更浓、生活气息更浓，往往效果更好。提问要有逻辑性，适应大多数人的谈话思路，事先明确要谈什么题目，然后一个问题接一个问题依次谈下去。

(二) 提问的类型

1. 正面提问

正面提问是最基本的提问类型，社会实践的学生可以开门见山地提出问题，不拐弯抹角。正面提问的问题一般分为开放型和闭合型两种。所谓开放型问题，是指不要求采访对象具体的回答，使对方畅所欲言，采访的气氛比较轻松。所谓闭合型问题，是指提出的问题，要求对方有一个明确、简短的答案："是"或"不是"。

2. 引导性提问

引导性提问中提出的问题以闭合型问题居多，它反映出的是社会实践学生在挖掘事实过程中的一种积极的态度。

3. 追问

追问是社会实践学生常用的一种提问方法，目的在于捕捉那些具体的事实和细节。

4. 假设性提问

假设性提问是一种创造性的提问方法，社会实践学生前期已经对实践内容和主题有了基本的分析和预判，并在预判的基础上提出了假设性的问题。

(三) 交流的方式

1. 面对面的交谈

面对面交谈是采访和调研最基本的方式。社会实践学生在采访比较重要的报道时，一定要找到负责人、当事人、见证人面谈，力争尽量多地拿到第一手材料。

2. 侧面调研了解

侧面调研主要是指社会实践学生采访新闻人物或事件周围的人，从侧面了解新闻人物或事件的事迹或周边反响。

3. 体验式采访

体验式采访即社会实践学生深入到现场，与采访对象一起生活，在生活过程中深入了解采访对象。

4. 书面采访

书面采访即社会实践学生将访谈调研提纲以书面形式给采访对象或用信函寄给采访对象，然后等待答复。

5. 电话采访

电话采访是指社会实践学生通过电话交流，了解采访对象的相关信息。

（四）新闻观察

谈到观察，离不开一个基本条件——深入现场。从新闻事业本身来讲，不经受现场的风雨，不吸收现场的营养，新闻就会变质，遭到读者的厌弃。观察是一种技巧，需要扎实基本功，即敏锐的观察能力，要在短时间内能捕捉到关键的镜头，对于客观事物有精细的识别能力。

优秀新闻案例

西安科技大学 2018 年暑期"三下乡"社会实践活动顺利开展

来源：西安科技大学校团委

2018 年 7 月 18 日以来，随着西安科技大学 2018 年暑期"三下乡"社会实践启动仪式暨安全知识培训会的成功举办，全校 107 支实践团队围绕"万名学子扶千村专项活动""青年红色筑梦之旅"等主题，分赴革命老区及社会实践基地开展形式多样的社会实践活动，此次暑期"三下乡"社会实践活动在队伍数量和参与人数上均创学校历史新高。校党委副书记樊建武出席启动仪式为实践团授旗，并亲赴长武县芋元村看望慰问了"扶贫助困"社会实践团成员，向全校实践队员们提出了殷切希望。他勉励实践队员们发扬艰苦奋斗的精神，努力展现当代大学生的风采，全心全意为老百姓做实事，做好事，不断提升自身综合素质，增强社会责任感，达成"长才干、受教育、做贡献"三个目标。

一、寻访红色圣地　弘扬延安精神

7 月 21 日，西安科技大学大学生骨干培训班师生一行 41 人来到革命圣地延安，参观多处革命纪念馆和革命文化旧址，感受老一辈革命家不畏艰难、勇于献身的革命精神，深入了解抗日战争、解放战争等波澜壮阔的革命历史。师生们在追寻革命先辈足迹的过程中，传承了红色文化基因，加深了对"坚定正确的政治方向，解放思想、实事求是，全心全意为人民服务，自力更生、艰苦奋斗"为主要内容的延安精神的理解，进一步坚定了为实现中华民族伟大复兴的中国梦而不懈奋斗的信心和决心。

二、精准扶贫　助力脱贫攻坚

7 月 22 日开始，我校赴芋元村"扶贫助困"社会实践服务团由机械学院、建工学院、艺术学院的 36 名师生组成，承担了芋元村 300 余平米的文化墙绘制、科技助农、义务支教等三方面的扶贫助困活动内容，整个活动持续 14 天。实践

团师生纷纷表示，将以更大的热情投入到扶贫助困主题社会实践中，发扬吃苦耐劳的精神，勇担时代责任，为脱贫攻坚贡献自己的青春智慧和力量。

三、追根溯源 牢记初心使命

7月24日，西安科技大学青年教师"溯源志远"校史寻根实践团一行15人赴汉中追寻我校国立西北工学院时期艰苦卓绝的办学之路，实践团成员先后参观了古路坝西北联大办学遗址、张骞纪念馆、汉文化区额博物馆、川陕革命根据地博物馆等，实践团成员表示在学校60周年校庆来临之际，全校青年教师将牢记办学初心，传承西科人"励志图存、自强不息"的学校精神，薪火相传，勇创一流。

四、江浙鲁沪 追逐就业创业梦想

由校团委、学工部联合组织，能源学院、安全学院、建工学院、机械学院、电控学院、管理学院、材料学院、艺术学院、人外学院、理学院等组成的14支创业就业实践团分别前往杭州、苏州、南京、徐州、连云港、盐城、海门、温州、嘉兴、湖州等地，通过参观当地企业、产业园区、创业孵化基地、高新技术开发区等，深入了解当地创新型企业与民生现状及创业相关政策。积极与当地政府建立良好的合作关系，指导学生开展创新创业工作积累，使我校大学生对自身职业的定位、制造行业人才需求、创新创业相关知识有清晰的认识，创业就业能力得到进一步提升。

暑假期间，学校其他社会实践团队按照计划分赴全国各地开展形式多样的社会实践活动，充分发挥高校服务社会的职能，不忘初心，自强不息，克服困难，勇担重责，为实现中华民族伟大复兴的中国梦贡献青春智慧和力量。

第二节 社会实践论文的撰写

社会实践既是对学生学习、研究与实践成果的全面总结，又是对学生素质与综合能力的一次全面检验。在学生总结与效果检验的过程中，论文撰写是核心环节，因此，社会实践的指导还应该包括对成果凝练和论文撰写的指导。

一、论文的含义及特点

(一) 论文的含义

介绍各个学术领域的研究和描述学术研究成果的文章，简称为论文。论文是以议论为主，以叙述、描写、说明等为辅，运用概念、判断、推理、证明等逻辑思维方式，对客观事物或事理分析进行论证，直接表达作者的思想、观点、见解、主张的文章。它既是探讨问题进行学术研究的一种手段，又是描述学术研究成果，进行学术交流的一种工具。它包括学位论文、科技论文、毕业论文、成果论文等。

(二) 论文的特点

1. 学术性

所谓学术，是指较为专门的、系统性的学问，学术论文是学术成果的载体，它的内容是作者在某一科学领域中对某一课题进行潜心研究而获得的结果，具有系统性和专门性。

学术性可以是提出前人没有提出的观点，推翻某一学术领域中的某种陈旧的观点，提出新的见解；可以是将分散的材料系统化，用新的观点或新的方法加以论证得出新的结论；还可以是在某个学科领域中经过自己的观察、调查、实验，有新的发现、发明或创造。

2. 理论性

学术论文应具有一定的理论价值，要揭示事物的本质，反映客观规律。在写作中，作者需用大量的可靠材料，运用科学的方法，对本质的东西加以剖析，对事物的规律进行探讨。这就要求作者不仅要对所研究的对象有全面的认识，而且还要通过论证、阐发，将自己的发现和认识提高到理论的高度。

学术论文在形式上属于议论文，但它与一般议论文不同，它必须有自己的理论体系，不能只是材料的罗列，应对大量的事实、材料进行分析、研究，使感性认识上升到理性认识。一般来说，学术论文具有论证色彩，或具有论辩色彩，其内容必须符合历史唯物主义和唯物辩证法，符合既分析又综合的科学研究方法。

3. 科学性

学术论文的科学性，主要是指作者能用科学的思维方法进行论证，并得出科学的结论。它要求作者以辩证唯物主义和历史唯物主义的科学态度和方法对待研究工作，尊重客观实际，坚持实事求是。

科学性是学术论文的灵魂，没有科学性的"学术论文"是没有生命力的。学术论文的科学性，要求作者在立论上不得带有个人偏见，不得主观臆造，必须切实地从客观实际出发，引出符合实际的结论。在论据上，应尽可能多地占有资料，以最充分的、确凿有力的论据作为立论的依据。在论证时，必须经过周密的思考，进行严谨的论证。

4. 创造性

科学研究是对新知识的探求，创造性是科学研究的生命。学术论文的创造性在于作者要有自己独到的见解，能提出新的观点、新的理论。

如果没有创造性，学术论文也就没有了科学价值。要使论文具有创造性，就要做到对问题进行长时间的、周密细致的分析研究，从中发现别人还没有发现到、认识到的成分，言他人所未言，在综合他人见解的基础上进行创新。事实上，理论界诸多新思想、新观念的提出，都必须站在超前的视角下才有可能实现。

二、论文的结构和要求

论文一般由题目、作者、摘要、关键词、正文、参考文献和附录等部分组成，其中部分组成(如附录)可有可无。

(一) 题目

论文题目要求准确、简练、醒目、新颖。论文题目要规范，要能概括论文的特定内容，并且符合编制题录、索引和检索的有关原则。

题目字数要适当，一般不宜超过 20 个字。如果有些细节必须放进标题，为避免冗长，可以设副标题，把细节放在副标题里。

(二) 内容摘要

论文的内容摘要是文章主要内容的摘录，要求短、精、完整。论文需配摘要(有中、英文摘要的中文在前，英文在后)，摘要应反映论文的主要内容，概括地阐述实践活动中得到的基本观点、实践方法、取得的成果和结论。摘要字数要适当，中文摘要一般以 200~400 字左右为宜，英文摘要一般至少要有 200 个实词。

随着计算机技术和互联网的迅猛发展，网上查询、检索和下载专业数据已成为当前科技信息情报检索的重要手段。对于网上各类全文数据库或文摘数据库，论文摘要的索引是读者检索文献的重要工具，为科技情报文献检索数据库的建设和维护提供了方便。论文发表后，文摘杂志或各种数据库对摘要可以不作修改或稍作修改而直接利用，让读者尽快了解论文的主要内容，以补充题目的不足。论文摘要的质量高低直接影响着论文的被检索率和被引频次，因此在撰写要注意以下要点。

1. 摘要的规范行文

摘要是对论文的内容不加注释和评论的简短陈述，要求扼要地说明研究工作的目的、研究方法和最终结论等，重点是结论。摘要应是一篇具有独立性和完整性的短文，可以引用、推广。

2. 撰写中文摘要注意事项

一是不得简单重复题名中已有的信息，忌讳把引言中出现的内容写入摘要，不要照搬论文正文中的小标题(目录)或论文结论部分的文字，也不要解释论文内容。

二是尽量采用文字叙述，不要将文中的数据罗列在摘要；中文摘要内容要简洁，应排除本学科领域已成为常识的内容，应删除无意义的或不必要的字眼；内容不宜展开论证说明，不要列举例证，不介绍研究过程。

三是摘要的内容必须完整，不能把论文中所阐述的主要内容(或观点)遗漏，应写成一篇可以独立使用的短文。

四是摘要一般不分段，切忌以条列的方式书写。陈述要客观，对研究过程、方法和成果等不宜作主观评价，也不宜与别人的研究作对比说明。

3. 撰写英文摘要注意事项

以上中文摘要编写的注意事项都适用于英文摘要，但英语有其自己的表达方式和语言习惯，在撰写英文摘要时应特别注意。

(三) 关键词

关键词是从论文的题目、摘要和正文中选取出来的，是对表述论文的中心内容有实质意义的词汇。关键词是用作计算机系统标引论文内容特征的词语，便于信息系统汇集，以供读者检索。提取关键词要注意以下几点。

1. 关键词的规范

关键词是反映论文主题概念的词或词组，通常与正文不同的字体字号进行编排，每篇论文一般选取 3～5 个词汇作为关键词，另起一行，排在"摘要"的左下方。多个关键词之间按词条的概念范围层次从大到小排列。关键词一般是名词性的词或词组，个别情况下也有动词性的词或词组，应尽量从国家标准《汉语主题词表》中选用。未被词表收录的新学科、新技术中的重要术语和地区、人物、文献等名称，也可作为关键词标注。

2. 选择关键词的方法

关键词的一般由作者在完成论文写作后，从其题名、层次标题和正文(出现频率较高且比较关键的词)中选出来,应采用能覆盖论文主要内容的通用技术词条。

(四) 正文

正文是实践论文的核心内容，是对实践活动的详细表述。这部分内容为作者所要论述的主要事实和观点，包括对实践活动的目的、相关背景、时间、地点、人员、调查手段的介绍，以及对实践活动中得到的结论的详细叙述。

正文要有新观点、新思路，要坚持理论联系实际，对实际工作有指导作用和借鉴作用，能提出建设性的意见和建议。内容应观点鲜明，重点突出，结构合理，条理清晰，文字通畅、精炼。为了做到层次分明、脉络清晰，正文一般由以下三部分构成。

1. 导论

导论又称前言、序言和导言，写在论文的开头，也是正文前的引导部分。导论一般要概括地写出作者意图，说明选题的目的和意义，并指出论文写作的范围。导论部分或提出问题，或直接得出结论，或引出论因，及其他有关情况。导论要短小精悍，紧扣主题，最忌下笔千言，离题万里。

2. 本论

本论也称正论，是论文的主体和核心部分。本论部分或对提出的问题进行深入分析，或对导论部分推出的结论展开论证，或对反方进行反驳，或围绕一个论题分层论述。本论应包括以下部分：一是论点部分，主要提出问题；二是论据和论证部分，主要分析问题；三是论证方法与步骤部分，主要解决问题；四是结论部分，主要说明文意要达到的目标。

3. 结论

结论部分是文章的结尾部分，是在本论基础上的自然收束。论文的结论或归纳总结，或是补充、强调、升华论题。结论包含对整个实践活动进行归纳和总结而得到的收获和感悟，也可以包括实践过程中发现的问题，并提出相应的解决办法。结论的写法灵活多样，但要简洁有力，明白确定。

(五) 参考文献

一篇论文的参考文献是将论文在研究和写作中可参考或引证的主要文献资

料，列于论文的末尾，核心目的是反映文章的科学依据、作者尊重他人研究成果的严肃态度，以及向读者提供有关信息的出处。参考文献的标注方式按新的国家标准《信息与文献参考文献著录规则》(GB/T7714—2015)进行。

引文应以原始文献和第一手资料为原则。所有引用别人的观点或文字，无论是否发表，无论是纸质或电子版，都必须注明出处或加以注释。凡转引文献资料，应如实说明。对已有学术成果的介绍、评论、引用和注释，应力求客观、公允、准确。伪注、伪造、篡改文献和数据等，均属学术不端行为。

参考文献是实践论文不可缺少的组成部分，它可以反映实践论文的取材来源、材料的广博程度和材料的可靠程度。参考文献按文中引用的先后，从小到大排序，一般序码宜用方括号括起，不用圆括号括起，且在文中引用处用右上角标注明，要求各项内容齐全，不同参考文献有不同的引用要求，参考如下：

1. 专著、论文集、学位论文、报告

[序号]主要责任者. 文献题名[文献类型标识]. 出版地：出版者，出版年. 起止页码(任选).

例：[1]刘国钧，陈绍业，王凤翥. 图书馆目录[M]. 北京：高等教育出版社，1957：15-18.

[2]辛希孟. 信息技术与信息服务国际研讨会论文集：A 集[C]. 北京：中国社会科学出版社，1994.

2. 期刊文章

[序号]主要作者. 文献题名[J]. 刊名，年，卷(期)：起止页码. (3 个作者以上，只写前 3 位作者，后面用"，等")

例：[1]金显贺，王昌长，王忠东，等. 一种用于在线检测局部放电的数字滤波技术[J].清华大学学报：自然科学版，1993，33(4)：62-67.

3. 论文集中的析出文献

[序号]析出文献主要责任者. 析出文献题名[C]//原文献主要责任者. 原文献题名. 出版地：出版者，出版年：析出文献起止页码.

例：[1]钟文发. 非线性规划在可燃毒物配置中的应用[C]//赵玮. 运筹学的理论与应用：中国运筹学会第五届大会论文集. 西安：西安电子科技大学出版社，1996：468-471.

4. 报纸文章

[序号]主要责任者. 文献题名[N]. 报纸名，出版日期(版次).

例：[1]谢希德. 创造学习的新思路[N]. 人民日报，1998-12-25(10).

5. 国际、国家标准

[序号]标准所有者. 标准编号及名称[S]. 出版地：出版者，出版年：起止页码.

例：[1]国家标准局信息分类编码研究所. GB/T 2659—1986 世界各国和地区名称代码[S].北京：中国标准出版社，1988：59-92.

6. 专利

[序号]专利所有者. 专利题名：专利国别，专利号[P]. 出版日期.

例：[1]姜锡洲. 一种温热外敷药制备方案：中国，881056073[P].1989-07-26.

7. 网络电子文献

[序号]主要责任者. 文献题名[EB/OL]. (发表时间)[引用时间]. 访问的路径.

例：[1]高培勇. 准确把握促进共同富裕的基本精神和实践要求[EB/OL]. (2022-09-28) [2022-09-29]. https://theory.gmw.cn/2022-09/28/content_36054707.html.

三、撰写社会实践论文的主要步骤

社会实践论文的写作过程应包括以下步骤：收集资料、拟订论文提纲、撰写论文初稿、修改、定稿等。各个步骤具体做法如下。

(一) 收集资料

资料是撰写社会实践论文的基础。收集资料的途径主要有通过实地调查、社会实践或实习等渠道获得；从校内外图书馆、资料室已有的资料中查找。

(二) 拟订论文提纲

拟订社会实践论文提纲是作者动笔行文前的必要准备。根据社会实践论文主题的需要，拟订论文结构框架和体系。学生在起草社会实践论文提纲后，可请指导教师审阅修改。

(三) 撰写论文初稿

社会实践论文提纲确定后，可以动手撰写社会实践论文的初稿。在起草时应尽量做到纲举目张、顺理成章、详略得当、井然有序。

(四) 论文的修改与定稿

社会实践论文初稿写完之后，需要改正草稿中的缺点或错误，使之符合规范。因此应反复推敲修改后，才能定稿。

优秀论文案例

陕西红色文化融入大学生思想政治教育的研究与实践(节选)

陈振兴　郝卿　薛建航

摘　要

红色文化是中国近代革命、社会主义建设和改革进程中创造的伟大物质财富和精神财富,具有重要的精神内涵和育人价值。陕西红色文化以其独特的文化载体和丰富的精神内涵,在高校思想政治教育中凸显出了重要的理论价值和实践价值。高校可通过加强文化宣传、组建研究团队、创新教学方法和打造品牌活动等形式促进红色文化与思想政治教育的有机融合,切实发挥红色文化的育人功能。

关键词: 陕西红色文化;思想政治教育;价值维度;实践向度

近年来,党和国家高度重视文化育人工作。习近平总书记多次强调文化是民族生存和发展的重要力量,是一个国家和民族的灵魂。2016年12月,习近平总书记在全国高校思想政治工作会议上强调,要更加注重以文化人、以文育人,广泛开展文明校园创建,广泛开展各类社会实践。2018年9月,习近平总书记在全国教育大会上强调,要教育引导学生在厚植爱国主义情怀上下功夫,让爱国主义精神在学生心中牢牢扎根。2019年3月,习近平在全国学校思想政治理论课教师座谈会上强调,要引导学生增强"四个自信",厚植爱国情怀,把爱国情、强国志、报国行自觉融入坚持和发展中国特色社会主义事业中。

一、红色文化育人的重要性(节选)

文化是一个国家,一个民族的灵魂,没有高度的文化自信,没有文化的繁荣昌盛,就没有中华民族的伟大复兴。党的十八大以来,习近平总书记多次深入中共一大会址、嘉兴红船、西安交通大学西迁博物馆等红色文化教育和爱国主义教育基地考察,并在纪念红军长征胜利80周年大会、庆祝中国共产党成立九十五周年大会和庆祝中华人民共和国成立七十周年大会等重要会议的讲话中指出,红色文化不仅是中华民族和中国人民价值体系和精神追求中的重要组成部分,更是凝聚国家力量和社会共识的重要精神动力,彰显了中国共产党人无比忠诚的理想信念,凝聚了中国人民深沉的爱国情怀,要把红色资源利用好、把红色传统发扬好、把红色基因传承好。

二、陕西红色文化概况分析(节选)

文化是人类在长期实践过程中充分发挥自身主观能动性所创造的物质财富

和精神财富的总和。红色文化是指近代以来，特别是中国共产党成立以来，全党和全国各族人民在实现民族独立、人民解放和推进社会主义事业建设的伟大斗争中，逐步培育和创造出的各种思想理论、精神品格及其物质载体的总和，是在中国近代革命、建设和改革进程中的伟大创造和高度文化凝聚。陕西是中国革命的摇篮，延安是中国革命的圣地，中国革命在这里从步履维艰走向了发展壮大，经艰难困苦走向了胜利光辉。陕西红色文化是中国红色文化的重要组成和典型代表，具有特有的文化内容及特点；凝结了三秦大地的厚重底蕴，汇聚了革命先辈的使命担当，反映了三秦儿女的精神风貌，孕育了三秦青年的思想品格。在新的时代背景下，把握陕西红色文化的资源载体、丰富内容和内涵特点，对于挖掘陕西红色文化的育人功能具有重要意义。

三、陕西红色文化融入大学生思想政治教育的价值维度(节选)

以陕西省大中专学生志愿者暑期文化科技卫生"三下乡"社会实践活动(以下简称陕西省学生社会实践)为例，2017—2019 年共有 65 支社会实践团队获得陕西省学生社会实践标兵团队，其中文化调研相关主题团队 16 支，红色文化调研相关主题团队 9 支，二者均呈现出了逐年递增趋势，详见表 7-1；共有 357 支社会实践团队获得陕西省学生社会实践优秀团队，其中文化调研相关主题团队 53 支，红色文化调研相关主题团队 35 支，二者整体呈现出了递增趋势，详见表 7-2。可见现场教学和现身说法对增强大学生思想政治教育的针对性、感染力和说服力的重要性。

表 7-1　2017—2019 年陕西省学生社会实践标兵团队分析

年份	团队总数	文化主体调研团队	占比/%	红色文化调研团队	占比/%
2017	20	4	20	2	10
2018	20	5	25	3	15
2019	25	7	28	4	16
合计	65	16	24.62	9	13.85

表 7-2　2017—2019 年陕西省学生社会实践优秀团队分析

年份	团队总数	文化主题调研团队	占比/%	红色文化调研团队	占比/%
2017	120	15	12.50	7	5.33
2018	120	19	15.83	15	12.50
2019	117	19	16.24	13	11.11
合计	357	53	14.85	35	9.80

四、结束语

红色文化资源是当代青年的宝贵精神财富，其中陕西红色文化中蕴含的延安精神、照金精神、西迁精神等均能引导广大青年在思想上自强不息、具有爱国担当，在生活中奋发向上、百折不挠，在学习上踏实刻苦、勇于创新。因此，高校在开展大学生思想政治教育过程中要将红色文化有机融合进工作实际中，积极研究、科学设计、有效实践，真正发挥红色文化的育人功能。

第三节　社会实践调查报告的撰写

调查报告是一种说明性的文体，兼有通讯和评论的某些特点，但又与二者有着明显的区别。调查报告与通讯都有大量的事实材料，而且对事实的叙述都比较完整，但通讯往往是写一连串的事件情节，有形象的刻画和细节描绘，通过生动的事例和感人的形象来表现主题，而调查报告则侧重用事实说明问题，它的主题是由作者直接表述出来的；调查报告与评论都有鲜明的观点，有理论色彩，但评论文章主要是通过逻辑推理和论证来证实其观点，而调查报告则主要通过事实说明其观点，对调查对象作出评价，阐明其意义，或从总结点上的经验入手，讲明某个道理。

一、调查报告的定义与特点

调查报告是调查研究的产物，是根据某一特定目的，运用辩证唯物论的观点，对某一事物或某一问题进行深入细致的调查研究和综合分析后，将这些调查和分析的结果系统地、如实地整理成书面文字的一种文体。像考察报告、调研报告及××的调查等都是常见的实践报告体裁。总的来说，调查报告就是论证系统，逻辑严密，摆事实、讲道理，具有强烈的说服力，可以为科学决策提供参考的可靠资料。调查报告主要特点如下。

(一) 客观性

客观性又称真实性，客观性即客观实在性，指事物客观存在和其本来面目，不掺杂个人偏见的性质。社会实践调查报告的客观性是指调查报告应当以实际的社会实践活动为依据进行分析和报告，如实地反映符合报告要求的各项社会实践活动的要素，保证社会实践活动报告真实可靠，内容完整。

(二) 针对性

社会实践调查报告是对某项工作、某个事件或某个问题进行深入细致的调查研究，对调查材料加以系统的整理和分析，揭示出本质，寻找出规律，总结出经验或分清是非后形成的书面报告。因而，社会实践活动调查报告必须贯彻针对性原则，明确提出所针对的问题，清晰列举为调查这一问题所获得的事实材料，分析出问题的症结所在，提出切实可行的建议和对策，使社会实践活动调查报告符合实际情况。

(三) 典型性

典型性指个性反映共性的程度。社会实践活动调查报告具有典型性，即要求社会实践活动调查报告所采用的事实材料要具有针对性和代表性，所揭示的问题要具有普遍性，能够反映事物的共性。

(四) 系统性

系统性要求在看待问题、处理问题时从整体着眼，从整体和要素的相互作用与相互联系中把握事物的本质和规律，找到最佳的处理方法，从而得出全面正确的结论。社会实践活动调查报告具有系统性，即要求由社会实践活动材料所得出的结论必须具有说服力，把被调查的情况完整地、系统地解释清楚，要抓住事物的本质和主要方面，写出结论的推理过程。

二、调查报告的类型

调查报告的分类有多种，从涉及的范围层次上，可分为宏观问题的调查报告、中观问题的调查报告和微观问题的调查报告；从调查研究的对象和内容上，可分为新生事物的调查报告、典型经验的调查报告、历史进程的调查报告、揭露问题的调查报告；从调查研究的侧重点上，可分为澄清事实型调查报告、思路启发型调查报告、可行对策型调查报告；从调查研究的方式上，可分为调查报告、研究报告、调查研究报告等。总体来看，结合社会实践现实情况，可以将调查报告分为以下六大类型。

(一) 专题型调查报告

专题型调查报告，就是侧重某个问题，对其进行较深入的调查后形成的报告，这类报告一般在标题上反映出来。它能及时揭露现实生活中的矛盾，反映群众的意见和要求，研究急需解决的具体的实际问题，并根据调查的结果提出处理意见或者对策。

(二) 综合型调查报告

综合型调查报告是以综合调查众多的对象及其基本情况为内容，作全面系统的调查和反映的报告，具有全面、系统、深入和篇幅较长的特点。它与专题调查报告的主要区别点就在于它的综合性上。它使读者可以从报告中全面了解事物的整体情况。

(三) 理论研究型调查报告

理论研究型调查报告是以学术研究为目的而撰写的报告，它以收集、分类、整理资料并提出问题，报告结论为特点，大多发表在学术刊物上，或载于学术著作中。

(四) 实际建议型调查报告

实际建议型调查报告是由于实际工作需要而撰写的调查报告，其主要内容是为预测、决策、制定政策、处理问题等进行调查所获得的材料及有关的建议。

(五) 历史情况型调查报告

历史情况型调查报告是根据需要以历史情况为对象进行调查而形成的调查报告。它可以供人们了解某一事物或问题的历史资料和历史真相。

(六) 现实情况型调查报告

现实情况型调查报告是以正在发生、发展的一些现实生活为对象进行调查后所形成的调查报告。人们可以通过它了解和认识某些事物和问题的客观现实情况，以作为其他认识活动的依据或参考。

三、调查报告撰写的结构及要求

调查报告的结构形式多种多样，没有固定的格式。调查报告要求结合社会实践的内容，观点鲜明，立意准确，论述有力；所引用事实资料、数据要准确；语言要准确、简洁、易懂。调查报告完成后，全体实践学生可以展开讨论，做出进一步的修改与完善。一份完整的调查报告应由以下部分组成：

(一) 报告题目

报告题目应该用简短、明确的文字写成,通过标题把社会实践活动的内容、特点概括出来。题目字数要适当,一般不宜超过 20 个字。如果有些细节必须放进标题,为避免冗长,可以设副标题,把细节放在副标题里。

调研报告的标题可以有两种写法。一是规范化的标题格式,基本格式为"×××关于×××的调查报告""关于×××的调查报告""×××调查"等。二是自由式标题,包括陈述式、提问式和正副题结合使用三种。陈述式标题,如《××××大学硕士毕业生就业情况调查》;提问式标题,如《为什么大学毕业生择业倾向沿海和京津地区》;正副标题结合式,正题陈述调查报告的主要结论或提出中心问题,副题标明调查的对象、范围、问题,这类似于"发文主题"加"文种"的规范格式,如《高校发展重在学科建设——××××大学学科建设实践思考》等。

调查报告的全部标题层次应统一、有条不紊、整齐清晰,相同的层次应采用统一的体例格式,正文中各级标题下的内容应同各自的标题对应,不应有与标题无关的内容。章节编号按照以下方法进行:

一级标题编号:一、二、三……
二级标题:(一)、(二)、(三)……
三级标题:1、2、3……
四级标题:(1)、(2)、(3)……
注意分级的编号一般不超过四级。

(二) 学院名称及学生姓名

学院名称和学生姓名应在题目下方注明,使用全称。

(三) 摘要

社会实践调查报告需配摘要。摘要应反映社会实践调查报告的主要内容,概括地阐述实践活动中获得的基本观点、实践方法、取得的成果和结论。摘要字数要适当,中文摘要一般以 200 字左右为宜,英文摘要一般至少要有 100 个实词。

摘要的内容包括三方面内容:一是简要说明调查目的,即简要说明调查的原因;二是简要介绍调查的对象和调查内容,包括调查时间、地点、对象、范围、调查要点及所要解答的问题;三是简要介绍调查研究的方法,明确调查研究的方法，有助于确信调查结果的可靠性，并说明选用该方法的原因。

(四) 前言

前言主要介绍社会实践活动的目的及意义，应包括相关背景、时间、地点、人员组成、调查手段组成、实践单位或部门的概况及发展情况、实践要求等内容。前言主要有以下几种写法：

一是写明调查的起因或目的、时间和地点、对象或范围、经过与方法，以及人员组成等调查本身的情况，从中引出中心问题或基本结论来。

二是写明调查对象的历史背景、大致发展经过、现实状况、主要成绩、突出问题等基本情况，进而提出中心问题或主要观点。

三是开门见山，直接概括出调查的结果，如肯定做法、指出问题、提出影响、说明中心内容等。前言起到画龙点睛的作用，要精炼概括，直切主题。

(五) 正文

正文是调查报告的核心内容，是对实践活动的详细表述，主要是实践的基本情况、做法、经验以及根据调查研究所得材料得出的各种具体认识、观点和基本结论。

这部分内容为所要论述的主要事实和观点，要对实践活动中得到的结论进行详细叙述。可以以记叙或白描手法为基调，在完整介绍实践内容基础上，可以对有重要意义或需要研究解决的问题重点介绍，其他一般内容则简述。要坚持理论联系实际，实事求是、对实际工作有指导作用和借鉴作用，能提出建设性的意见和建议。

(六) 结束语

结束语可以是对整个实践活动进行归纳和总结而得到的收获和感悟；可以是实践过程中发现的问题,提出的相应解决办法、对策或下一步改进工作的建议；或总结全文的主要观点，进一步深化主题；或提出问题，引发人们的进一步思考；或展望前景，发出鼓舞和号召。

(七) 参考文献

参考文献是实践报告不可缺少的组成部分,它反映实践报告的材料的广博程度和可靠程度，也是对他人知识产权的承认和尊重。调查报告中的参考文献的标注方式按新的国家标准《信息与文献参考文献著录规则》(GB/T7714—2015)进行。

（八）附件

对于某些不宜放在正文中，但又具有参考价值的内容，可以写入实践报告的附件中。

四、撰写调查报告的主要步骤

调查报告的写作过程应包括以下步骤：收集资料、拟订调查报告提纲、起草调查报告初稿、调查报告的修改与定稿等。其具体内容与撰写社会实践论文的主要步骤相似，故此处略。

五、调查报告写作应注意的问题

大学生在撰写社会实践活动调查报告的过程中，要处理好调查、研究、报告三者之间的关系。一般认为，调查是基础，研究是关键，报告是结果，要认真分析研究，科学概括出合理的结论。

（一）要有科学求证问题的精神

撰写调查报告要实事求是，如实反映情况，注重实践成果的转化。通过深入调查研究，在广泛收集、充分占有资料的基础上，对占有的丰富资料进行认真分析研究，揭示事物的客观规律，从中归纳出具有普遍指导意义的规律性的结论，这既是调查报告要撰写的基本内容，也是撰写调查报告的主要目的。

（二）要注意运用典型事例

要撰写一篇高质量的具有启发意义的调查报告，就必须深入实际，详尽挖掘丰富的实践材料，这是前提和保证。没有丰富的实践材料，撰写的调查报告就成了无源之水、无本之木。同时，要善于运用材料说明观点，力求两者的统一。在撰写调查报告的过程中，对于那些概括性材料，典型性材料、对比性材料、具体性数据等都是证明自己观点的有效手段，注意要去粗存精，去伪存真，灵活运用。

（三）语言要准确、精炼、生动

在撰写社会实践调查报告时，要重视语言的锤炼与推敲，力求做到准确、鲜明、朴实、生动，并注意运用语言，适当采用格言、诗词及典故等，以增强调查报告的感染力和影响力。

优秀调研报告案例

西科大学生社会实践报告：行走"一带一路" 深入煤矿学习

作者：王倩茹

社会实践活动是学生认识社会，服务社会的有效途径，2018 年 7 月 17 日—8 月 2 日，西安科技大学 2018 年暑期大学生赴西部"行'一带一路'·悟西科精神"实践团开展了以行走"一带一路"、寻访西部校友、深入煤矿学习为主要内容的社会实践活动。

一、实践目的

此次社会实践旨在引导青年学生接触社会、走进基层、走进一线，通过现场学习去培养自身的实践能力、创新能力、创业精神以及调查研究的能力；让学生访谈认识扎根基层、默默奉献的优秀大学生，调研学习煤炭行业继续深化供给侧结构性改革现状，并引导学生在理论与实践相结合的过程中增长才干、全面成长。

二、实践安排

7 月 17 日—7 月 20 日，实践团走进西安大唐西市博物馆、莲湖丝路起点、西安古城墙和大、小雁塔去发掘丝绸之路的历史故事。

7 月 21 日—7 月 23 日，实践团在西宁寻访扎根西部、扎根高原的优秀校友，学习他们扎根高原默默奉献的家国情怀。

7 月 23 日—8 月 2 日，实践团走进大黄山豫新煤业集团和新疆焦煤集团两个煤矿企业去调研学习煤炭行业继续深化供给侧结构性改革现状。

三、实践内容

(一) 探寻丝路起点的历史故事

实践团来到了大唐西市博物馆，作为古代丝绸之路的起点，这里的众多历史遗迹见证了丝绸之路的兴起、发展与辉煌。馆内一层可看到西市遗迹，从而感受到历史的遗存；二层可以透过观赏到的丰富历史文物，去回望触摸西市的历史的盛况；三层百工体验西市繁华；四层的特别展览可观赏青铜器、古代钱币、金器、银器、玉器等馆内珍藏。队员们听着解说，看着墙上的壁画，都有触景生情、一眼千年的感觉；在这里仿佛回到了三千年前的古长安，看到了出使西域的张骞，西行的驼队和源源不断流入古代中国的文明。

(二) 寻访扎根高原的西科校友

实践团在青海省西宁市访谈交流了扎根青藏高原、致力于建设家乡的李兆辉、马建民两位校友。两位校友向队员们回忆和分享自己刚毕业的时候，没有社会经验和工作经验，一个人到藏族偏远地区工作的经历。就通信专业的发展前景来讲，毕业地的发展前景广阔，有更好的就业选择，但作为青海人，他们认为学成归来后，更应该趁年轻投身于家乡建设，而不是把个人利益放在首位。两人曾多次有机会去往更好的地方发展，但他们始终坚持不忘初心，不畏艰苦的环境，将家乡建设作为青年一代的责任。真正践行人民有信仰，民族有希望，国家有力量。坚持梦想、脚踏实地，是一种习惯，也是一种坚守；就像不论在多么恶劣的环境下都不要轻言放弃，这便是青藏高原的精神。正是因为有传承，有许多像李兆辉和马建民这种秉承高原精神，坚持建设家乡的大学生，才推动着青藏高原地区不断发展。

(三) 深入煤矿一线进行学习

实践团在新疆大黄山豫新煤业集团和新疆焦煤集团走进了煤矿开采一线，探索煤矿的奥秘。社会期间，实践团成员们参与并学习了新疆大黄山豫新煤业集团召开的座谈技术交流会。会上，企业董事长谈到希望能与高校建立友好的校企合作关系，一方面可以为刚毕业大学生提供实践基地，另一方面大学生学以致用，引进的先进技术和解决问题的独特视角可以解决公司目前存在的技术难题，最终实现双方之间的互利共赢。通过现场的学习和集团工作人员的详细介绍，不仅使队员开拓了视野，增长了知识，也充分认识到现代化安全高效型矿井的先进性，有很多值得学习、借鉴的地方。他们的工作态度、进取精神、职工素质，令人肃然起敬。矿业生产环环相扣，每一步都至关重要，严格的管理和操控流程让队员们认识到严格的生产管理模式、一丝不苟的工作态度正是这个企业能够在煤炭行业六十年来屹立不倒的重要原因。

四、实践感悟

在整个实践过程中，队员们领略了丝路深厚的文化底蕴，感受了扎根高原不畏艰苦、建设家乡的家国情怀，了解了煤炭企业的发展现状。实践已告一段落，但实践的意义不会就此止步，学习也不会就此结束，留给大家的记忆却永不消逝。总有一种精神永远不灭，总有一种敬佩油然而生，总有一种感动心潮澎湃，总有一种激励催人奋进。此次实践学习正是大家大学生活中催人奋进的一笔，也会对日后的大学生活有着积极深远的影响。大学校园就像一个小的社会，但始终也只是像。这一次的社会实践有点像是一次下水。"不下水是永远学不会游泳的"虽然时间不算很长，但却是一段很宝贵的经验，这些东西给队员们带来的隐形的影响是其他东西代替不了的。

参 考 文 献

[1] 曹东辉. 思想政治教育视域下大学生社会实践研究[D]. 赣南师范学院，2012.

[2] 宋丹. 供给侧结构性改革背景下煤炭企业核心竞争力分析[J]. 中国煤炭，2018，44(05)：15-18+23.

[3] 候晓红. 供给侧改革背景下我国煤炭企业转型升级的战略分析[J]. 商业经济，2018(05)：104-105.

[4] 渠贵君. 对供给侧改革背景下煤炭企业改革建立五大长效机制的思考[J]. 记者观察，2018(01)：64-66.

[5] 贾海涛. 煤炭行业供给侧改革内在逻辑与实现路径[J]. 合作经济与科技，2017(15)：69-70.

[6] 王卫明，欧阳苗. 撰写新闻评论的五种切入点[J]. 新闻与写作，2010(09)：93-95.

[7] 戴前伦. 论"读题时代"报纸新闻的标题[J]. 新闻爱好者，2009(16)：88-89.

[8] 刘晖. 认知过程理论在新闻写作教学中的应用研究[J]. 首都师范大学学报(社会科学版)，2020(03)：180-188.

[9] 袁鹤，王晴. 科技期刊编辑撰写编辑学论文的作用及选题途径[J]. 编辑学报，2021.33(06)：705-708.

[10] 赵红玉，陈海燕. 期刊编辑谈学术论文的撰写[J]. 编辑之友，2010(12)：78-80.

[11] 胡桂华. 怎样撰写统计调查报告：以金融危机对广西民众生产生活影响为例[J]. 中国统计，2010(10)：46-48.

[12] 狄小华，倪一斌，马雷，等. 我国少年司法社会调查制度研究[J]. 人民检察，2016(01)：17-22.

第三篇　大学生社会实践注意事项

　　本篇内容主要讲述大学生社会实践过程中的注意事项，内容包括大学生社会实践的礼仪、大学生社会实践的安全问题与权益保障两个部分。了解本部分的内容有助于顺利开展社会实践，减少实践过程中的安全隐患。

第八章　大学生社会实践的礼仪

中华民族素有礼仪之邦的美誉，礼仪文化不仅赋予了中国人儒雅的谈吐和风雅的举止，还造就了中国人高尚的品质和宽宏的气质。现代意义上的礼仪是指人们在人际交往中表示互相尊重、友善的礼节和仪式，是人们在社会生活中处理人际关系、约束自己行为，以示尊重他人的准则，是人们以一定的程序、方式来表现的律己、敬人的完整行为。礼仪被现代社会普遍注重并且确实有必不可少的诸多功能，对高校大学生来说，礼仪文化对其自身建设和外部环境的建设都有着积极的推进作用。

第一节　礼仪概述

作为一种文化现象，礼仪最早产生于人与人的交往中。在公元前 21 世纪的夏朝之前，已经形成了一些对后世具有影响的礼仪规范，原始的政治礼仪、敬神礼仪、婚姻礼仪、宗教礼仪在这一时期已经形成。我国古代思想家、教育家十分重视"礼"的教育，春秋末期的孔子就曾提出"不学礼无以立"，并选取了必须学习的礼制十七篇，编辑成《礼》，流传至今。

一、中国的传统礼仪

礼仪在中国的正式形成，应当始于奴隶社会。由于社会生产力的发展，原始社会逐步解体，人类进入了奴隶社会，这时的礼也就被打上了阶级的烙印。为了维护奴隶主的统治，奴隶主将原始的宗教礼仪发展成为符合奴隶社会政治需要的礼制，并专门制定了一整套礼的形式和制度。例如，周代出现的《周礼》《仪礼》《礼记》就反映了周代的礼仪制度，这也是被后世称道的"礼学三著作"，"三礼"的出现标志着周礼已达到了系统、完备的阶段，礼仪的内涵也由单纯祭祀天地、鬼神、祖先的形式跨入了全面制约人们行为的领域。奴隶社会的礼仪旨在不断地强化人们的尊卑意识，以维护统治阶级的利益，巩固其统治地位。当然，不容否认，"三礼"，特别是《周礼》，对后世治国安邦、施政教化、规范人们的行为起到了不可估量的作用。

进入封建社会，礼仪已进入了一个发展、变革的时期。在这一时期，礼仪的明显特征就是将人们的行为纳入了封建道德的渠道，形成了以儒家学派学说为主导的正统的封建礼教。奴隶社会的尊君观念在这一时期被演绎为"君权神授说"的完整体系：即"惟天子受命于天，天下受命于天子，天不变，道亦不变"，并将这种"道"具体化为"三纲五常"，"君为臣纲""父为子纲""夫为妻纲""五常"即仁、义、礼、智、信，是五种封建伦理道德的准则。宋代将封建礼仪推向了一个新的高峰，出现了以程颢、程颐和朱熹的理学为代表的"程朱理学"的天理理论。明、清二朝延续了宋代以来的封建礼仪，并有所发展，家庭礼制更进一步严明，将行为限制到"非礼勿视，非礼勿听，非礼勿言，非礼勿动"的范畴，从而使封建礼仪更加完善。

二、大学生的礼仪教育

从现代视角分析，礼仪被现代社会普遍注重并且被认为有着必不可少的诸多功能。对一个社会来说，礼仪是一个民族精神文明、道德风尚和文化素质的直接体现；对一个人来说，礼仪是一个人的思想道德修养、精神面貌和文化教养的综合反映；对高校大学生来说，礼仪是最基本的素养，良好的礼仪素养贯穿在学生的举手投足之中，也体现在行为养成、精神气质、言谈举止等多个方面。

大学生礼仪教育一直是高校教育的关注热点，大学生的礼仪道德表现不仅仅体现了其自身的道德素质，也代表了高校的教育成果。礼仪意识的培养和礼仪修养的提升有助于大学生以积极向上的形象出现，增强自信心；有助于提高自身的修养、能够关心自身生活，不断优化生活环境和提高生活质量；有助于促进大学生的交往，完善人际关系，能够理智而妥善地处理人际矛盾；也有助于营造校园氛围和净化校园环境，促进校园和谐稳定地发展，推进高校精神文明建设。以西安科技大学为例，每学年均举办多场次的大学生礼仪教育活动和培训，如图8-1所示。礼仪文化对大学生的自身建设和外部环境的建设有着积极的推动作用。因此，礼仪意识在大学生的校园生活中起着至关重要的作用，一旦缺失礼仪意识，将会影响大学生的精神风貌、交往能力，影响高校校园文化建设，甚至破坏校园文明安全环境。

图 8-1　学生参加礼仪培训

引申阅读

以礼仪文化推动铸牢中华民族共同体意识(节选)

作者：蒋璟萍；《光明日报》，2020 年 4 月 16 日

　　礼仪文化积淀中华民族深沉的精神追求，是推动中华民族生生不息、发展壮大的丰厚滋养。民族因文化而融成，亦因文化而发展壮大。纵观人类发展历史，许多民族创造了灿烂的文化，但尚未完成由文化聚合民族的任务，就黯然退出历史舞台。而独特的文化传统和绵延不断的深厚文脉，为中华民族生生不息、发展壮大提供了丰厚滋养，给我们的文化自信打下了最厚重的历史根基。

　　礼仪文化是以礼仪为内核的文化观念、文化规范、文化器物等的总称，内蕴着中国传统文化的思想理念与价值追求。与其他国家和民族的礼仪文化相比，中华礼仪文化具有独特的内涵。作为"礼仪之邦"，中国传统文化的核心思想理念"修齐治平"就与礼仪息息相关："修身"就是要造就彬彬有礼的君子；"齐家"就是要长幼有序，家庭和睦；"治国"就是重视礼仪熏陶，实现以礼治国；"平天下"更要以礼服人，实现天下太平。这种独特的文化代代相传，深深镌刻在中国人的心灵里，将中国各民族凝聚起来，成为中华民族的代表与象征。

礼仪文化是各民族文化互鉴融通的结晶，是促进各民族人心凝聚、共生共存的精神纽带。礼仪是起源最早的文化活动，是风俗、祭祀、人情等交往活动的综合产物，有着深刻的人类文化根源和社会基础。中国文化的产生是多源的，地域性文化可以追溯到史前时期，可谓"十里不同风，百里不同俗"。中华礼仪文化之所以如此精彩纷呈、博大精深，一个重要的原因就在于它海纳百川、兼收并蓄。中国的多民族互融共生的理念的确立、多民族的大一统成为"天地之常经，古今之通谊"，也与这一文化现象关系密切。

中华礼仪文化是各民族文化的集大成者，在各民族文化禀赋、宗教风俗、价值体系认知等差异存在的前提下，生活在中华大地上的各个民族，经过长期的彼此接触、相互融会、协同内聚，在礼仪文化上逐渐呈现出共同发展、交融一体的趋势，形成了"共同的历史记忆"。各民族优秀传统礼仪文化都是中华礼仪文化的组成部分，以中华礼仪文化为主干聚集的各民族礼仪文化，根植于中华民族的文化沃土里，成为各族人民人心凝聚、精神相依的精神纽带，成为民族情感交融的载体平台。

思考与融合

礼仪文化是自古及今中国社会整合与文明进步的文化要素。一个国家、一个民族的强盛，总是以文化兴盛为支撑的，中华民族伟大复兴需要以中华文化发展繁荣为条件。人类历史的发展表明，任何一个大国的崛起，不但伴随经济和军事的强大，而且伴随科技和文化的兴盛。毋庸置疑，没有文化的引领力、滋养力和支撑力，就没有一个国家和民族的强盛。当前我们面临着建设文化强国的重大任务，优秀礼仪文化具有夯实中国文明与温润中国文化的重要作用，同时也是促进新时代文明实践的重要文化基础。

从个体的角度说，礼仪是一个人思想觉悟、道德修养、精神面貌和文化教养的综合反映，通过一个人在社会生活中对礼仪运用的程度，可以察知其教养的高低、文明的程度和道德的水准。从教育视角分析，教育的力量是无穷的，应当高度重视礼仪文化的育人功能，结合中华优秀传统文化和社会主义先进文化，大力开展礼仪文化教育。

同时，学校在开展礼仪素养教育教学的过程中，可通过优化礼仪教育课程、丰富礼仪教育实践、组织礼仪教育活动等形式，将理论教育与实践教育相结合，显性教育与隐性教育相结合，大力传承弘扬优秀礼仪文化，全面提升学生的礼仪素养。

第二节　大学生社交礼仪的基本原则

　　大学生除了要掌握过硬的专业知识和技能外，还要拥有良好的人际交往能力。接受良好的礼仪教育能够让受教育者全面实现人际交往能力以及提升个人素养。在提升个人社交礼仪素养的过程中，应该坚持四个原则：真诚尊重的原则、平等适度的原则、自信自律的原则、信用宽容的原则。

一、真诚尊重的原则

　　真诚是一种对人对事实事求是的态度，是待人真心真意的友善表现，尊重和真诚首先表现在不对人撒谎、不虚伪、不骗人、不侮辱人，所谓"骗人一次，终身无友"。其次表现在对他人的客观正确认识上，相信他人，尊重他人，所谓心底无私天地宽，表里如一胸怀广，真诚地奉献才有丰硕的收获，只有真心的尊重才能使友谊地久天长。

二、平等适度的原则

　　平等，在交往中表现为不要骄狂，不要我行我素，不要自以为是，不要厚此薄彼，更不要傲视一切，目中无人，也不能以貌取人，或以职业、地位、权势压人，而应该谦逊平等地待人，唯有如此，才能更好地结交朋友。平等适度的原则就是在交往中掌握好分寸，根据具体情况，注意相应的礼仪规则，如在与人交往时，既要彬彬有礼，又不能低三下四；既要热情大方，又不能轻浮谄谀，要自尊但不自负，坦诚但不粗暴，要信人但不轻信，活泼但不轻浮。

三、自信自律的原则

　　自信是社交中一种很可贵的心理素质，一个很有自信的人，才能在社交中游刃有余，遇强者不自惭，遇到磨难不气馁，遇到侮辱敢于挺身反击，遇到弱者能伸出援助之手。自律就是要做到自我约束，能够控制自己的不良行为，勿以恶小而为之。自信和自律是相辅相成的，自律是自信的基础，如果能事事做到自律，长此以往必然能够做到自信。

四、信用宽容的原则

信用即讲信誉的原则，孔子说："民无信不立，与朋友交，言而有信。"在社交场合，尤其要讲究，一要守时，与人约定时间的约会，会见、会谈、会议等，决不应拖延迟到。二要守约，即与人签订的协议、约定和口头答应的事，要说到做到，即所谓言必信，行必果。故在社交场合，如没有十分的把握就不要轻易许诺他人，许诺做不到，反而失信于人。宽容是一种较高的境界，容许别人有行动与见解自由，对不同于自己和传统观点的见解要耐心公正地容忍。站在对方的立场去考虑一切，是争取朋友的最好方法。

引申阅读

大学生社交礼仪注重内在修养(节选)

来源：中国青年网，2009 年 5 月 4 日

人的精神面貌的塑造，在很大程度上取决于其思想境界、道德情操和文化素养这些内在品质，这才是人生命美的长青树。比如，有的人尽管穿着高级的名牌衣服，但他的内在涵养不高，整体上也显示不出美的效果；有的人礼仪语言的表达很动听，即使他着装很俭朴，但给人的感觉依然是美的。因此，大学生在学习社交礼仪行为规范的同时，还要注重自己的内在修养，在勤奋求知中不断地充实自己，以提高自己的礼仪水平。

大学生社交礼仪的内在修养主要包括以下三个方面：

(一) 伦理修养

伦理修养是指一个人的意识、信念、行为和习惯的磨练与提高的过程，同时也是指达到一定的境界。有德才会有礼，缺德必定无礼，伦理是礼仪的基础、现实生活中，为人虚伪、自私自利、斤斤计较、唯我独尊、嫉妒心强、苛求于人、骄傲自满的人，对别人不可能诚心诚意、以礼相待。因此，只有努力提高伦理修养，不断地陶冶自己的情操，追求至善的理想境界，才能使人的礼仪水平得到相应的得高。

(二) 文化修养

风度是人格化的表征，是精神化的社会形象，它是人们长期而又自觉的文化思想修养的结果。有教养的人大都懂科学、有文化。他们思考问题周密，分

析问题透彻，处理问题有方，而且反应敏捷，语言流畅，自信稳重，在社会交往中具有吸引力，让人感到知识上获益匪浅，身心上愉快舒畅。相反，文化修养较低的人，缺乏自信，给人以木讷、呆滞或狂妄、浅薄的印象。因此，只有自觉地提高文化修养水平，增加社交的"底气"，才能使自己在社交场上温文尔雅、彬彬有礼、潇洒自如。

(三) 艺术修养

艺术是通过具体、生动的感性形象来反映社会生活的审美活动。艺术作品蕴藏着丰厚的民族文化艺术素养，更凝聚着艺术家的思想、人生态度和价值取向。因此，我们在欣赏艺术作品时，必然会受到民族文化的熏陶，同时也受到艺术家的人生观、世界观、价值观等方面的影响，倾心于艺术作品所描绘的美的境界之中，获得审美的陶醉和感情的升华。人的思想得到了启发，其高尚的道德情操和文明习惯就会培养起来。因此，要有意识地尽可能多地接触内容健康、情趣高雅、艺术性强的艺术作品，如文学作品、音乐、书法、舞蹈、雕塑等，它对人们提高礼仪素质大有裨益。

思考与融合

从表象上看，个人礼仪是社会公共生活中个体行为的礼仪准则，是个人仪容仪表、言谈举止、待人接物等方面所涉及礼仪的具体规定。从深层来看，个人礼仪则是个人精神面貌和内在修养的外在体现，其核心是律己敬人，表里如一。个人礼仪是对社会成员个人自身行动的种种规定，而不是对任何社会组织或其他群体行为的限定，倡导个人礼仪，旨在提高个人礼貌素养。

大学生个人礼仪是指学生在师生之间、同学之间交往时用以要求自身的有关规范。大学生个人礼仪的宗旨是使学生在交往中努力塑造出良好的个人形象。遵循个人礼仪规范，也少不了自我克制和自我约束。这种克制和约束体现为严格按照一定的个人礼仪标准规范自己的言行举止。据调查显示，许多大学生缺乏礼仪知识和社交技巧，经常会出现无法正确表达自己情感和思想的情况，容易造成人际交往受挫和碰壁。长此以往，甚至会产生一定的心理问题和社交障碍。掌握基础的社交礼仪，不仅能让大学生们把控舒适的人际交往距离，培养为人处世能力，还能正确舒缓自身的压力，培养积极阳光的心态，营造良好文明的校园氛围。

礼仪修养绝不仅仅是一种外在的行为表现形式，它与人内在的道德、文化和艺术修养是密切相关的，是其内在的道德、文化和艺术修养的反映和折射。

大学生应该学习并掌握基本的礼仪知识，提升礼仪修养，在待人接物时，有分寸地拉近与社交对象之间的距离，有效地进行情感上的交流，从而建立起和谐融洽的社交关系。

第三节　大学生社会实践中常用的社交礼仪

真正的礼仪不仅仅是一种形式，而是一种发自内心的优雅状态，是由内而外的美丽，是人际交往的润滑剂。大学生的礼仪行为受家庭环境、学校氛围、教育经历等多重因素影响。环境不同、氛围不同、接受礼仪教育的程度不同都会导致学生表现出不同的礼仪行为，也会暴露出学生个体在礼仪修养方面所存在的问题。学习社交礼仪能够让大学生做到学礼、懂礼、守礼和用礼，进而达到完善自我形象的最终目的。在社会实践中，大学生的礼仪在仪容仪表、言谈举止、待人接物过程中都有着非常重要的体现，对社会实践的顺利开展具有非常重要的促进作用。下面根据各种不同的场景，对大学生社会实践礼仪进行举例说明。

一、语言礼仪

语言是人际交往的元素，得体的语言反映着大学生自身的教养和对对方的尊敬程度。因此不可疏忽大意，必须合乎礼仪规范。社会实践是大学生与外界交流的窗口，大学生在社会实践中与别人谈话时应注意言辞的礼貌性，如使语言文明、有修养，讲究措辞，根据目标情况，尽可能使语言文雅、婉转，讲究语言艺术，要根据对方的年龄、职业、身份、地位、辈分调整说话方式，尽量表达对对方的尊重之情。

在社会实践中，大学生要做到待人彬彬有礼，在与指导教师和实践单位工作人员交流时主动使用"您""请"等礼貌用语，同学之间沟通的时候也要做到彬彬有礼，友善友好。谈话内容是否得体往往会影响到与人沟通的效果，有时甚至会决定社会实践活动的成败。

大学生在社会实践中谈话礼仪的基本要求是：文明、礼貌、准确。语言是人类思维和谈话的载体，作为有知识、有文化、有修养的当代青年大学生，在社会实践活动中始终要仔细斟酌自己的言语措辞，高度重视自己的谈话礼仪。在与他人交谈时，大学生一定要运用优雅文明的语言表达自己的观点或向对方提出问题，绝对不能在交谈之中讲粗话、脏话、黑话、荤话、怪话、气话等种种令人反感厌恶并有碍沟通的不文明用语。

同时，在谈话中多说礼貌用语也有助于大学生赢得他人的好感和体谅，推动社会实践活动的有效进行。谈话时要表现得亲切大方，不能慌慌张张、不知所措，更不能漫不经心、毫不在乎。言语措辞要谦虚适度，内容要准确恰当，能够实事求是、恰如其分地展示自己，既友好自信，又不虚伪自负。

二、举止礼仪

举止礼仪又称为"形体语言"，是指人的肢体动作，是一种动态的美，是一种内涵极其丰富的体态语，是风度的具体体现。在某种意义上，举止礼仪在人与人之间的社会交往中发挥着有声语言不可代替的作用。一个人的举止是修养的表现，其举手投足都在不知不觉中传递着信息，优雅的举止对于个人形象的塑造是至关重要的。

大学生作为知识青年，个人的知识涵养和品格气质都会无形地流露于其社交中的举手投足之间。大学生社会实践中举止礼仪的基本要求是：端庄、自然、大方、稳健。切记一定要避免抓耳挠腮、头部低垂、摇头晃脑、歪歪斜斜等行为举止。努力做到举止落落大方、动作合乎规范，站姿挺拔、走姿洒脱、坐姿端庄、蹲姿优雅。另外，在举止礼仪中，微笑占有重要地位。微笑是礼仪的基础，可以迅速拉近彼此之间的心理距离，营造出良好的交流沟通气氛，更好地向他人传递个人的学识与修养，给人一种亲切的感受。

特别是在初次接触时，自我介绍要热情大方，自信坦然，不要过分热情，比如握手时用力摇动和拍打对方的手臂。初次接触一个人，最容易给别人留下的印象是神态与表情，而面带微笑是最受欢迎的，这不仅因为微笑在外观上可以给人以美感，而且它能给人带来令人愉快的信息，并唤起对方友好热情的情感。其次目光也很重要，交流时眼睛要看着对方。最后，交谈是交际才能和个人素质的重要展现，是人的一种能力、艺术和气质的体现，古人云："言为心声，语为人镜"。很多人不开口时仪表堂堂、美丽多姿，一开口就露馅了。善言谈者一般都受人欢迎。高雅的言谈举止也是一笔创造关系资源的财富。

三、拜访礼仪

礼貌地拜访有助于树立良好的形象。人与人的交往从友好的拜访开始。在社会实践中，大学生拜访实践单位时应该提前预约，明确拜访的目的并且向受访者说明，根据拜访目的准备相关资料。拜访时要守时践约，拜访时间确定后，拜访者要准时赴约。这是为了讲信用，树立良好的形象。赴约时可提前几分钟到达约定地点，因特殊情况需要晚点到达时，拜访者要诚恳地请对方原谅，告诉对方晚点到达的时间，并征询对方是否仍有时间可以会面，必要时还可以与对方商议，将拜访另行改期。到达拜访地点时，拜访者要主动向接待人员通报自己的有关情况，如没有接待人员，也可以打电话告知对方，切勿鲁莽进入实践单位办公室。

见面后拜访者要主动问候，如果是初次见面，要主动自我介绍。说话时应开门见山，简单寒暄后就言归正传，切入主题，注意不要滔滔不绝。当受访者发言时，要善于倾听，不清楚的问题可以要求对方重新解释，但不要打断对方的讲话。拜访时间不宜过长，当对所谈问题了解清楚后，便可起身告辞。如话题未讲完，但对方提议结束，或者用身体语言表现出结束的意愿，拜访者也要主动提出告辞，告辞时要对受访者表示谢意。

四、尊重风俗

每到一地都要先了解清楚当地特殊的生活习惯及避讳的事情，尤其是偏远的山区、文化不发达的地区或者少数民族居住区，一定要尊重当地的风俗习惯。很多地方都有独特的饮食习惯和习惯做法，实践团队也应加倍注意，不能违背，有的在语言方面有避讳。同时实践团队也要学习一些在人际交往方面的礼仪，注意在不同场合和不同年龄的人的谈话方式。

同时要注意，每到一个地方，首先要取得当地政府或者单位的支持，这样会使社会实践活动的开展相对比较顺利。组织活动时要尊重当地领导和民众的意见；遇到问题时，不能越过当地民众和领导处理问题，而是事先和负责同志讲清楚，听取他们的意见；在和农村基层交往时，要相对灵活些，不能死守着固定的习惯和学校里的各种规矩，要做到入乡随俗，在不违反原则的前提下尽量友好完成实践活动。

五、临别礼仪

清还物品。若活动中向当地借了一些东西，临行前一定要认真清点，如数归还，如有损坏、丢失，一定要照价赔偿，发现问题要及时解决。

注意卫生。临行前要把实践活动的室内外卫生认真清扫一遍，保证清洁整齐。

赠送纪念品。相处一段时间后，与实践地或实践单位的民众结下深厚情谊，为表达心意，可以赠送纪念品，这就要求实践团队在临走之前做好准备。例如，如果是支教类的实践活动，实践团队可以购买一些书签、明信片、书籍、笔、橡皮、转笔刀等文具或体育用品，当成送给孩子们的礼物。值得注意的是，赠送纪念品的意义并不在于礼物的贵重，重要的是表达自己的一份心意。

六、团队文明条例

第一条　在登车及乘车过程中，遵守公共秩序，听从领队安排。

第二条　到站后，倘若实践所在地(单位)派人过来接，要表示真诚的感激；倘若无人来接，要表示理解。

第三条　在住宿地，要保持卫生整洁。饮食应听从实践所在地(单位)的安排，如果当地条件有限，应尽量克服困难，勿向当地提出不合理的要求。

第四条　适当休整后，尽早开展实践，注意最基本的礼仪，如敲门、使用礼貌用语、不随地吐痰等。

第五条　服从实践所在地的安排，如觉得有不合理之处，尽量寻求协商解决，加强交流，共同商讨相关事宜，不可我行我素。与当地产生矛盾时，应保持冷静，不可闹情绪，影响大局。

第六条　尊重他人，切忌到处炫耀、标榜自己的身份，不要以学历待人。

第七条　衣着得体，忌浓妆艳抹或过于随意，出席正式场合时，衣着不可过于随便。

第八条　注意节俭，不要铺张浪费。

第九条　树立环保意识，不可随便乱扔垃圾和废品。

第十条　不可接收地方赠品，更不可索要当地特产。

第十一条　临走时，应主动将住处打扫干净。提前向实践所在地相关人员打招呼，并正式表示感谢。

第十二条　开展社会实践活动时，应遵守《大学生文明公约》。

引申阅读

礼仪教育利于提高学生人文素养(节选)

作者：黄明伟；《中国教育报》，2008 年 8 月 4 日

在新形势下如何使礼仪教育取得实效，是所有教育者共同面临的一个新课题。审视教育对象的特点及施教的场所，加强大学生礼仪教育，可以从以下几个方面入手。

(1) 开展礼仪讨论，提高大学生的礼仪意识。观念和思想是行动的先导。要加强大学生礼仪教育，首要的就是要提高大学生的礼仪意识。实践中，可以通过专题讲座、党团活动、主题班会等形式，让大学生直接参与礼仪讨论，增强他们的礼仪认同感，为他们积极学习礼仪知识、有效践行礼仪要求创设有利的内在动力机制。

(2) 开设礼仪课程，丰富大学生的礼仪知识。礼仪的作用在现代社会越来越明显。课堂教学是进行系统礼仪知识教育的良好途径，各高校应把礼仪课设为学生的必修或选修课程。课堂教学实践中，教育者应运用多种手段、采取多种形式开展教学，增强教学的生动性、针对性和实效性。

(3) 完善管理制度，杜绝大学生中的不礼貌行为。礼仪以自律为特征，但自律很多时候需要通过他律逐步获得。各高校要完善管理制度，为礼仪教育的加强提供制度保障，这也是另外一种形式上的礼仪教育。实践中，各高校可以通过制定一系列规章制度和实施细则并切实实行，规范学生的行为；可以把是否讲礼仪作为考核学生的重要标准之一。

(4) 优化校园文化环境，发挥环境育人的优势。良好的校园文化环境不仅具有陶冶情感的作用，而且具有心理行为的制约作用。应将大学生礼仪教育有效融入到校园文化建设中。如通过开展学生礼仪竞赛、文体活动等，潜移默化地影响大学生；通过广播、电视、学校网络等媒体工具，介绍名人处世修身的轶事，推动学校文明建设；通过举办校园不文明现象评选，引起学生的共鸣，教育、引导全体学生，等等。

(5) 开展礼仪实践活动，强化大学生礼仪教育的效果。任何教育过程都是内化与外化两个阶段的有机统一。在进行礼仪知识教育的基础上，还必须积极引导大学生参与礼仪实践活动，使内化的礼仪知识外化为大学生的礼仪行为。实践中，学校和教师可以通过组织学生参加重大典礼仪式、成立礼仪性社团并开展活动、参加重大社会活动(如奥运服务工作)和社区服务活动等，使大学生逐渐养成讲礼仪的习惯。

加强大学生礼仪教育，还需要我们正确处理好礼仪教育内容的继承与创新、礼仪教育方法的综合与择优、礼仪教育测评标准的明确与提升等几对关系，并在教育实践中贯彻以人为本的要求，发挥好教师和学生积极分子的示范带动作用。

思考与融合

在社会交往中，人际关系是通过人与人之间的交往和联系表现出来的，只有自觉用既定的行为规范去调节和增进交往各方的联系，才能促进人际关系和谐发展。礼仪是人际交往过程中相互沟通的技巧，也可以说是人际交往中的一门艺术，一种交际方式或交际方法。

大学生社会实践是大学生在学习阶段非常重要的一次社交活动，作为涉世不深的学生，一方面有着强烈的人际交往诉求，另一方面却在人际交往中无所适从，不知道如何处理好自己的人际关系，为此，只有掌握基本的交往礼仪，才能在社会实践中与他人和谐相处，相互接纳，并创造出温馨愉悦的交往氛围，这将非常有利于社会实践活动的正常开展。

大学生在参加社会实践活动过程中是否讲究礼仪、是否注重礼貌、是否遵守一定的礼仪规范是衡量大学生自身文明程度的准绳。在社会交往活动中，社交礼仪作为一种大家共同遵守的行为规范，一方面会积极指引大学生按照固定的程序、采取恰当的方法并制约他们按照社会公认的行为模式进行交往，比如守时守约、注重仪容仪表、尊老爱幼、讲究公德等；另一方面也会潜移默化地熏陶大学生的心灵，时刻提醒大学生在社会实践活动中注意自己的言行举止，自觉成为一个知书达理、待人以礼的时代青年。

由此可见，讲究社交礼仪对大学生的人际关系起着整合与疏导的功效，它使大学生在人际交往中能够得心应手，创造了宽松和谐、安定团结的环境和氛围，是大学生人际关系和谐发展的润滑剂和调节器，有利于促进大学生社会实践活动的顺利进行。

参 考 文 献

[1] 古宇薇，朱晶，易灿. 美育在大学生礼仪教育中的功能研究[J]. 编辑学刊，2019(06)：5.

[2] 陆晓波. 大学生礼仪文化建设存在的问题及应对[J]. 中国成人教育，2017(04)：87-89.

[3] 林莉. 当代大学生礼仪教育的困境与对策研究[J]. 西南民族大学学报(人文社会科学版)，2014，35(08)：216-219.

[4] 彭秀兰. 多元文化视阈下的大学生礼仪教育[J]. 黑龙江高教研究，2012，30(07)：181-183.

[5] 郭华，孔江联. 现代大学生职业礼仪与实践活动的研究[J]. 中国成人教育，2009(16)：130-131.

[6] 桂署钦. 大学生传统礼仪教育探究[J]. 学校党建与思想教育，2010(19)：84-86.

[7] 赵晓芳. 大学社交礼仪教学中渗透传统文化的必要性研究[J]. 哈尔滨学院学报，2020，41(10)：131-134.

[8] 穆廷云. 吸取传统礼仪文化精华以加强大学生礼仪教育[J]. 教育与职业，2008(33)：187-189.

第九章　大学生社会实践的安全问题与权益保障

　　大学生在社会实践过程中，往往需要离开学校，深入社会，走进企事业单位、社区、农村等区域或实践基地。但由于大学生社会经验相对欠缺，安全防范意识不强，每年社会实践过程中，都会发生各种安全事故，并呈现出了增多趋势，现已成为社会关注的焦点。各种安全事故轻则影响实践行程安排，重则导致伤亡，给学生本人及其家庭和学校都造成了无法弥补的损失。青年接受安全教育的主要来源是学校，其次为社会部门。学校在学生社会实践过程中往往存在安全教育方面培训不全面、内容不深入、安全风险、制度缺位等问题，这就需要不断完善大学生参与社会实践的安全保障机制，进一步明确学生、学校、社会应当承担的责任，为大学生积极参与社会实践并提升实践效果创造更好的环境。

第一节　大学生社会实践主要安全问题概述

　　大学生社会实践安全问题即大学生参加社会实践活动过程中的各种安全问题，主要涉及交通、交友、财产、住宿、野外、网络、疾病、饮食卫生等方面。

　　目前，大学生参与社会实践的形式主要有两种：一是毕业实习，二是利用双休日、假期到社区、企业、社会组织、农村等进行各种社会服务活动。毕业实习是学生在完成毕业论文设计前进行实践学习的主要途径。从各高校组织学生实习的情况看，学生实习的形式主要有两种：一是由学校出面联系单位，并组织学生到这些指定的单位完成毕业实习；二是由学校提出实习要求，学生按照学校的要求自己联系单位并完成实习任务。同时，大学生利用闲暇时间、周末或寒暑假参加勤工俭学、社会调研、志愿服务活动的人数也日益增多。

然而由于各种原因，大学生在调研、兼职、打工、实习的过程中，遭遇欺骗、敲诈、偷盗、受伤的意外事件频繁发生，甚至有部分学生在实践过程中陷入了非法传销组织。另外，也有相当一部分的学生在外出活动的过程中，图方便或图价格便宜而搭乘没有运营资质的车辆，这可能会出现因车祸而受伤、死亡的情况。

这些事件的发生为社会、家庭和教育工作者敲响了警钟，要求我们必须重视学生在实习实践期间的安全问题。以学生参与社会实践过程中遭遇第三人侵害的情形为例，主要地来自交通事故，其次来自治安犯罪行为，如抢劫、故意伤害、性侵害等，当然，也包括接受实习学生单位的工作人员因过错导致学生受伤害的情形。在我国《侵权责任法》中，承担侵权责任的主体首先是侵权行为人，而且在一般侵权责任中，损害因第三人行为造成的，属于相对人不承担责任和减轻责任的法定事由。但在特定条件下，法律也规定特定主体应对第三人的侵权行为承担补充责任。例如，实践活动的组织者未尽到安全保障义务，造成他人损害的，应当承担侵权责任。因第三人的行为造成他人损害的，由第三人承担侵权责任；组织者未尽到安全保障义务的，承担相应的补充责任；组织者承担补充责任后，可以向第三人追偿。

以中宣部、中央文明办、教育部、共青团、全国学联等联合印发的《关于开展 2022 年全国大中专学生志愿者暑期文化科技卫生"三下乡"社会实践活动的通知》为例，其中对大学生社会实践安全作了明确要求，对安全保障提出了指导性建议，指出要始终把师生生命安全和身体健康放在首位，加强安全保障和过程管理，杜绝麻痹思想和侥幸心理。坚守意识形态和安全稳定底线，依法依规组织开展各项社会实践。严格遵守属地疫情防控要求，中、高风险地区不得组织开展集中性的社会实践活动，低风险地区须在条件允许下开展。选派教师加强指导，开展活动前和活动过程中要充分研判部署，密切关注疫情形势、天气变化和自然地质条件，做好突发情况的应急预案与处置。

因此，明确义务、分清责任、强化教育是有效防范和控制危险事故发生的重要措施，这样可以促使相关各方规范自己的行为，谨慎履行自己的义务，并采取必要的措施，将可能发生的危险和事故控制到最小的范围。同时，在意外事件发生后，学生及其家长也应当清楚如何行使自己的权利，请求损害赔偿或者补偿。

引申阅读

学生安全管理中的教育放逐与应对之策(节选)

作者：刘云生；中国教育学刊，2016 年 06 期

学生安全是一个被广泛关注的世界性议题。实施学生安全管理无疑是确保学生安全不可或缺的重要措施。但在"加强学生安全管理"的声浪中，有一种普遍存在的、令人不安的现象，那就是过度强调安全，甚至不惜放逐教育。这看似重点突出、合情合理，实则过犹不及、暗藏隐忧，必须引起各级政府、教育工作者、广大家长乃至全社会的深刻反思和警醒，并寻找和实施系统的应对之策。

一、绝对安全观下的教育放逐

对学生而言，"安全"与"教育"具有天然的内在联系。"只有保证了学生的安全，才能进行正常的教育教学活动。"所以，人们普遍认可"安全第一"的观念，并将其作为学生安全管理的首要原则。同时，教育是学生安全管理的内在维度，没有"教育"的"安全"必将黯然失色，失去其应有的价值和意义，"教育重要"是我们必须树立的观念，衡量学生安全管理少不了教育尺度。但现实中不少地区和学校将"安全第一"的观念上升为绝对安全观，作出了种种放逐教育、有违教育本质的管理规定，这不仅是不可取的，更是有害的。

二、学校教育视域下的学生安全

学校教育是人一生中所受教育最重要的组成部分，对于个人生存与发展、社会延续和进步都起着至关重要的作用。学生安全既是教育的基石，也是教育的内容；既是生存的内涵，也是发展的条件；既是现实问题，也是未来问题；既是个人问题，也是社会问题。实施学生安全管理，必须做到四个统一：安全尺度与教育尺度的统一，生存尺度与发展尺度的统一，当前安全尺度与未来安全尺度的统一，个人私责尺度与社会公责尺度的统一。

三、学生安全管理中的应对之策

学生安全管理是一项复杂的系统工程，如前文所述，既要确保学生安全，也要考虑多种尺度的有机统一，确保教育不被放逐。这就要求我们全面、系统、理性地思考问题，统筹实施应对之策，将实现安全、教育等多种效益的最大化作为追求的目标。当前，学生安全管理已经自成体系，不

少地区和学校设有"安稳办",专司其职,其好处就是事事有人管,但容易形成"孤军奋战"的局面,安全得到了重视,但教育等其他多方面的要求则被遮蔽了。

思考与融合

学生安全教育是一项系统化的复杂工程。回归理性,教育既是安全管理的内容,也是安全管理本身应该具备的功能,还是安全管理希望的结果。需要将安全尺度与教育尺度、生存尺度与发展尺度、当前安全尺度与未来安全尺度、个人私责尺度与社会公责尺度统一起来。追求安全、教育等多种效益的最大化,可采取统整管理要素、作好尺度抉择、优化管理规程、强化教育渗透等应对之策。

在开展安全教育和安全管理的具体过程中,教育工作者和教育主管部门应坚持问题前置,将潜在的安全隐患消除在萌芽状态。学生是受教育主体,也是安全事故发生的主要面向对象,因此相比于各部门的组织管理、活动过程中的过程管理、出现问题后的善后处理等举措的优化与完善,常态化的安全教育显得尤为重要。

因此,在实施学生安全教育与安全问题应对过程中,要抓好常态化的教育工作。一是发挥课程教学主渠道作用,设置学生安全教育必修和选修课程,或者在现有课程体系中增加安全教育模块,让安全意识成为学生学习的课程内容。二是发挥日常思想政治教育功能,把安全教育纳入学校思想政治教育活动、党团活动中,使之成为思想政治教育的重要组成部分,培养学生珍爱生命、守护生命的意识。三是发挥案例教学情景融合功能,分析整理与学生学习生活实践相关的安全事故案件,形成案例素材库,通过对典型案例的生动讲解和分析,发挥安全教育现身说法的积极作用。四是要用好实践活动的深度渗透价值,在开展各种教育实践活动时,将安全教育贯穿活动的全过程。

第二节　大学生社会实践常见安全问题与对策

高校社会实践安全风险主要指高校社会实践活动中可能遇到的人身侵害、突发事件、交通安全、饮食安全、实践操作安全、意外事件等危险状况。在实践活动中,常见的安全问题主要有以下类别。

一、大学生社会实践常见安全问题

(一) 交通安全问题

【案例一】

2011 年 10 月，广西某高校 3 名男生参加社会实践后同乘一辆助力车，在返校途中和一辆摩托车猛烈对撞，最终导致 1 名学生死亡，2 名学生重伤。

【案例二】

2006 年 10 月 12 日，湖北某高校 2 名学生在参加社会实践过程中遭遇车祸，不幸死亡。

(二) 上当受骗问题

【案例一】

陕西某高校大二学生 A 是学校志愿者协会的会长，2012 年 12 月份接到了来自 "西安大学生创业先锋营" 的通知，现有一项既能服务残弱，又能获得社会实践证书的活动。这个活动吸引了该大学 150 多名学生报名，实际 34 人参加。活动开始后，A 才发现他们受骗了，他说："我们去做家政服务的没有一个是残疾人和贫困家庭，都是家政公司的客户，公司给我们每小时 9 块钱的工钱，而客户支付给公司的却是每小时 35 块钱。"

【案例二】

河北某政法系大四女生 A 在外出找家教过程中，遇到一戴墨镜的中年女人。该中年女人在了解了 A 的情况后便同意聘用 A 作为其孩子的家教。中年女人要领 A 去她家，途中，中年女人说孩子正在学钢琴，要晚点回去，让 A 先陪着她去买辆电动车。A 欣然应允，不料中年女人骑上电动车后扬长而去，留下 A 苦苦等候，3 小时后，A 才明白自己是上当了，被电动车行的人员报警并被移交公安机关。

(三) 意外事故问题

【案例一】

2010 年 7 月，大学生赵某某及 19 名队员在贵州支教，与往常一样，他们分头进行实践活动，但当赵某某走在一段崎岖的山路上时，不幸被一块从高山上滚落的巨石砸中，当场遇难。

【案例二】

2011 年 6 月，甘肃某高校实习支教团 6 名学生在新疆沙雅县塔里木河盖孜库木乡河段玩水，1 名学生溺水身亡。

【案例三】

2011 年 7 月，重庆某高校 8 名大学生在安徽天柱山附近开展社会实践活动时，遭遇雷击，造成 4 人受伤，1 人死亡。

二、大学生社会实践安全对策

(一) 提升安全防范意识

一方面要牢固树立"安全第一、预防为主、综合治理"的思想，贯彻"预防为主"的方针，加强自身修养，把安全摆在工作和学习的首位；另一方面要做好调研工作，避免隐患，防止上当受骗。

(二) 遵纪守法，预防交通事故

大学生在社会实践开始前要加强交通法则的学习，树立交通安全观念。乘坐交通工具，要注意上下车(船)、飞机的安全和遵守城市交通规则，行走和骑自行车要自觉遵守交通规则，严禁酒后或无证驾驶机动车。若发生交通安全事故，要依靠当地交通安全管理部门，依照交通安全法律、法规进行妥善处理。

(三) 提高治安、消防意识

注意保管好自己的财物，贵重物品做到物不离身；队员之间互相照看携带的行李；外出行走时注意防范飞车抢夺、抢劫等行为，尽量不佩戴首饰；实践活动后应及时返回驻地，夜间寝室门要及时上锁；尽量避免夜间外出或夜不归宿，如遇例外情况，应向团队的同伴告知外出理由、前往地点、返回时间并确保联络畅通；加强安全用火、用电的安全意识，掌握基本的安全消防知识，做到"三知"，即知火灾的危险性，知防火防爆知识，知灭火知识；"四会"，即会报警，会使用消防器材，会扑灭初期火灾，会逃生自救。

(四) 预防疾病，防止食物中毒

尽量避免在高温、高湿、高热等环境下开展活动，如无法避免，应做好防护措施，备足饮水，备好防暑、防热、防蚊、防虫药品，努力减少中暑、蚊虫叮咬等引起的疾病和其他不利情况的发生。合理安排作息时间，保证睡眠；避免高强度活动，如果无法避免，应保证活动后充分休息。注意饮食卫生，选择新鲜、安全的食品，增强食品安全防范意识；不要到无证照的饭馆和小摊就餐；不购买"三无"食品；不食用过期的食品与饮料；少吃生冷食品，少饮用生水。要自带一些常备药物，以供不时之需，严重时立即到医院就诊。

(五) 注意交往的技巧

大学生要遵守社会实践所在地的风俗习惯，避免因违背风俗习惯而导致的冲突；注意文明礼仪，自我保护；要学会与人交往，谈话态度友好，要谦逊谨慎，问路问事要有称谓；要注意自身安全，尽量不要和陌生人说话，特别是不要和一些"十分热情"的陌生人交谈或结伴而行；要学会忍耐、换位思考，特别是遇到不顺心的事情，要冷静下来，站在不同的角度思考，体谅对方。

(六) 保障联络、通信顺畅

参加社会实践活动前，学生应征得家长同意，告知家长实践地点、实践内容、实践时间、带队教师的联系方式等信息，以便随时联系。

三、大学生社会实践重点提示

(一) 须携带的物品及必要的准备

(1) 物品。社会实践旗帜、校徽、身份证、学生证、统一的服装。
(2) 材料。社会实践所需的问卷调查、文件协议等。
(3) 保险。要提前办好社会实践师生的保险。

(二) 安全与纪律要求

(1) 活动期间应注意交通安全，遵守交通规则，需乘车出行时要选车况良好、运营正规的车辆。
(2) 进行活动时，队员应相互尊重，团结互助，注意个人言行举止，了解并尊重当地民风民俗，遇到特殊情况应及时向带队老师汇报。
(3) 队员应跟随集体统一行动，不得擅自离队或私自结伴外出。
(4) 进行家庭调研时，需提前与户主进行沟通，根据户主反馈情况合理安排时间，尊重户主生活习惯。
(5) 野外活动时严禁私自下河游泳，严禁到危险的地方玩耍。

(6) 夜晚就寝，安全负责人须安排相关队员守夜，严禁夜间外出。

(7) 外出时应锁好门窗，贵重物品需妥善保管、随身携带，以免丢失。

(8) 实践活动中，如遇身体不适，应及时告知带队老师，尽快就医。

(三) 风险处理

1. 晕厥

劳累、疲劳、中暑、饥饿等原因所致晕厥，可令病人突然昏倒，不省人事，面色苍白，大汗淋漓，病情紧迫，此时可用拇指捏压患者的合谷穴(虎口中)持续 2~3 分钟。

2. 被狗或猫咬伤

被猫狗咬伤后应迅速用干净水冲洗，再涂抹肥皂后冲洗干净，包上纱布后及时去医院检查。被狗咬伤的伤口容易化脓，所以必须进行彻底的伤口处理，及时注射疫苗。

3. 被蜜蜂、黄蜂等蜇伤

被蜂蜇伤后伤处会出现肿胀、水疱，局部剧痛或瘙痒，甚至出现头痛、恶心、烦躁、发烧等症状。被蜂蜇伤可以采取如下做法：不要紧张、保持镇静。如有毒刺蜇入皮肤，先拔去毒刺。清洗伤口，最好用肥皂水、食盐水或糖水。被黄蜂蜇伤的，可以用食用醋涂在患处。

4. 休克

休克多为外伤、出血、疼痛、过敏等引起。病人面色苍白、出冷汗，精神萎靡，脉搏细弱，血压下降。急救时，应让病人平卧，注意保暖。如外伤出血休克的，应立即止血；有骨折可能的要用夹板绷带固定；神智不清的，可给予针刺人中或指压人中；呼吸困难的，应进行人工呼吸。在初步急救后送医院治疗。

5. 中暑

发现中暑者应迅速将其移至阴凉、通风的地方，同时垫高头部，解开衣裤，以利呼吸和散热。同时可用冷水毛巾或冰袋、冰块敷置病人的头部、腋窝、大腿根部等处。

(四) 户外安全注意事项

(1) 在山地和多山地区，最好沿高地行走，这样会更易于把握方向，也易于前行。

(2) 尽量避免淌河涉水。如确要过河，必须谨慎判断河水深浅，有无漩涡、淤泥，是否存在危险。

(3) 夜行要借助指南针和临近光源以免迷路。

(4) 外出时应避免遭受雷击。在户外遇到雷雨天气，要及时躲避，不要在空旷的野外停留。

引申阅读

凝聚防疫合力确保大学生暑期安全

作者：钟焦平；《中国教育报》，2022 年 06 月 17 日

确保高校学生顺利安全返乡，教育系统有着丰富的经验。能够及时总结经验，优化相关政策，体现了教育系统对于广大师生的爱护与担当。在严格落实疫情防控要求的前提下，教育系统联合相关部门正在尽最大努力为返乡学生提供便利，为广大师生筑起一道无形却有温度的防护线。

高校要充分尊重学生意愿，确保人文关怀和服务保障落到实处。对选择留校的学生应做好生活服务保障，帮助解决师生员工学习、工作、生活中的实际困难，关心关注师生思想动态和心理状况，及时做好心理疏导和思想工作，确保寒暑假期间校园和师生的安全稳定。

学生"安全离校"不是终点，高校还需统筹安排好教学进度和期末考试，合理切换线上教学与线下教学。动态掌握留校学生健康、学习、生活状况与需求，及时提供针对性服务。同时，还要守好学校"校门关"，坚持人、物、环境同防，做好重点人员核酸检测、重点场所的环境消杀，落实常态防控措施，完善应急处置预案，如发现防控存在的漏洞，也可快速解决问题。提前谋划假期安排、春季秋季学期开学安排，细化措施、早做打算，防患于未然。

寒暑假期间，教育系统仍需提高警惕，克服麻痹思想、厌战情绪、侥幸心理、松劲心态，要进一步强化责任担当，要压实学校的主体责任、地方的属地责任、教育部门的指导责任和个人的防护责任，推动家校协同防控进一步升级，凝聚疫情防控合力。要从严从实从细抓好各项细节，不断提高疫情"早发现"能力。

不仅是高校，各地政府也要坚持实事求是、一切从实际出发。积极发挥地方智慧，因地制宜、因时而异，根据基层一线情况，提高应对能力，及时调整战略方法，积极配合卫生、交通、应急等相关职能部门，着力解决学生诉求，保证返乡大学生路途安全，并提供正确防疫指导。

随着政策的不断发布，各地都积极响应号召，纷纷出台相应举措，切实守护莘莘学子的生命健康安全。为确保学生度过一个安全、健康、快乐的寒暑假，各地还应落实相应细则，建立信息台账，细化报备流程，提供便民热线……做到贴心、暖心、放心。好事要办好，只有把好政策扎扎实实贯彻下去，才能让政策善意得到最大化的释放，让学子们返乡放心、安心、舒心。

思考与融合

当前，大学生普遍存在自身社会经验不足的问题。当下社会大多数大学生都是在家庭的精心呵护下成长起来的，他们自身的社会阅历与复杂的社会环境之间的差距很大，在参加社会实践过程中需要面对诸多不确定的环境因素，如可能会遇到地震、洪灾、火灾、车祸和外出被狗、蛇咬伤等突发问题，如果平时没有进行相关知识的学习，在面对这些情况时就无法做出及时有效的应对。

同时，大学生思想相对比较单纯，看待问题的角度比较单一，明辨是非的能力不强，加之不同类型的社会实践内容、具体形式不同，涉及面广，且地域、环境、需侧重考虑的因素各不相同。在复杂的社会环境中，容易上当受骗，实践经验有限的他们遇到突发事件时往往容易冲动，导致许多不必要的事情发生。

因此，为了更好地保障实践过程中的各方安全，保证实践成效，可在社会实践活动开展前，在指导老师的帮助下，有针对性地制定各实践项目的应急处理预案。让参与社会实践的大学生有充足的心理准备，以确保在实践过程中遇到突发事件时能够冷静、理性地处理和解决问题。

具体的预案应包括对社会实践队伍管理的具体要求、社会实践途经路线的注意事项，参加实践的人员构成及联系方式，出现突发事件时如何应对等。同时对交通、财产、投宿、野外、交友、疾病、滋扰防范、饮食等方面的安全，也要有明确的应对细则。

第三节　大学生社会实践的权益保障

法律纠纷是指当事双方对法律关系所隐含的权利或义务理解不同而产生的纠纷。目前，大学生社会实践过程中容易出现的法律纠纷主要分为民事纠纷、行政纠纷和刑事纠纷等，无论发生哪类法律纠纷，都有可能侵犯大学生自身的合法权益。

一、大学生社会实践中的权益纠纷

(一) 民事纠纷

大学生在社会实践中产生的民事纠纷是指大学生在社会实践过程中自身的民事权利和民事利益受到侵害而产生的纠纷，其中民事权利和民事利益主要是生命权、健康权、名誉权、隐私权、肖像权、财产权等与之相关的利益。随着社会实践的日益普及，无论在校内还是校外，在社会实践过程中产生的纠纷越来越多，其中以民事纠纷最为常见。

例如，李某系某高校在读学生，2020 年 7 月他与某信息技术公司协定，李某自 2020 年 7 月至 2020 年 9 月到该公司实习。2020 年 8 月，李某在工作时，不慎被工作设备砸中腿部后被送往当地骨伤科医院就诊治疗，医院诊断为粉碎性骨折。针对发生事故产生的各项赔偿，李某多次与该公司协商均遭到拒绝。2020 年 12 月，李某向法律援助中心提出援助申请。律师经过调查事实查取证，于 2021 年 1 月向人民法院提起诉讼，要求该公司支付李某医疗费、护理费、交通费、住院伙食补助费、残疾赔偿金和精神损害费。

这是一起侵犯实习学生合法权益的较为典型的民事案件。国家为保护实习学生，特别是大学生的合法权益，长久以来就有明确适用的法律法规。实习学生是一个极其特殊的群体，在实习过程中受到伤害或者是发生侵权事故，其举证责任不同于一般的人身损害赔偿案件。实习单位应当严格按照签订的实习协议内容，以及法律法规规定的范围，安排实习学生进行工作。在实习过程中若发生意外事故，实习单位应当承担举证责任以及相应的损害赔偿责任。

(二) 行政纠纷

行政纠纷也称行政争议，是行政主体在行使公权力过程中与行政相对人之间产生的关于行政法上的权利和义务的争议。大学生的日常学习、生活与行政管理的关系日益紧密，无论是学习中的日常管理，还是生活中的户籍管理、交通管理、治安管理，亦或是创业中的工商税务管理，大学生都是行政管理活动中重要的相对人。

在具体的社会实践过程中，大学生产生的行政纠纷是指学生与高校、国家行政机关之间或国家行政机关同企事业单位、社会团体之间由于行政管理而引起的纠纷，包括行政争议和行政案件等两种形式。通常来说，就是"民"与"官"的纠纷。大学生在社会实践过程中产生的行政管理纠纷较少，这里不做具体分析。

(三) 刑事纠纷

犯罪最本质的特征在于它的社会危害性，体现为对刑法所保护的社会关系造成或可能造成的严重损害。行政违法行为或民事违法行为通常是对个人权利的损害，而犯罪行为不仅体现在对权利的侵害，更体现在对法益的侵害。这里的法益，主要是指根据宪法的基本原则，有法所保护的、客观上可能受到侵害或者威胁的人的生活利益。

正因为犯罪是对法益的侵犯，具有严重的社会危害性，刑事纠纷往往体现为被害人与加害人之间的纠纷，国家只是作为一个后来者介入对犯罪行为的制裁。在国家介入之前，犯罪行为已经具备了双方主体加害人与被害人，而且加害人与被害人之间也因为犯罪而产生不协调的关系。因此，刑事纠纷不仅存在于国家与加害人之间，也存在于加害人与被害人之间。

大学生在社会实践中产生的刑事纠纷是指大学生或者对方被控涉嫌侵犯了刑法所保护的社会关系。在社会实践相关刑事纠纷中，大学生既有可能是加害人，也有可能是被害人。一般来说，刑事纠纷会转变为刑事案件，并且会有国家刑事司法机关主动介入。此时大学生或者对方变成了犯罪嫌疑人或是被告人，就要追究犯罪嫌疑人或者被告人的刑事责任，从而要进行立案侦查、审判并进行刑事制裁。大学生在社会实践中发生的刑事纠纷相比较民事纠纷而言要相对少一些。但受各种各样因素的影响，大学生社会实践中的刑事纠纷时有发生。

二、大学生社会实践中的法律救济

大学生社会实践中的法律救济是指大学生的合法权益受到侵犯并造成损失时，获得恢复和补救的法律制度。这里，大学生的权利受到伤害是社会实践中法律救济存在的前提，如果大学生的权利未受到伤害，就无所谓救济。在法律救济中，必须有侵权行为的存在，相对人只有在合法权益受到侵害的基础上才可提出救济的请求。大学生社会实践中法律权益救济的途径主要如下。

(一) 诉讼救济

正义不仅要实现，而且要以人们看得见的方式实现。诉讼就是这种"看得见的方式"。所谓诉讼，是由特定国家机关按照法定程序和方式解决诉讼和处理案件的活动。诉讼的最大特点是国家强制性和程序规范性。因此，诉讼活动都必须由国家立法严格规范程序。目前，大学生社会实践过程中的诉讼救济主要分为民事纠纷、行政纠纷和刑事纠纷三种类型。

(二) 非诉讼救济

诉讼作为纠纷解决和权利救济方式，具有终局性、权威性等特点。但诉讼亦有其局限性，如程序繁杂、效率较低、成本较高。如果说诉讼救济是属于国家的、司法的救济，那么在诉讼救济方式以外，还有很多民间以及行政的救济方式。这些非诉讼救济途径与诉讼救济协调互补，共同构成了多元化的纠纷解决与权利救济体系。大学生社会实践过程中的非诉讼救济主要有和解、调解、仲裁、信访和行政复议等形式，学生可以通过上述途径维护自己的合法权益。

📖 引申阅读

依法厘清校外活动安全责任边界(节选)

作者: 赵大鹏;《中国教育报》, 2021 年 11 月 10 日

【案件回顾】

某地发生一起学校春游车辆翻车的道路交通事故，造成多名学生死伤的严重后果。事故发生后，公安部门成立事故调查组进行调查。经查，肇事车辆制动系统不合格，且肇事司机为躲避交管部门检查，绕道驶入正在施工的道路，在通过雨天湿滑的弯道时因未降低行驶速度，造成侧翻，肇事司机对事故承担全部责任。此外，事故车辆所在公司存在规章制度不健全，未购买乘客座位险的问题。调查也指出：学校未向学生进行充分的安全教育，有些学生未系安全带，学校也未向当地教育主管部门申报。

【专家释法】

教育立法研究基地(教育部政策法规司——郑州大学共建)研究员、郑州大学讲师：赵大鹏

一场原本应当快乐的春游，却以惨痛的结局收尾。如何做好学生校外活动安全管理？从本案中，我们可以得到哪些启示？

首先，正确认识校外活动的安全风险。学校组织的实地考察、春游等校外活动是学校教育教学活动的组成部分，是学生亲近自然、认识社会的重要渠道，有利于培养学生团队意识、人际交往等方面的实践能力，促进学生全面发展。

但校外集体活动毕竟离开了校园，安全风险因素增加是客观的、必然的，类似本案在校外活动期间偶发的安全事故，的确会给学校带来巨大压力。要不要组织春游活动，成为困扰部分中小学校长的突出问题，一些地方甚至为了避免安全风险直接叫停春游，把学生彻底"保护"起来。其实，学校大可不必因噎废食。只要学校在安全风险防控上做好做细工作，风险是可控可防的；只要依法依规落实好自身的职责，法律责任也是明确的。实践中很多地方、学校长期坚持开展学生校外活动，建立健全了安全风险防控机制和社会化的风险分担机制，保证了校外活动安全有序、丰富多彩。

其次，切实履行校外活动安全管理职责。《中华人民共和国未成年人保护法》规定，学校、幼儿园安排未成年人参加文化娱乐、社会实践等集体活动，应当保护未成年人的身心健康，防止发生人身伤害事故。《民法典》明确规定了学校在学生安全方面的责任，结合《中小学幼儿园安全管理办法》《学生伤害事故处理办法》《未成年人学校保护规定》等教育部规章及规范性文件规定，学校在校外活动安全管理方面应当履行教育、管理职责。

再者，明确校外活动的安全责任分担。组织校外活动，虽然活动的场所和教育教学方式发生了变化，特别是由于第三方的介入，可能引起学校部分安全管理方面的职责转移。但是，有两个方面学校仍需把握：一方面，不能简单地将安全管理责任委托，即使在校外其他场所，学校仍然负有教育管理职责，不能完全委托第三方。另一方面，也不能理解为学校组织的活动，就由学校承担全部的责任。在处理过程中，应当依法厘清责任边界。

思考与融合

本案是典型的第三人侵权案件。从民事角度看，如果学校尽到了安全管理义务和必要的注意义务，在可能的范围内审查了运输服务提供者的资质条件，进行了必要的安全教育，配备了教师进行安全管理等，则学校没有过错，学校也是受侵害的一方，不应当由其承担赔偿责任。

从学校管理和制定安全防范措施、防范预案的角度看，本案中学校制定的安全预案是不全面、有疏漏的。一是对公司资质的审核不严格；二是事先没有对车辆运行的线路进行规划和了解，对司机擅自改道的行为没有制止；三是对学生的安全教育和检查不够仔细，虽然最后从事故认定的角度来说，运输公司和肇事司机负全部责任，但从安全管理的角度来讲，学校还是没有完全尽到职责。

　　从刑事角度看，造成多名学生伤亡已经构成了重大责任事故罪，但其犯罪的主体应当是在生产、作业中违反有关安全管理规定的行为人。这里的生产、作业显然是汽车租赁公司承运服务，而不是学校的活动，因此学校负责人不是重大责任事故罪的主体。在区分责任的时候，一定要严格按照法律的规定进行科学界定，不能片面加重学校责任。学校的权益受到侵害时，也要依法予以保护。

　　学校安全事故的发生有多重因素，不可能完全避免。这要求学校在加强安全教育、管理和风险防控的同时，要建立健全安全风险分担机制。比如学校应当按照规定投保校方责任险，并根据情况购买校方无过失责任险和食品安全、体育运动伤害等领域的责任保险。这样，当出现具体伤害事故后，可以通过保险机制，解决赔偿这一伤害事故纠纷的核心问题。

参 考 文 献

[1]　刘保伟，刘小芳. 全媒体视域下学校安全教育的路径创新[J]. 人民教育，2021(Z2)：121-122.

[2]　马喜宁，王涛. 新时代推进大中小学国家安全教育多维探析[J]. 中学政治教学参考，2021(24)：1，4-6.

[3]　梁静，宋乃庆. 生命旨归与危机理性：全民安全教育体系的构建逻辑[J]. 国家教育行政学院学报，2021(01)：66-75.

[4]　丁喜旺. 生命共同体视域下的生命安全教育[J]. 中学政治教学参考，2020(37)：57-58.

[5]　王海营，罗元元，黄祥国. 大学生食品安全教育的必要性及策略[J]. 肉类研究，2020，34(10)：111.

[6]　周德贵. 高校安全教育"四全"模式的理论与实践[J]. 江苏高教，2018(07)：51-54.

[7]　龚兵. 大学生安全教育的发展历程与时代价值[J]. 黑龙江高教研究，2015(09)：72-75.

[8]　安宇，翟存利，方莹倩，等. 大学生不安全行为发生机制期望模型[J]. 中国安全科学学报，2018，28(12)：27-32.

[9]　赵英华. 合作教育视域下大学生安全教育模式探索[J]. 中国成人教育，2017(13)：78-80.

[10]　侯嘉淳，金劲彪. 产教融合视阈下大学生实习权益保障的制度构建[J]. 江苏高教，2021(11)：112-117.

[11]　李亮辉. 大学生社会兼职劳动权益保护现状及其对策探究[J]. 黑龙江畜牧兽医，2016(14)：281-283.

[12]　张波. 勤工助学大学生权益保障问题研究[J]. 中国成人教育，2015(10)：63-65.

[13]　孟牒，姚浩伟，韦飞祥，等. 大学生交通安全认知现状评价与预警机制研究[J]. 科技通报，2016，32(09)：229-232，246.

第四篇　大学生社会实践的评价与评优

　　本篇内容主要讲述了大学生社会实践的评价与评优方法，对团中央近年来开展的专项社会实践活动进行了总结梳理；并以西安科技大学社会实践为例，进行了案例分析，有助于提升社会实践育人成效。

第十章　大学生社会实践的评价原则、指标和评优项目

评价是人们对价值关系的认识或反映。大学生社会实践评价是依据社会实践活动目标对实践过程、实践结果、实践收获等进行评价的过程，也是对社会实践活动已有的或潜在的价值做出判断的过程。高校构建科学可行的社会实践评价体系，对于推动大学生社会实践深入开展，增强实践育人效果具有重要的理论和现实意义。

第一节　大学生社会实践的评价原则

目前高校的大学生综合素质测评基本是从德智体美劳等方面来具体考量和评价的，定量考核和定性考核并重。大学生作为社会实践育人的主体，是社会实践育人活动的参与者与体验者。高校在具体评价过程中要做到坚持以学生为本的原则、坚持知行统一的原则和坚持全面评价的原则。

一、以学生为本原则

社会实践活动的主体是大学生，因此，在进行社会实践评价时，要充分考虑到学生的主体地位。要坚持以学生成长为目标，以学生需求为核心、以学生获益为导向，充分发挥学生的积极性和主动性，彻底改变重形式、轻内涵的不良现象。

社会实践效果评价事关实践教育发展方向，有什么样的评价指挥棒，就有什么样的工作导向。社会实践评价是一项系统工程，评价要坚持以学生为本，以提升学生的获得感和满足感为导向，同时要秉持宽阔视野、未来眼光和系统思路，这样方能有效推进学校评价、教师评价、学生评价有效融合，才能最大程度

释放社会实践教育的价值，为高标准、高质量做好实践育人工作创造大空间。

二、知行合一原则

知行合一是大学生社会实践的基本要求。大学生要通过社会实践，将理论与实践有机结合，用实践检验理论，用理论指导实践，进一步完善知识结构，努力达到学以致用。

评价的核心目的是指导实践，社会实践不能为了评价而评价，不论是指导教师还是学生队员都要运用好评价结果和评价导向。因此，大学生在进行社会实践时，必须符合人才培养的目标，将专业学习与社会实践相结合，将社会需求与锻炼提高相结合，将奉献青春与发挥作用相结合。通过社会实践活动，提高自身理论水平、增强实践动手能力、知行合一，努力使自己成为新时期社会需要的实践、实干、实用型人才。

三、全面评价原则

评价大学生社会实践活动成功与否，不仅要考查学生运用知识和解决问题的能力，还应该考察其为人处世、情感态度以及世界观、人生观和价值观等方面，现有的评价方法大多关注于实践成果查验和学生知识检验，而忽视了对学生为人处世和综合发展的评价与指导。

社会实践作为人才培养的重要手段，要树立综合性、全面性思维，要通过社会实践的评价，引导社会实践成为大学生做事成人的平台。具体操作中要注重将个性与全面相结合，动态与静态相结合，定性与定量相结合，通过综合评价，真实客观地反映学生的综合水平，避免单一的评价方式导致评价结果的不全面性，保证其客观、真实、准确。

引申阅读

请拿价值底色综合评价学生(节选)

作者：陈振兴；《中国教育报》，2020年12月11日

"少年好样的！"近日，《人民日报》就"雨中狂奔追赶阻拦肇事三轮车"视频点赞"追车少年"。在关注"追车少年"温暖义举的同时，其班主任评价"虽然学习成绩一般"但"眼中有光、心中有爱"更是引发了众多家长、教师乃至社会公众的讨论。在当前价值观念、价值取向多元化的环境中，对青少年学生

应该怎样去评价值得深思。特别是在"唯分数""唯名次"的影响下，部分公众甚至是家长和教师出现了单一化的评价认知。

青少年正处于成长的"拔节孕穗期"，需要自己、教师、家长和社会多方联动，给予正确的栽培和引导，不单是要破除"唯分数论"的错误认识，还要在"加强品德修养上下功夫"，以此铸就敢于善为的价值底色。正如事件中被撞当事人所说"感谢其父母和学校对他的栽培和教育"。

近年来，国家和社会高度重视青少年的健康成长，重视其综合素质的系统培养和全面评价。2014 年，教育部印发《关于加强和改进普通高中学生综合素质评价的意见》指出，要转变以考试成绩为唯一标准评价学生的做法，从思想品德、学业水平、身心健康等方面促进学生全面发展、健康成长，要注重考查学生社会责任感。2018 年，全国教育大会指出，要深化教育体制改革，从根本上解决教育评价指挥棒问题，坚决扭转不科学的教育评价导向，坚决克服唯分数、唯升学的顽瘴痼疾。

从凝聚社会共识的视角深思，要善于在青年学生中弘扬"有光有爱"的社会正能量，也要教育引导青年学生积极践行社会公德和个人品德。2019 年 10 月，中共中央、国务院印发《新时代公民道德建设实施纲要》指出，"中国特色社会主义进入新时代，加强公民道德建设、提高全社会道德水平""要促进全体人民在理想信念、价值理念、道德观念上紧密团结在一起"。

思考与融合

教育的根本任务是立德树人，要培养学生的知识和才华，更要培养道德品行。因此要理性看待学生成长成才与知识学习之间的关系，发挥对学生进行综合素质综合评价的核心优势。大学生社会实践育人的出发点是要培养大学生各方面的综合素质和实践能力。因此，树立以大学生综合素质全面提高、自身优点普遍凸显、创新潜能充分发挥为综合评价标准的大学生综合素质评价观就显得非常必要。

早前《光明日报》有报道称，调研发现，不少高校社会实践评价体系的建立明显滞后于社会实践活动的开展，"评比标准"中的有些条目可操作性不强，也缺少针对性。很多评价内容局限于发表的论文数量、设计的方案数量、回收的群众意见调查表、寄语等，很大程度上催生了形式主义，让实践团队重形式而轻内涵。

基于此，如何对社会实践进行高质量总结，如何理性看待社会实践评价与考核，如何设置科学的评价指标体系，诸如此类的一系列问题就成了社会实践总结、评价与评优的关键所在。

第二节　大学生社会实践的评价指标

大学生社会实践评价指标是人才培养目标和评价标准的载体与具体体现，它在大学生社会实践的评价过程中具有不可替代的作用。制定科学合理的社会实践评价指标体系，是实现社会实践目标的关键因素，是提高社会实践质量和效果的重要环节。社会实践活动评价一般包括对实践主题、实践内容、实践计划、实践态度和能力、实践成果等诸多要素的评价。

一、实践主题

确定社会实践主题是大学生社会实践的首要环节，决定了实践安排和实践内容，也影响着实践成效，明晰可行的实践目的不仅能够调动实践队员的积极性，有助于实践开展，而且有助于提升实践内涵，凝练实践成果。该指标可以分为"选题满意度""社会需求紧密度"和"选题难度"三个方面。

"选题满意度"主要观测学生对社会实践的选题是否满意，是否可以通过相应的实践活动实现了解国情社情、提升综合能力、练就过硬本领等预期目标。在具体工作中，可通过实践目标的成果、收获、感悟等多个指标来评价。

"社会需求紧密度"是指所选社会实践的主题、类型与社会发展、人类进步等需求之间相联系的紧密程度。具体来说，我们要求所选的实践主题必须和社会需求有紧密的联系，只有这样，社会实践活动才更加具有现实意义。

"选题难度"主要评价学生所选实践主题的难易程度。社会实践主题并非越难越好。一个好的实践主题，其难易程度必须符合学生的实际能力和知识储备，这是保证社会实践质量、提高社会实践实效性的重要前提。

二、实践计划

制定社会实践计划是指由实践主题出发，为达到预期目标所设计的整个实践活动的方案。在学生社会实践过程中，实践团队的计划看似简单，但却蕴含大学问，一个好的实践计划要求指导教师安排、实践队长选拔、全体队员筛选、时间行程安排、实践路线选择等都要翔实全面。一个好的实践计划，是社会实践活动有条不紊进行的前提。该指标可以分为"计划完整性"和"计划可行性"两个部分。

　　"计划完整性"是指学生所设计的实践方案各要素，即实践活动的目的、意义、采取的方法、实践路线、内容、时间安排、人员分工和预期效果等的翔实程度和全面程度。因此，"计划完整性"可以从"计划翔实程度"和"计划全面程度"两个方面来评价。"计划可行性"主要评价学生设计的实践方案的合理程度，增强计划的可行性则要求学生加强调查研究，做好前期准备工作。

　　以西安科技大学 2018 年赴西部实践团为例，团队成员包括了 2017 年度团中央全国社会实践优秀指导教师，他们经验丰富，水平较高；实践队长的选拔是在个人申报、组织考核、答辩竞选的基础上，选择了经验丰富、有热情的优秀学生干部担任；实践队员的选拔则分宣传、调研、撰稿等多个模块进行选配。实践团正是通过上述措施做到了人员分布合理、配备齐全、分工明确，保证了团队各项工作的顺利进行。从时间形成和路线安排来看，选择从古丝绸之路的起点——西安出发，先后前往青海、甘肃和新疆，行走了完整的丝绸之路路线。

三、实践态度和能力

　　学生在社会实践活动开展过程中的态度、能力是影响社会实践效果的一个重要因素。该指标可以分为"实践态度"和"实践能力"两个部分。

　　"实践态度"可以从"团队合作""爱岗敬业""主动性"三个方面来评价。"团队合作"主要评价学生在实践过程中的目标一致性与团结合作程度。无论是个人完成还是多人合作的社会实践活动，都需要合作精神，需要实践团队的每一个成员都能发挥应有的作用。"爱岗敬业"主要评价社会实践成员是否以勤奋好学、刻苦钻研的态度认真完成社会实践的各项任务，尤其是实践团队中的每一个成员是否都能立足团队分工后的岗位，为团队成功不断付出努力。"主动性"主要评价实践成员在社会实践过程中是否能主动、及时地与指导教师、实践单位导师沟通信息、讨论问题，最大限度地收获社会实践成果。

　　"实践能力"可以从"沟通能力""应变抗挫能力""资源利用能力""总结归纳能力"四个方面来评价。"沟通能力"是指学生在社会实践过程中与人交往的能力，包括和实践单位的领导、导师、同事等交流，和指导教师的交流，和被访(服务)对象的交流，和队员的交流，和陌生人的交流等。"应变抗挫能力"是指学生在社会实践过程中针对实践计划和社会实际的变通性，遇到挫折后克服困难的能力。该指标的实质是考查学生发现问题、解决问题的信心、决心和能力。"资源利用能力"是指在社会实践过程中，学生合理、有效利用周边各种社会资源的能力，包括学校、指导教师、实践单位、实践所在地有关部门、各级团组织、人民群众、有关政策等。人的社会属性告诉我们，大学生合理、有效地利用社会资源是社会实践活动获得成功的重要因素。"总结归纳能力"是指学生在社会实践各个环节，对发现的各种问题进行总结、分析，归纳、提炼事物的发展规律、特征，从而得出结论的能力。

以西安科技大学 2018 年赴西部实践团为例，实践分为团队与个人实践相结合，线上与线下实践相结合两种形式开展，实践团队本着受锻炼长才干的目的，做了大量的前期工作，为后期实践奠定了良好的基础。从煤炭科学研究总院 2018 年度发布的《煤炭行业继续深化供给侧结构性改革》入手，分析了我国煤炭行业目前供给侧结构性改革面临的问题等，同时结合目前我国关于推动煤炭供给侧结构性改革的政策，了解到煤炭行业供给侧结构性改革当前仍然存在一系列亟待解决的问题。该实践正是基于此现象确定了实践调研课题，做到了符合行业实际需求和学校实际情况的水平，也为后期成果总结、宣传报道、基地建设奠定了基础。

四、实践成果

好的社会实践活动离不开成果的支撑，实践成果作为活动本身的一部分，要充分发挥其画龙点睛的作用。作为社会实践的最后一个环节，实践总结和答辩要求学生对实践成果进行归纳、整理和总结，并与实践计划对比落实，达到理论升华。

实践总结报告可以从"科学性""创新性""实用性"三个方面来评价。"科学性"是指一篇好实践总结报告首先应该经得起严密的逻辑检验，它所基于的实践研究过程、归纳总结过程，及其相应的图表、数据等都应该符合科学的原理、规范等。"科学性"要求每一个学生在实践过程中不得有半点虚假与水分。"创新性"是指在实践中，学生独立进行研究的能力和对各种理论、知识点的创造性应用能力。"实用性"是指实践总结报告的结论可以用于解决实际问题，具有使用价值。此外，媒体报道情况、有关活动图片、成果答辩情况等也是实践总结的重要支撑内容和支撑材料，可以从"语言流畅性""表达准确性""逻辑严密性"三个方面来评价。

以西安科技大学 2018 年赴西部实践团为例，为强化对相关行业领域实践认知、了解行业发展趋势，实践团队先后建立了 4 个大学生社会实践基地·创新创业就业基地；了解了煤炭行业继续深化供给侧结构性改革的现状，了解到在接下来的一个时期，国家还将在淘汰煤炭落后产能的同时，抓好各项政策措施的落实，保障煤炭安全稳定供应，促进煤炭经济平稳运行；提出了在煤炭企业改革中高校和大学生该怎么做，指出新时代的青年学生更应努力增长自身智慧才干，积极整合多方资源，力争在学习上实现创新，将来走上工作岗位后，要为企业发展注入创新思维和活力。也正是基于上述一系列的系统安排、扎实工作和实践收获，团队获评了陕西省标兵团队和团中央优秀团队。当然，社会实践的成果是多方面的，比如学生个人的收获和能力的提升、实践报告的撰写、实践基地的创建等，只有做到齐头并进、多方并促才能真正达到社会实践的效果。

引申阅读

拓展立德树人的有效途径
——全国高校学生暑期社会实践活动综述之一(节选)

来源：教育部简报，2018 年 16 期

　　2018 年 5 月 2 日,习近平总书记在北京大学师生座谈会上的讲话明确指出："不论学习还是工作,都要面向实际、深入实践,实践出真知。"2018 年暑期,各地各高校以习近平新时代中国特色社会主义思想为统领,充分发挥社会实践育人功能,精心策划组织了系列社会实践活动,引导广大师生在实践中践行"爱国、励志、求真、力行"的要求,产生了较大社会影响,取得了良好成效。现将各地各高校暑期社会实践活动开展情况予以编发,供参阅。

　　坚持价值引领,彰显实践时代色彩。坚持育人导向,将理想信念教育和价值引领融入社会实践全过程,精心设计实践主题,引导学生紧跟时代砥砺前行。清华大学组建博士生讲师团,以"走一路、学一路、讲一路"的形式,组织讲师们沿着陕西梁家河、河北正定、福建宁德等习近平新时代中国特色社会主义思想形成之路开展宣讲实践,充分认识国情、解读政策、服务社会。武汉大学把社会实践作为一堂生动的党课和国情民情认知课,组织 1.5 万余名学生上山下田、走村入户,开展"不忘初心、牢记使命"十九大主题宣讲、"创行黔乡、助力扶贫"等实践活动,将社会实践报告写在祖国大地上。

　　加强组织领导,完善实践育人格局。优化社会实践顶层设计,改革学校内部管理体制,统筹实践资源,形成实践育人整体合力。东南大学将社会实践列入人才培养方案,建立集征集选题、项目立项、公开招标、网络双选、公开答辩、考核评比等为一体的工作机制,实行"管理项目化、运作团队化、考核学

分化"，打造"思政教育、基层体验、社会服务"三位一体的社会实践育人体系。华中科技大学将社会实践纳入课程学分体系，制定《第二课堂学时评定办法》，实行校院队三级联动，打造"学教结合""学研结合"和"学做结合"的社会实践工作模式。

丰富活动载体，创新实践育人模式。改变社会实践传统组织方式，拓宽实践阵地，强化信息支撑，大力推进实践育人工作创新发展。中国石油大学(北京)创新实践项目设置形式，面向全体教师众筹实践项目和内容，鼓励教师提供项目设计框架，并指导学生以课题组形式开展实践。江南大学鼓励以团支部为单位成建制开展实践，同时打通实践基本单元，将学生组织、学生社团吸收到实践队伍中来，采用"扁平化＋项目制"方式全面实施运作。兰州大学打破地域限制，创新实践形式，联合兄弟高校共同前往临夏广河、陇南两当、庆阳华池等地开展家访，依托网络开展远程视频教学，将室内"智慧课堂"拓展到网络，助力教育扶贫。

思考与融合

评价的主要功能是促进发展。社会实践评价工作以学生满意度为根本，是高校贯彻落实"以学生为中心"教育理念的重要举措和具体体现。为了收集更真实、更全面的有关评价信息，更客观、真实地了解和评价学生，为促进发展提供有力的指导，评价主体必须关注学生实践能力和创造能力，关注学生实践能力和创造能力的变化发展过程。对实践者自身而言，通过系列化、常态化和规范化的评价可以发现自身的优点和缺点，不断地发扬优点，克服缺点，从而提升实践者能力水平和综合素质，进而在整个学生群体中形成以点带面的群体效应。

值得注意的是，面向不同学科背景、不同实践内容的团队，在对评价指标进行细化的过程中，要注重其专业性和独特性，要坚持结合学生的专业特点、年级学段、文化层次、兴趣爱好等个性化要素，在评价指标中设立个性化标准观测点，构建不同目标导向的、具备差异性的个性化社会实践评价指标，不能一概而论，要尽量避免指标过度同质化。

第三节　大学生社会实践的主要评优项目

为促进形成更加规范化、制度化的社会实践活动，充分调动师生组织、参与社会实践活动的积极性，鼓励更多学生参与到社会实践活动中，积极宣传社会实践活动成果，树立社会实践先进典型，搭建相互学习、相互交流的平台，学校要对在社会实践活动中涌现的先进个人和团队进行表彰。学校根据评选条件，对在全年社会实践活动中表现突出的团队授予"优秀实践团队"；对在全年社会实践活动中作出突出贡献的教师授予"优秀指导教师"；对在全年社会实践活动中表现突出的学生授予"社会实践先进个人"。

各社会实践主办单位要充分发挥优秀典型的示范引导作用，通过线上线下总结表彰大会、云分享会以及校园媒体等传统宣传方式和微博、微信等网络新媒体途径，把活动中的感人事迹、实践成果和心得体会向广大学生宣传，组织优秀学生与同学们分享在实践中了解到的全省各地在推动经济社会发展、民生改善和疫情防控中的具体成就和生动案例，展望国家制度优势，激发学生成才报国的热情，勇担时代使命。

一、团中央层面的评优

近年来团中央及其各部门先后牵头开展了一系列的评奖评优和表彰活动，主要依据是参与社会实践活动内容、形式、完成任务及活动效果、社会调查报告或论文等标志性成果。对暑期社会实践优秀团队、个人、论文、宣传报道等进行表彰。在具体工作中，开展了全国大中专学生志愿者暑期"三下乡"社会实践表彰活动、"镜头中的三下乡"遴选活动、"我的返家乡实践故事"征集活动、"千校千项"成果遴选等评奖评优活动，如表 10-1 所示。

表 10-1　2021 年度团中央社会实践评优汇总

序号	评优活动名称	评优类别	数量	主办单位
1	全国大中专学生志愿者暑期"三下乡"社会实践表彰活动	实践优秀单位	289	共青团中央、全国学联与中宣部、中央文明办、教育部
		优秀实践团队	388	
		优秀个人	189	
		优秀品牌项目	63	
2	全国大中专学生社会实践"镜头中的三下乡"遴选活动	优秀单位	200	团中央青年发展部、中国青年报、中国青年网
		优秀报道团队	200	
		优秀摄影团队	200	
		优秀视频团队	200	
		优秀指导教师	191	
		优秀通讯员	188	

续表

序号	评优活动名称	评优类别	数量	主办单位
3	全国大中专学生"我的返家乡实践故事"征集活动	我的返家乡实践故事	50	团中央青年发展部、中国青年报、中国青年网
4	全国大中专学生暑期社会实践"千校千项"成果遴选活动	团队风采	500	团中央青年发展部联合中国青年报社、人民网
		个人事迹	300	
		青春影像	200	

二、省级层面的评优

在省级评优层面，各省都印发了与团中央全国性表彰相对应的、符合各省级团委工作传承与特色的评奖评优文件。例如，陕西省每年都会印发《关于做好陕西省大中专学生志愿者暑期"三下乡"社会实践活动有关总结的通知》，由省委宣传部、省委教育工委、省文明办、团省委、省学联等多部门牵头，评选一批具有代表性的，在活动内容和工作机制创新等方面有突出表现的，且具有在全国、全省范围内进行推广价值的示范高校、优秀组织单位、标兵团队、优秀团队、优秀调研报告和先进个人；其中示范高校、优秀组织单位、标兵团队在评选换届中至少需要经历学校推荐、团省委资格审查、专家材料评审和现场答辩等 4 个环节；优秀团队、优秀调研报告和先进个人的评选则以学校推荐、团省委资格审查和专家材料评审等程序为主。

三、校级层面的评优

在校级评优层面，各高校团委普遍会印发与省级表彰相对应的、符合各高校工作传承和工作特色的评奖评优文件和评选细则。以西安科技大学为例，校团委设置了优秀组织单位奖、优秀服务团队奖、先进个人奖、优秀指导教师奖四个类别。优秀组织单位奖、优秀服务团队奖：各分团委(团总支)将社会实践团队和个人的优秀成果上报，优秀组织奖先由各分团委(团总支)自行申报，再由校团委组织统一审定；优秀服务团队奖由各团队自行申报，各分团委(团总支)推荐，最后由校团委组织统一审定，省级优秀服务团队从校级优秀服务团队中产生。先进个人奖、优秀指导教师奖：参加先进个人奖的人选应为西安科技大学社会实践优秀服务团队中带队教师。参选个人填写申报表，院系团组织审核推荐，最终由校团委根据团队评选情况和个人实践情况进行申报审核和评选。各类申报样表见表 10-2 至表 10-4。

表 10-2　社会实践活动优秀组织单位申报样表

院系		志愿队数		参与人数	
活动总负责人			联系电话		
媒体报道情况					
成果发表情况					
主要事迹摘要					
学院党委意见				盖章 年　　月　　日	

表 10-3　社会实践活动优秀服务团队申报样表

学院		团队名称			
团队类别					
人数		服务地点		服务天数	
团队成员					
团队负责人		联系电话		指导老师	
媒体报道情况					
成果发表情况					
主要事迹摘要					
院系团委意见	盖章 年　　月　　日		学校团委意见	盖章 年　　月　　日	

表 10-4　社会实践活动先进个人(优秀指导教师)申报样表

姓名		院系		
性别		年龄	团队名称	
职务		联系电话		
主要事迹摘要				
院系团委意见	盖章 年　月　日	学校团委意见		盖章 年　月　日

引申阅读

西安科技大学在 2021 年"三下乡"社会实践活动中荣获多项奖项

来源：西安科技大学新闻网，2021 年 11 月 15 日

近日，在由中共陕西省委宣传部、中共陕西省委文明办、中共陕西省教育工委、共青团陕西省委、陕西省学生联合会共同开展的 2021 年大中专学生志愿者暑期文化科技卫生"三下乡"社会实践活动评选中，我校被评为 2021 年陕西省大中专学生志愿者暑期文化科技卫生"三下乡"社会实践活动省级优秀组织单位。

此次评选中，校团委与机械学院联合组织的"红墨"党史宣讲及现代智能化煤矿调研实践团被评为"省级标兵团队"；能源学院与化工学院联合组织的"百年初心，煤海逐梦实践团"、安全学院组织的"青春使命，安全同行实践团"两个团队被评为"省级优秀团队"；王雪琪、余翔、雍繁被评为"省级先进个人"。

同时，在由团省委学校部、省学联秘书处 2021 年陕西省大中专学生志愿者暑期文化科技卫生"三下乡"社会实践活动优秀调研报告的评选活动中，我校《关于临潼区乡村旅游与产业融合发展模式的调查研究》获评优秀调研报告，并获资助。

西安科技大学 2021 年暑期"三下乡"社会实践活动以"永远跟党走，奋进新时代"为主题，贯彻落实习近平总书记关于青年工作的重要思想，热烈庆祝中国共产党成立 100 周年，扎实开展党史学习教育，引领西科学子助力巩固脱贫攻坚成果、积极投身乡村振兴战略，在社会实践中受教育、长才干、作贡献。全校组织 34 支校级团队、166 支院级团队在内的 200 支实践团队和"返家乡"个人组队项目 500 余个、近 20 000 余名师生，以线下为主，线上相辅的方式在全国各地开展实践活动。在实践过程中，师生发表社会实践相关论文 60 篇，实践活动媒体报道 906 篇，新建社会实践基地 233 个。通过此次实践活动，西科学子将继续坚定理想信念、不忘初心，担当历史使命，自觉将爱国情、强国志、报国行融入新时代追梦征程，为实现中华民族伟大复兴的中国梦汇聚起磅礴的青春力量。

思考与融合

实践任务的完成不是实践工作的结束，这之后还要做好工作总结，积累经

验教训，为以后的工作做好借鉴。实践工作完成并不代表所有工作的完成，高效的实践团队还会注重实践的汇报总结，在这次实践过程中，遇到了哪些问题、克服了哪些困难、用了什么方法解决问题等都需要进行总结。要正确地运用事后总结，不仅可以从错误和疏忽中学习，还能够促使学生正确地思考、反思和归纳，在思考和归纳中不断提升改善。如此才能真正起到加强大学生思想政治教育，充分发挥社会实践引导人、教育人、塑造人、激励人的作用，引导青年学生同人民群众紧密结合，在实践中创先争优，提高社会责任感和社会适应能力，将所思、所悟、所行记录，努力实现全面发展。

参 考 文 献

[1]　钟晨. 高职学校社会实践育人成效评价体系建构与实证研究[J]. 实验技术与管理，2020，37(11)：235-240.

[2]　呼和，齐斯琴. 试论大学生社会实践有效激励机制的构建[J]. 学校党建与思想教育，2018(03)：73-76.

[3]　方正泉. 高校社会实践育人实效性探析[J]. 学校党建与思想教育，2017(19)：79-82.

[4]　张佳. 构建大学生社会实践活动的长效机制[J]. 教育与职业，2015(26)：35-36.

[5]　肖述剑. 基于学生满意度的大学生社会实践评价指标体系研究[J]. 学校党建与思想教育，2015(15)：58-59.

[6]　马玲. 大学生社会实践态度影响因素探析[J]. 中国统计，2015(04)：58-60.

[7]　杨佳佳，张硕. 高校大学生暑期社会实践实效性研究：以 S 大学为例[J]. 黑龙江畜牧兽医，2015(02)：23-25.

[8]　张育广，王新伟. 基于服务学习评价机制的社会实践实效性评价研究[J]. 中国成人教育，2014(18)：49-51.

[9]　李泽芳，张小平，黄红选. 清华大学博士生社会实践育人成效调查：基于参与实践的博士生的评价[J]. 学位与研究生教育，2014(06)：23-27.

[10]　张育广. 大学生社会实践的实效性评估机制浅析[J]. 江西社会科学，2014，34(04)：247-251.

附　　录

附录一　优秀社会实践团队总结

　　社会实践总结的核心目的是对一个周期内的实践活动加以梳理、分析和研究，肯定成绩，找出问题，得出经验教训，摸索开展高质量社会实践的规律，用于更好地指导开展下一阶段的实践工作。社会实践总结所要解决和回答的中心问题，不仅是当前时期要做什么、如何去做、做到什么程度的问题，还包括对社会实践工作实施结果的总回顾、总鉴定和总结论，是对以往工作实践的一种理性认识。

　　本附录选取了两支陕西省社会实践优秀团队：西安科技大学 2018 年赴西部"行'一带一路'，悟西科精神"实践团和西安科技大学 2021 年现代智能化煤矿调研实践团的实践总结，分别从实践背景、实践目的、团队组成、行程安排、实践记录、实践成果、问题总结、实践感悟、参考文献等多个方面撰写了社会实践团队总结，条理清晰、结构合理、内容丰富，可为广大读者和社会实践师生提供学习参考和借鉴。

西安科技大学 2018 年暑期大学生赴西部
"行'一带一路'·悟西科精神"实践团实践总结

指导教师：薛建航 郝卿 陈振兴

教育部《关于进一步加强高校实践育人工作的若干意见》指出，不断推进和加强高校实践育人工作，对于不断增强学生服务国家服务人民的社会责任感、勇于探索的创新精神、善于解决问题的实践能力，具有不可替代的重要作用。为培养学生的实践能力，提高学生的调查研究水平，西安科技大学2018 年暑期大学生赴西部"行一带一路·悟西科精神"实践团沿着丝绸之路，开展了以寻访扎根西部的校友、深入煤炭企业调研供给侧结构性改革、建立社会实践基地为主要内容的社会实践活动。

一、实践目的

本次社会实践从实践育人的实效性考虑，在解读近年来国家不断提倡的"一带一路"倡议的前提下，结合学校地处丝绸之路起点西安的地缘优势、作为煤炭院校的学科优势和煤炭行业继续深化供给侧结构性改革的迫切需求，综合丝绸之路沿线有扎根西部的学校校友、储量丰富的煤矿资源、颇具规模的煤炭企业和博大精深的丝路文化，确定了本次社会实践的目的，旨在以实践为载体，引导新时代的大学生沿丝绸之路，走向西部、深入煤矿、走进一线，切实做到、做好"行走一条影响深远的路线""开展一次意义重大的调研""走访一批扎根西部的校友"和"创建一批实践育人的基地"。

二、团队组成

实践团队共由 14 名师生组成，其中指导教师 4 人，学生 10 人；指导教师均具有社会实践指导经验，其中 2017 年度团中央社会实践优秀指导教师 1 人；10 名学生均是来自通信与信息工程学院的大二和大三的学生，专业包括通信工程、电子信息工程、电子科学与技术等，专业涉及面广，分布合理。

三、行程安排

　　本次社会实践在时间安排上从 2018 年 7 月 17 日开始，8 月 2 日结束，历时 17 天。在行程上，从丝绸之路起点西安，到丝路南路海藏咽喉西宁，再到"一带一路"核心区域新疆，实践团沿"一带一路"中线，一路向西，赴陕西、青海和新疆开展社会实践活动。从实践任务上来看，实践团通过走进新疆煤企一线，调研深化供给侧结构性改革；通过寻访扎根西部的校友，感悟支援家国建设的情怀；通过建立实践基地，搭建实践育人的合作平台。

四、实践记录

1. 行走一条影响深远的路线：从"丝绸之路"到"一带一路"

　　6 月初，实践团在解读近年来国家不断提倡的"一带一路"倡议的前提下，结合学校本身地处丝绸之路起点西安的地缘优势、作为煤炭院校的学科优势和煤炭行业继续深化供给侧结构性改革的迫切需求，基于丝绸之路沿线有扎根西部的学校校友、储量丰富的煤矿资源、颇具规模的煤炭企业和博大精深的丝路文化而决定沿丝绸之路开展社会实践，"行一带一路·悟西科精神"的实践主题也就此确定。

　　7 月 17 日—19 日，实践团就"丝绸之路"和"一带一路"做了进一步的文献和理论研究，了解到"丝绸之路"作为连接亚洲、非洲和欧洲的古代陆上商业贸易路线，最初的作用是运输古代中国出产的丝绸、瓷器等商品，后来成为东方与西方之间在经济、政治、文化等诸多方面进行交流的主要道路。"一带一路"旨在借用古代丝绸之路的历史符号，借助既有的、行之有效的区域合作平台，共同打造互信、融合和包容的利益共同体、命运共同体和责任共同体；丝绸之路经济带圈定新疆、陕西、青海等 13 个省(自治区、直辖市)，《推动共建丝绸之路经济带和 21 世纪海上丝绸之路的愿景与行动》指出：要发挥新疆独特的区位优势打造丝绸之路经济带核心区。实践团走进西安大唐西市博物馆、西安小雁塔、大明宫、西安博物馆、大雁塔和西安城墙，通过观摩学习、现场采访、文献研究等方法发掘丝路起点的历史文化，并创作了三组"丝绸之路"和"一带一路"漫画，用别样的方式述说丝绸之路的历史故事。

2. 开展一次意义重大的调研：煤炭行业继续深化供给侧结构性改革

　　2018 年 6 月 20 日，煤炭科学研究总院煤炭战略规划研究院副院长吴立新带领的专家团队发布《煤炭行业继续深化供给侧结构性改革》，报告认为煤炭行业目前仍然面临经济周期对转型升级造成影响、不同地区转型升级难度差异大、转型后备资源缺乏等问题。实践团成员在对资料进行整理的基础上了解到，目前我国关于推动煤炭供给侧结构性改革的政策已经较为全面，可以说是面面俱到了，特别是对于一些国有煤矿存在的历史遗留问题，要做到在 2020 年之前，基本解决各类历史遗留问题，减轻企业各项负担，全面促进深化改革和发展。本次煤炭企业调研的目的正是带领学生走进煤矿一线，学习认知煤炭的基础能源主体地位，并且调研了解煤炭行业深化供给侧结构性改革现状。

7 月 23 日—24 日，实践团走进新疆大黄山豫新煤业有限责任公司，参加了企业的技术分析会。通过交流了解到，在全国范围内来看，2016 年以来，煤炭去产能达到 5.4 亿吨；2017 年，全国规模以上煤炭企业利润总额 2959.3 亿元，同比增长 290.5%。无疑，肇始于 2016 年的煤炭供给侧结构性改革取得了显著的成效；作为我国煤炭主产区之一的新疆，依然是改革的重点。同时 2018 年全国煤炭去产能目标为 15 000 万吨，1—5 月，各省相加合计完成 6125 万吨；煤炭去产能成效逐步显现，产业得到优化升级。

7 月 25 日—26 日，实践团在新疆焦煤集团有限责任公司开展实践调研，了解到，新疆煤炭行业定位丝绸之路经济带核心区、国家能源战略基地向西开放桥头堡和能源陆路大通道，结合哈密—郑州和准东—华东等疆电外送通道建设，以及准东、伊犁煤炭深加工建设，将有序建设一批大型现代化先进矿井，这样可以扩大露采比重，提高安全产能，增加先进产能，保障供给安全。实践队员也认识到，新疆煤炭行业的一系列措施和政策是煤炭企业继续深化供给侧结构性改革的有力保障，也是全国煤炭行业继续深化供给侧结构性改革的重要组成部分。

7 月 27 日—28 日，实践团来到了新疆煤田地质局一五六地质勘探队。在交流中，企业表示一五六队作为煤田勘探单位，虽然不参与煤炭开采，但也一直在不断创新、不断深化改革。单位的业务之前主要是煤炭勘测，后来开始勘探油气田，现在正在借鉴和引进一些新的技术，在单位业务范围上一直在不断实现拓展、不断探索前进。

在结束了三家煤炭企业进行了调研之后，队员们对煤炭行业继续深化供给侧结构性改革的认识已不再是仅仅停留在书本上，而是有了更为实际和鲜活的感受；对于"新疆开始全面深化煤炭供给侧结构性改革到今天，'坚持'是改革的态度，'绿色'是改革的主题"也有了更加深入和贴切的理解。队员们纷纷表示，在接下来的一个时期，要继续深化供给侧结构性改革，要在淘汰煤炭落后产能的同时，抓好各项政策措施的落实，要不断健全完善相关市场化机制，保障煤炭安全稳定供应，促进煤炭经济平稳运行，这样才能实现煤炭上下游行业共赢协同发。

同时，作为新时代的青年，自己更应努力增长自身智慧才干，积极整合多方资源，力争在学习上实现创新，将来为企业发展注入创新思维和活力。

3. 走访一批扎根西部的校友：聆听校友故事，感知家国情怀

斗转星移三世纪，岁月如歌一甲子。2018 年，恰逢西安科技大学独立办学60 周年。回顾历史，学校的前身可追溯到创建于 1895 年的北洋大学采矿冶金科，一路走来，经过了岁月长河；在这岁月长河中，有一大批的西科校友在气势磅礴的青藏高原和千里戈壁上默默坚守，用行动诠释着自己的家国情怀；为支援家乡，他们毅然放弃了优越的工作环境，选择长年累月地扎根基层、扎根西部。

7 月 20 日—23 日，实践团前往青海西宁，去拜访扎根高原的西科人，去倾听他们的故事。队员们见到了一直在青海从事电信网络建设工作的 2006 届校友马建民和 2016 届校友李兆辉。两人曾经几次都有机会去往更好的地方发展，但他们始终不为所动，不忘初心，从来没有动摇过支援家乡的决心。"不怕物质匮乏，就怕心灵匮乏；吃苦是一种经历，也是一种收获；大家还年轻，不要过于在乎工作的辛苦和得失。"在访谈中马建民和李兆辉表达了近乎一样的想法。对于这样艰苦的工作环境，他们始终没有一句抱怨。每年 200 多个日日夜夜中，没有豪言壮语，只有实干苦干，像一粒朴实无言的种子，扎根泥土，努力开出最香最美的花，给这片土地和家乡的人们带来芬芳。

7 月 23 日—31 日，实践团在新疆单独采访了几位常年从事煤矿开采工作的优秀校友：新疆大黄山豫新煤业有限责任公司董事长王东、新疆焦煤集团有限责任公司总经理李方立和新疆煤田地质局一五六队队长韦波。"对年轻人来说，所失即所得，我们可能放弃的是便捷的生活方式，但得到的是更加丰富的人生阅历"在谈到矿山艰苦的工作环境时，豫新煤业王董如此说道。焦煤集团的李总经理则给队员们讲述了自己刚毕业时来到新疆的深山里，从一个默默无闻的技术员打拼到可以带领集团很好发展的领导者；25 年的沉淀，成就了优秀的人生；他动容地说："这一切都离不开母校的培养。"一五六队韦队长向队员们讲述了自己从学校毕业分配至新疆后艰苦卓绝的奋斗历程，经历了企业从低潮走向兴盛的阶段，也正迎接着从单一发展走向多元化转型的挑战。

在交流中，队员们了解到几位校友常年从事这项工作，扎根基层，谈吐间都充满了对自己专业的热爱和对于自己事业的追求，没有华丽的语言，用实际行动为国家的西北建设添砖加瓦，为祖国贡献自己的力量，将所学的专业知识应用于实际生产中，用行动践行西科大"祖国利益高于一切"的校训和"励志图存、自强不息"的胡杨精神。队员们也纷纷表示，会将校友的建议牢记在心，并落实到行动中，努力做一个对社会有贡献的有志青年。

五、实践成果

1. 创建了一批实践育人的基地

高校大学生社会实践基地的建设，需要政府、社会、用人单位、高校、学生多方面形成合力。学校的人才培养应切合社会人才需求，以社会实践为依托，打牢人才培养与学生发展的双向基础；用人单位可以利用大学生社会实践解决用工荒问题，并提前从在校生的社会实践中有针对性地培养所需人才；在校大学生应提早明确职业生涯规划，根据职业性格测试，加强对自身的了解，并根据职业目标在大学学习中完善知识结构，培养自身相关技术才能，只有这样才能充分利用社会实践基地提供的良好实践机会，在社会实践期间更好地增长自己的能力。

本次社会实践结合学校办学特色和学生专业优势，选择了煤炭行业企业和信息技术领域企业作为实践开展和接收单位，以此强化学生对相关行业领域实践认知、了解行业发展趋势。最终，实践团在青海和新疆先后与中国电信有限公司西宁分公司、北京酷讯科技有限公司西宁分公司、新疆大黄山豫新煤业有限责任公司和部分自主创业校友分别开展职业座谈，并举办了西安科技大学社会实践基地·创新创业基地签约暨揭牌仪式，建立了 4 个大学生社会实践基地·创新创业基地。

2. 了解了煤炭行业继续深化供给侧结构性改革

新中国成立 70 年来，我国煤炭供给体系质量明显提升，产业结构调整、转型升级取得重要突破，煤炭市场化改革稳步推进，劳动生产率显著提升，生态文明矿区建设取得显著成效，煤矿安全生产形势持续好转。但制约煤炭行业高质量发展的瓶颈问题依然突出，主要表现在：一是煤炭应急供应保障难度加大；二是煤炭经济运行存在下行压力；三是体制机制创新与供给侧结构性改革协同效应有待提高；四是煤炭企业税费负担重的问题突出；五是老矿区煤炭企业转型发展面临诸多困难。

对于煤炭院校的大学生来说，煤炭行业继续深化供给侧结构性改革是非常好的实践课题，学生既可以走进煤炭企业一线，又可以了解现代煤炭企业的发展和煤炭行业的改革现状，就像企业生产一样，实践调研最重要的不是有想法，而是要把好的课题付诸行动。学生正是通过调研了解到，在接下来的一个时期，国家还将继续深化供给侧结构性改革，要在淘汰煤炭落后产能的同时，抓好各项政策措施的落实，要不断健全完善相关市场化机制，保障煤炭安全稳定供应，促进煤炭经济平稳运行，这样才能实现煤炭上下游行业共赢协同发。

3. 提出了在煤炭企业改革中高校和大学生该怎么做

在调研中，实践团和企业就"加强院企合作，建立社会实践基地""校企双方就课程设置、项目需求、政策性文件传递共享"等问题进行了深入探讨，实践团指出，目前企业设备更新换代快，研发成本高，校企之间可以加强深入合作，用学校的科研资源和优势为企业提供技术支撑；同时，实践团提出学校以校庆为基础，提供产品展示、技术展示和成果展示，建议企业前去观展和考察。此外，针对考虑到煤矿人才欠缺、缺少创新能力，实践团表示，会建议学校和学院在后期的人才培养中加大实践能力和创新能力培养，争取为企业输出应用型、综合型人才。这些也是为煤炭行业和企业改革贡献高校人才培养的社会价值。最后，实践团成员表示，煤炭行业深化改革不是一句口号，而是要有落地生根的措施，又有可以看见的成果；虽然目前还有困难，但是相信随着国家改革力度的不断加大和企业改革意识的不断增强，调结构、去产能一系列的改革目标也都会实现。同时学生们也认识到，作为新时代的青年学生，应努力增长自身智慧才干，将来走上工作岗位后，才能为企业发展注入创新思维和活力。

4. 撰写了实践团校友访谈录

从扎根高原的情怀与信念、对年轻学子学业指导建议、对"祖国利益高于一切"校训的理解、对母校未来发展的建议等方面进行整理，撰写了《西安科技大学大学生赴青海新疆社会实践团校友访谈记录》，记录指出在后期的社会实践中，要加大宣传力度、拓宽宣传层面，加强学校和社会之间的联系，促进理论与实践的有机结合，为学子提供更多的实践机会；在校庆和校友工作中，以校庆为基础，提供产品展示、技术展示、成果展示，愿把西科大打造成世界名校，让所有企业提到西科大都放心、安心。记录还建议年轻学子在校期间一定要学好专业知识，为以后工作打好基础；同时要有不怕吃苦、脚踏实地的精神，坚持每天学习，不能眼高手低，要能扛得住事、受得起挫折，注重多元化发展；同时要抓住机遇，迎接挑战，青海和新疆虽然比不了北上广环境优越，但是更需要优秀的人才来支援，来参与发展。对于刚毕业，没有社会经验和工作经验的大学生来说，去西部地区就业和发展未尝不是一个很好的选择，一方面压力相对较小，另一方面也可以施展自己的才华。

5. 刊发了一系列新闻宣传报道

本次调研不仅收获了学术理论成果，在宣传方面也收获了佳绩。在国家级和省级新闻媒体平台共发表新闻稿件 30 余篇。其中，包括中国青年网、中国网、中华网、中国企业网、教育部中国大学生在线、中国企业网等在内的国家级媒体报道超过 30 篇，部分节选如附表 1-1-1 所示，同时团队获评全国传播力百强团队，如附图 1-1-1 所示。

附表 1-1-1　社会实践宣传报道列表(节选)

序号	新闻平台	宣传报道名称
1	中国青年网	西安科技大学学子走进煤矿一线，调研煤炭深化供给侧结构性改革
2	中国青年网	西安科技大学学子手执画笔，用别样方式图说煤炭安全生产
3	中国青年网	走进煤矿一线，探索煤矿奥秘与企业文化
4	教育部中国大学生在线	西科大学子开展“一学四访”活动：走访校友 感悟深情
5	教育部中国大学生在线	西科大学子行走“一带一路” 深入新疆煤矿一线调研实录
6	中国煤炭新闻网	西安学子三下乡，开启煤炭探索之旅
7	中国煤炭新闻网	西科学子行走“一带一路”，感悟校友情怀
8	中国青年网	西科大学子走进煤矿一线实践报告：绿水青山就是金山银山

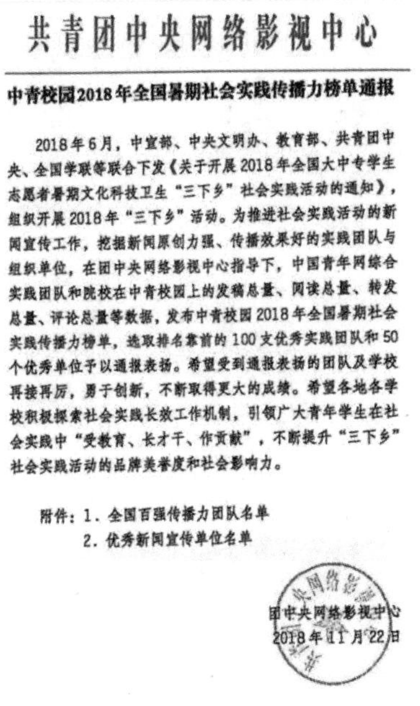
共青团中央网络影视中心

中青校园2018年全国暑期社会实践传播力榜单通报

2018年6月，中宣部、中央文明办、教育部、共青团中央、全国学联等联合下发《关于开展2018年全国大中专学生志愿者暑期文化科技卫生“三下乡”社会实践活动的通知》，组织开展2018年“三下乡”活动。为推进社会实践活动的新闻宣传工作，挖掘新闻原创力强、传播效果好的实践团队与组织单位，在团中央网络影视中心指导下，中国青年网综合实践团队和院校在中青校园上的发稿总量、阅读总量、转发总量、评论总量等数据，发布中青校园2018年全国暑期社会实践传播力榜单，选取排名靠前的100支优秀实践团队和50个优秀单位予以通报表扬。希望受到通报表扬的团队及学校再接再厉，勇于创新，不断取得更大的成绩。希望各地各学校积极探索社会实践长效工作机制，引领广大青年学生在社会实践中“受教育、长才干、作贡献”，不断提升“三下乡”社会实践活动的品牌美誉度和社会影响力。

附件：1. 全国百强传播力团队名单
2. 优秀新闻宣传单位名单

团中央网络影视中心
2018年11月22日

(a)

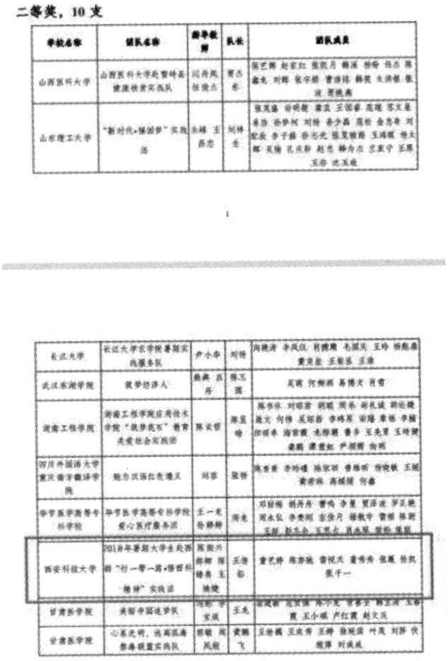

(b)

附图 1-1-1　2018 年赴西部“行‘一带一路’·悟西科精神”实践团获全国百强传播力团队

六、实践感悟

在半个月左右的调查时间里，队员们顶着酷暑，克服重重困难，按照事先拟定的调研方案，或爬山涉水，或走入一线，不仅收获了大量有价值有意义的资料，也收获了与企业和校友面对面交流的经历，学习了煤炭行业继续深化供给侧结构性改革的现状与前景，了解了矿山环境综合治理现状；了解到严重的矿山地质环境问题影响着我们的过去、现在和未来，保护矿山地质环境就是保护我们赖以生存的家园，但我们更加相信在创新、协调、绿色、开放、共享的新发展理念的促进下，矿区地质环境治理都会取得实效，会建设成为"山常青、水常绿、花常开、鸟常鸣"的绿色矿山。同时，也感受了沟通、商谈、签约建设一个社会实践基地的喜悦和兴奋，更收获了一种难能可贵的经历。

老牛亦解韶光贵，不待扬鞭自奋蹄。作为实践队员，在后续的学习生活和工作实践中，要认真汲取经验和教训，总结实践过程中的不足，要进一步提升理论研究的能力，进一步提升工作创新能力，进一步提升成果凝练水平。作为青年学生，实践的意义永不止步，学习也永无止境；要把个人追求自觉融入到工作和生活中，把满腔的热情与理想抱负，要通过社会实践走出校门、走进基层，应该在大好的青春坚定信念、学习本领，将信念和本领转化为做好手头工作的强大动力，像无数默默无闻的基层工作者一样，不畏艰险、持之以恒、脚踏实地，一步一个脚印，为个人发展和社会建设贡献力量。

西安科技大学 2021 年现代智能化煤矿调研实践团实践总结

指导教师：党雪　周学刚

　　长期以来，煤炭经济始终是我国国民经济的重要组成部分，煤炭资源一直都是能源安全稳定供应的"压舱石"，是支撑能源结构调整和转型发展的"稳定器"。近年来，随着淘汰落后产能、生产结构优化的持续推进，煤炭产业转型升级已经取得实质进展，尤其在新一代信息技术与煤炭行业的深度融合的今天，加快煤炭产业智能化建设，已经成为实现高质量发展的必由之路和必然选择。2020年 3 月，国家发展改革委、能源局、工信部等 8 部委联合印发《关于加快煤矿智能化发展的指导意见》，指出煤矿智能化要将智能装备、人工智能等技术与现代煤矿开发技术深度融合，形成全面感知、协同控制的智能系统，实现煤矿过程的智能化运行；并提出要支持和鼓励高校加强煤矿智能化相关学科专业建设，推动专业交叉融合，培育一批具备矿业工程、信息工程、人工智能等知识技能的复合型人才。

一、实践目的

　　当前，我国煤矿开采方面已经在原本的机械化条件下逐渐迈向智能化阶段，也取得了明显的成效；但是当下的煤矿智能化开采技术却仍然未能达到预期的水平，从远期目标来看，煤矿开采技术仍处于智能化发展的起始环节。本次社会实践调研主要针对煤矿智能化开采技术的研究现状进行梳理与分析，并对其发展进行解析与展望。同时，团队坚持带着主题、带着问题学习实践，旨在通过企业调研、座谈交流、人物访谈、现场参观等形式，进一步理解煤炭智能化建设与开采过程中存在的发展理念不清晰、技术标准规范缺失、技术装备保障不足、研发平台不健全、高端人才匮乏等问题；再以解答问题为导向，围绕煤炭工业与物联网、大数据、人工智能等深度融合的关键环节，对智能装备技术创新、相关专业学生成长、煤炭企业发展建设等校企双方关心和关注的热点议题建言献策。

二、团队组成

　　西安科技大学现代智能化煤矿调研实践团由 6 名带队教师，42 名本硕博学生组成；其中指导教师包括学院党政负责人，学校团委书记、学院团委书记，能源安全专业领域教授、副教授，智能装备制造领域青年学者，具有扎实的专业素养、丰富的社会实践指导经验；成员由能源学院、安全学院、机械学院等多个学院的学生组成，从专业分布来看，涵盖了智慧矿山建设的多个技术领域。

三、行程安排

从实践时间上看，本次社会实践在时间安排上从 2021 年 7 月 16 日开始，7 月 30 日结束，历时 15 天。在行程上，先后前往陕煤集团黄陵矿业有限公司、陕北矿业神南产业发展公司、陕西能源凉水井矿业有限责任公司等 21 家煤矿企业开展现代智能化煤矿实践调研，学习调研了煤矿企业数字化转型、智慧矿山建设等情况。从实践成果上来看，活动得到延安市能源局、榆林市高新管委会等单位支持，撰写论文 6 篇，签约实践基地 12 个，活动事迹被国家级新闻媒体报道 60 余次，实践学生与企业 100% 达成就业意向。

四、实践记录

2021 年 7 月 20 日—30 日，西安科技大学"红墨"党史宣讲及现代智能化煤矿调研实践团赴煤矿开展实践调研活动。实践团先后前往榆林经济技术开发区、神木高新技术产业开发区、陕煤黄陵矿业有限公司一号煤矿、延安车村煤业集团禾草沟煤矿、陕北矿业神南产业发展公司、陕西能源凉水井矿业有限责任公司、陕西国华锦界能源有限责任公司、陕煤集团陕北矿业柠条塔公司、陕煤曹家滩矿业有限公司等地开展实践活动，相关企业负责人参加调研活动，如附图 1-2-1 所示。

附图 1-2-1　实践团队师生在陕煤集团座谈交流

实践过程中，实践团深入开展"实地践学悟初心、知行合一担使命"体验式教学活动，就煤矿在智慧煤矿建设中取得的经验做法进行了现场观摩学习和深入座谈交流。实践团成员分为地面与地下两个组分别开展调研交流。下井人员在煤矿负责人的带领下，集中进行了入井安全知识培训，随后更换矿区为大家事先准备好的工作服、胶鞋，戴好安全帽、矿灯，在煤矿负责人的引导下进入矿井。在下井的过程中，实践团成员乘坐无轨胶轮车，先后参观了智能化综采工作面、综掘工作面、机电硐室，如附图 1-2-2 所示。当实践团成员坐上煤矿安全巡检直升机，深深感受到煤矿的智能化给煤矿带来的变化，实践团成员纷纷表示能够加入到煤炭大家庭是值得自豪的，愿为煤炭事业高质量发展贡献自己的力量。

附图 1-2-2 实践团师生在矿井下现场学习

地面实践团队先后参观了多个煤矿的控制大厅、文化展厅、双创中心、创客工厂、大师工作室等，如附图 1-2-3、附图 1-2-4 所示，队员们充分感受了智能化无人开采技术及智能化矿山发展的新面貌。通过实地参观调研、走访观摩、座谈交流，以及与全国劳模、全国技能大师面对面交流，先进人物、先进事迹现场采访等环节，实践团队学生学习了煤矿人艰苦奋斗的创业精神，纷纷表示要明确发展方向、学好专业知识、提升个人能力，积极投身煤矿智能化和信息化建设事业，为国家能源工业发展而不懈奋斗。

附图 1-2-3　实践团师生在煤矿机电中心学习

附图 1-2-4　实践团师生在煤矿废水处理中心学习

五、实践成果

1. 建立了一批实践教学基地

本次社会实践活动得到延安市能源局、榆林市高新管委会等单位支持，共签约建立社会实践基地 12 个。团队师生通过参观调研煤矿企业，分析影响企业发展的因素，了解到校企双方可以以实践活动为契机，加强合作交流和共建共享；特别是加强双方在科研、人才培养等方面的进一步合作。

2. 形成了一批卓有成效的调研成果

实践团队师生在企业实践过程中，了解到现阶段煤矿企业在智能化少人开采、固定作业岗位无人值守、巡检机器人辅助作业等方面取得了多项技术成果，大幅减少了井下作业人员数量、降低了井下工人劳动强度，初步实现了"减人、增安、提效"目标，但受制于智能化相关技术发展瓶颈，我国智慧矿山建设总体仍处于示范培育阶段，智慧矿山建设仍存在显著不足，实践团队依次为切入，发表核心期刊论文 2 篇、国家级期刊论文 4 篇、学习强国(陕西省社科版)文章 1 篇、调研报告 2 份。

3. 创新了一大批课程的授课模式

煤矿生产全面智能化是大势所趋，对信息化、智能化人才也存在大量需求，实践团队在校企合作基础上进一步加强课程建设，共同设计授课内容，引导教学走出课堂、走进矿井，实现了智慧矿山技术、矿井通信等课程从"理论教学"向"知行合一教学"转变，提高了学生职业素质和就业能力，42 名实践学生与企业 100%达成就业意向。

六、问题总结

实践团队从智慧矿山的基本内涵出发，聚焦智慧矿山建设的核心问题，明确智慧矿山的"智慧"包含对矿山主动感知能力、自动分析能力及快速处理能力。以开采工作面为例，要能主动感知煤岩层变化及支架受力变化等，自动分析支护强度是否达标，并能实时给出支护方案的调整策略。同时团队成员在大量理论与实证研究、访谈交流的基础上，提出从主动感知能力、自动分析能力及快速处理能力出发，建设智慧矿山需要着力解决如下三方面的核心问题。

1. 矿山状态深度感知

数字矿山阶段已经具备部分感知能力，如部署了一些感知环境参数的传感器等，但总体感知能力尚不充分。智慧矿山的第一项能力便是主动感知能力，只有在感知的基础上才能进行自动分析与快速处理。这种感知应该是更加全面和深入的感知，涉及矿山的人员、设备、环境、管理等各方面参数的动态变化。同时，这种感知应该是更精准的感知，能够确认变化发生的具体部位，如巷道形变发生的具体位置。

2. 矿山数据深度挖掘

原始的感知数据体现出量大而价值密度低的特点，必须通过数据分析和挖掘获知对设备和环境状态的判断、对异常事件的监测及对潜在危险的预警等。矿山数据类型繁多，如反映各类设备工作状态的数据，反映温度、瓦斯浓度、压强等环境参数的数据，反映工作面支架受力、煤岩层状态的数据，反映工作人员地理位置等信息的数据，因此矿山数据深度挖掘必须具备对多源数据的挖掘能力。此外，矿山数据深度挖掘尤其要注重对不同数据之间关系的挖掘。

3. 矿山安全生产与管理决策支持

在状态判断、异常监测、危险预警的基础上，必须结合矿山专业知识，自动做出合理决策，以实现对人员、设备和环境的调整与控制，从而保证生产的高效性与安全性；同时，可以综合运用煤矿物联网技术、煤矿大数据技术及煤矿智能决策支持技术，形成对智慧矿山的强大支撑，为最终实现无人矿山奠定坚实基础。

七、实践心得

实践团队通过在陕西陕煤集团黄陵集团有限公司、陕北矿业神南发展有限公司、榆林化工有限公司等多家煤炭企业公司的观摩学习和访谈交流，对煤矿认知、择业观念和职业精神都有了很大的提升。

一方面，实践队员们感受到了煤矿现代化建设过程中发生的翻天覆地的变化。在众多学生的传统印象中，煤矿产业仍然停留在《平凡的世界》当中的描述那般，而如今的陕北煤矿产业已经步入现代化的高速发展。煤炭的采掘、运输、洗煤、分煤、装车整个过程全部实现自动化，基本在厂区地面看不到煤炭。从工作面的采掘到煤炭装车运输出去，全过程都实现监控系统，不仅确保了工作人员的安全，更对生产线的高效运转完成了精细化管理。煤矿内部，井下工作都是驱车前往，来回路程都有充足的光源和空气，主巷道和平时通车的穿山隧道没有太大差别。工作面的施工，大部分已采用采掘机和液压支架，煤炭工作只需操作机器运转和确保过程安全，一块块"乌金"就从底层深处由传送带送至地面。

另一方面，实践队员们感受到了现代企业的高度社会责任感和安全使命感。在参观学习的过程中发现"安全、智能、现代化"已经是现代煤矿的代名词，"人民至上，生命至上"的精神已经融入到煤矿工作的每一个环节。在井口两边全是关于各个环节的安全标语，矿井电缆均布置在标语背后，让人明显感觉到这已成为煤矿员工的职业行为和工作习惯。电厂、洗煤厂、工作车间等地面设施从环境、布线、设备安装都整齐规律，巷道里的电缆全部用电缆沟吊挂，各种标识整齐规范；同时进入矿井工作之前都会佩戴好安全设备，全过程在井下施工都有地面监控保证安全，都让大家深刻了解到现代煤矿工作人员的工作环境和情况，感受到了他们对安全的重视。

附录二　　优秀实践宣传报道

　　宣传报道是指通过报纸、杂志、电视、广播、电影等媒介物将某一事件、活动、人物或物品等向社会各界进行介绍，使之广为传播。社会实践过程中宣传报道工作的开展情况直接关系到社会实践的覆盖面、推广度和影响力，进而影响实践育人氛围和成效。因此，社会实践中，必须充分认识到宣传报道的重要意义，不断增强做好宣传报道的责任感和使命感，全力营造社会实践宣传报道人人关心、人人支持的良好氛围，不断提高实践育人水平。

　　本附录选取了两篇刊发于官方平台的宣传报道："信息时代西科大学学子深入厂矿，解读一线员工的精神世界"和"西安学子三下乡：调研红色文化 助力传承保护"。其中"信息时代西科大学学子深入厂矿，解读一线员工的精神世界"由团中央"学校共青团"官方微信公众号于 2017 年 7 月 18 日推送，推送后得到广泛关注，反响和评价良好。"西安学子三下乡：调研红色文化 助力传承保护"由中国青年网于 2020 年 8 月 13 日发表，供社会实践师生学习参考。

信息时代西科大学子深入厂矿，解读一线员工的精神世界

团中央"学校共青团" 2017 年 7 月 18 日推送
通讯员：陈振兴

　　从煤炭城市济宁，到国家高新技术产业基地苏州，再到电子商务中心城市杭州，西安科技大学 2017 年暑期大学生赴江浙鲁创新创业实践团一路南下，走进厂矿、车间一线，采访员工真实感受，领悟矿道内的坚守奉献，诠释车间里的工匠精神，见证创业园里的不忘初心，在看似不一样的岗位上解读相似相通的精神。

第一站：在唐口煤业解读煤炭人的精神坚守

　　7 月 17 日至 18 日，实践团深入位于山东济宁的山东能源淄矿集团唐口煤业生产一线，开展进行现场学习，如附图 2-1-1 所示。通过实地采访煤矿职工、深入体验井下作业和矿井环境的变迁，全方位解读煤炭人精神世界里对亲人、对家庭、对事业、对生命的坚守与奉献。

附图 2-1-1　社会实践团队师生在现代化煤矿认知实践

（一）兢兢业业，是对亲人家庭的坚守

17 日清早 8 时许，实践团来到主井口进行采访，结束了一夜井下工作的矿工师傅们陆陆续续地从井下上来。他们三五成群，虽然工作使他们十分疲惫，但他们的面容依然洋溢着坚定与愉悦。

实践团有幸采访了一位刚下夜班升井的矿工王师傅。从公司 2006 年投产之初，王师傅就开始在矿上工作。王师傅的话语简单却深刻。他谈到，现在矿上的工作虽然辛苦，但环境确实比以前好了很多倍，配套设施也齐全。自己没有其他的手艺，在矿上干的时间长了也就变成一种习惯了。有生活的压力才有坚持的动力。问及煤炭人的精神，王师傅说："我说不上那么多，但我想工作就要兢兢业业，这是我对家人和家庭的坚守。"想来，为了家人兢兢业业、默默付出，十二年如一日的执着与坚守就是对这个山东大汉所体现出的煤炭人精神最好的解读。

（二）忠于奉献，是对煤炭行业的坚守

18 日上午，实践团的部分成员开始了井下体验，走入千米深井，去了解矿道的环境，体验矿工最真实的生活，如附图 2-1-2 所示。

附图 2-1-2　社会实践团队师生在矿井下学习

下到千米深井，到达采煤作业面的一瞬间，师生们还是被深深地震撼了，工人们挥汗如雨，牢记在把煤炭采出来之后将矸石填进去，避免地面塌陷和建筑物受损，坚守着各自的岗位，卯足了热情与干劲。在井下行走期间，社会实践团的师生见到了该矿区的负责人王区长。年过半百的王区长从事煤炭行业 30

余年，是一名工作经验丰富、技术精湛、责任感强烈的骨干人员，之前曾在代庄煤厂工作 20 年。他表示成为煤炭工人无非有三种原因：第一，出于家庭经济条件；第二，技能和本领有限；第三，也是最令人钦佩的一点原因，即少数职工思想上不畏苦累，奉献自己，为煤炭事业尽绵薄之力。"我自己应该属于第三种，现在我们矿上产生的效益也很可观，我就是想着趁自己还没退休、还能干，再坚持几年，再为矿上多做点事。"王区长在采访结束前说道。

至此，实践团成员才真正体验到煤炭人精神世界里的奉献与坚守，也在思考身处与此相比可谓是"天堂"的条件下，自己是否付出了足够的坚守与奉献；也表示求学长路漫漫，必将上下求索。

第二站：在制造企业诠释通信人的精神追求

7 月 19 日至 20 日，实践团抵达苏州，开始了制造企业的走访之行，走近通信厂房和车间，寻找普通人中的精神亮点，诠释通信人眼中精益求精的工匠精神，如附图 2-1-3 所示。

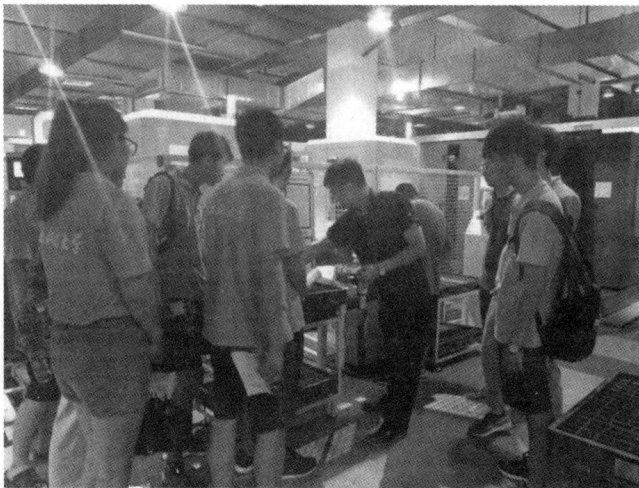

附图 2-1-3　社会实践团队师生在车间实地学习

（一）求实创新，是对通信领域的追求

19 日上午，实践团在苏州东山精密制造股份有限公司天线事业部和滤波器事业部学习交流过程中详细采访了事业部负责人。

负责人表示，东山精密能有今日的规模与公司的变革创新密切相关。20 年前，公司还只是以生产钣金产品为主，20 年来经历了结构调整、生产转型、收购合并等一系列创新与变革。"目前，我们公司自己制造的全自动化的检测调整滤波器性能的机器在全球领先，这是由研发团队在平凡中创造的成果。虽然过程中有苦有累，但是看到现在的成果，大家都是振奋的。求实创新就是事业部员工在奋进中对通信领域事业发展的追求。"负责人很自豪地向实践团介绍道。

(二) 铸就品牌，是对电子行业的执着

7 月 20 日上午，在东山精密总公司有关人员的介绍下，实践团去了苏州维信电子有限公司进行实地学习。

"把平凡的事情做好，把优秀的事情做精，我们不是在生产产品，我们是在铸造品牌。"维信电子负责人在跟我们谈及十余年来公司的发展和变化时诚恳地说，"虽然我们公司的产品不是终端，但是作为中间制造商也希望成为一种品牌。一种能让上游和下游商家记得住、想得起的品牌。这也正是我所理解的工匠精神的价值体现。"同时也希望大学生能够在实地学习过后认真领会将这种执着的精神应用到日常学习过程中，脚踏实地、注重细节、追求卓越，培养自身的学习能力；希望大学生忌浮躁、懂沉淀，在人生的第一份职业选择上应该做好分析、打好基础、树好口碑，培养自己不可替代的品牌。

苏州的学习结束后队员们纷纷表示，除了机械设备自动化带来的震撼魅力，普通企业体现出的执着追求精神更是让人难以忘却，那是一种信念、一种执着、一种朴实而坚定的工匠精神。

第三站：在梦想小镇见证电商创业者的不忘初心

7 月 21 日至 22 日，实践团抵达杭州，走访了特色创业小镇——余杭梦想小镇，了解电子商务创业者的艰辛与不易，感悟其内心的笃定与坚韧。不忘初心、砥砺前行是对他们最好的写照。

(一) 坚定笃实，是对电商创业的信念

22 日，实践团成员来到余杭区梦想小镇，看到了杭州特色创业小镇的超前发展理念和发展布局，了解了互联网行业飞速发展带来的机遇与变革，感受了电子商务的巨大魅力及其对现代人生活的影响，参观交流场景如附图 2-1-4 所示。

附图 2-1-4　社会实践团队师生在企业展厅学习交流

　　然而，在丰富精彩的表象之下，创业者们的坚定笃实与不忘初心更让队员们感动。"电子商务创业没有你们想象的那样光彩照人，资金、技术、与传统行业竞争等一系列的压力像个巨大的黑洞一样，时刻等着吞噬我们。"电商创业者王先生告诉我们，"我两年前走上创业路，两年来就没有一天放松过紧绷的神经。我都不知道自己是怎么坚持的，可能是还有家人的支持，还没忘对创业信念的执着坚守吧。"在简简单单的交谈中，师生再一次体会到了在激烈竞争环境中创业企业面临的挑战与艰辛，不忘初心、砥砺前行，不是一句口号，而是一种深入实践的信念。

(二) 回归自我，在实践中坚定信念、传承精神

　　7月17日至22日，实践团从济宁一路南下到苏州、杭州的学习实践过程中，队员们深入千米矿井，解读矿工精神；探访通信车间，诠释匠心精神；走进创业园区，体验电商艰辛。在这些看似不一样的领域、不一样的岗位上，能领会到相似相通的员工精神和企业精神。

　　本次实践安排紧张饱满，虽然有苦、有累、有辛酸，但是队员们依旧乐在其中、学在其中；同担当、共进步，坚持写心得、做交流，坚持"和志同道合的人一起做快乐的事"。通过观摩学习，对自身的职业定位、现代煤矿的学习认知、通信领域发展现状、制造行业人才需求、创新创业相关知识都有了更为清晰的认识。在回程的路途中大家一起交流了收获和体会，表示在后续的学习中要多学、多想、多总结，注重知识积累和成果凝练，将实践收获与个人发展相结合，在实践中学习知识、提升才干，坚定信念、传承精神。

西安学子三下乡：调研红色文化 助力传承保护

中国青年网西安 8 月 13 日电

通讯员：陈振兴 郝卿

　　为学习调研红色文化资源的传承、发展和保护现状，2020 年 7 月 20 日—27 日，西安科技大学 2020 年红色文化传承与发展调研实践团师生先后前往咸阳红色记忆博物馆、陕甘边革命根据地照金纪念馆和西安烈士陵园等地开展了调研实践活动，在照金纪念馆参观如附图 2-2-1 所示。

附图 2-2-1　实践学生在照金纪念馆留念

　　在开展本次调研实践之前，实践团队通过数据检索和前期访谈，从政策文件、数据信息等方面了解到，我国保存和遗留了丰富多样的革命文物资源。经过文物普查，全国不可移动革命文物近 3.5 万处，可移动革命文物藏品 100 万余件(套)，全国革命博物馆纪念馆近 900 家。近年来，国家高度重视文化资源和遗址的保护工作。

(一) 采访博物馆负责人，学习传承红色文化的情怀

在咸阳红色记忆博物馆的学习过程中，实践团参观了博物馆收藏的历史文献和资料，如附图 2-2-2 所示；同时采访了博物馆负责人魏先生，他讲述了自己对红色文化传承与发展的认识："我以前当兵时曾经参加的连队的光荣历史就是保卫延安，我们在部队上也一直在不间断地进行红色文化教育和党史学习教育。"

在谈到保护红色文化资源的意义时，实践队员们结合博物馆负责人魏先生的讲述，认识到：红色文化要传承，也需要保护；其实保护也就是为了更好地传承，只有保护好了，青年一代才能有机会亲眼目睹老一辈革命家和英雄们为了实现民族独立、人民解放和国家富强而做出的巨大努力。

附图 2-2-2　实践学生在红色文化纪念馆学习

(二) 采访纪念馆工作人员，学习红色文化资源保护政策

实践团在照金革命根据地学习过程中，采访了纪念馆的一名张姓负责人，在与他的对话中队员们了解到，近年来，陕西省高度重视红色文化传承与发展，重视对红色文化遗址、资源和载体的保护，特别是注重发挥红色文化中蕴含的爱国主义教育元素，要通过大力弘扬红色文化和红色精神实现"补钙壮骨"的功效。

同时队员们还在纪念馆工作人员的带领下学习了2020年4月由陕西省委宣

传部、陕西省文物局联合下发的《关于开展革命文物保护利用工程实施情况中期评估的通知》，了解到，现阶段，政府部门正在对全省革命文物保护利用工程实施情况进行评估。

随着学习的深入，实践队员们对红色文化资源的传承、发展和保护不仅有了内涵层面的认识，还有了制度层面的学习。实践团中的大多数成员都是"00后"，对红色文化的学习主要来源于老师的课堂讲解、观看书籍和影视剧、父辈们口口相传等途径，但对于红色文化资源的保护相关知识了解到的就少得多，也是本次实践需要补充的。

"我们不仅要利用红色文化资源，还要保护红色文化资源；二者相辅相成，不可顾此失彼，也不能厚此薄彼。"这是实践队员们就这一主题在照金革命纪念馆学习时听到的最多的描述。

(三) 采访烈士陵园志愿者，学习对革命遗址的创新性保护

在实践的最后一站，队员们来到了西安烈士陵园，队员们随机采访了一名陵园志愿者，在志愿者的讲述中，从创新视角学习了文化资源保护。陵园志愿者以近年来不断兴起的"清明节网上祭扫活动"为例，展开了红色文化资源创新发展的介绍。

通过采访学习，实践队员们了解到，随着互联网技术的普及和"互联网+"理念的深入，网上祭扫已成为一种能够被大众所接受的纪念活动；同时近年来，很多文化遗址都在不断创新运营模式，提倡虚拟参观和网络学习，这样可以有效减少游客对文物的破坏；活动结束后，队员们纷纷体验了西安烈士陵园的网上祭英烈展厅，为烈士们敬献了鲜花。

在总结调研成果时，实践队员们认识到，红色文化资源凝结着中国共产党的光荣历史，展现了近代以来中国人民英勇奋斗的壮丽篇章，是激发爱国热情、振奋民族精神的深厚滋养。红色文化资源的传承、发展和保护对于新时代的大学生来说就是非常好的实践课题，即可以走进教育基地现场感同身受学习红色精神，又可以了解红色文化资源的保护现状。

附录三　实践团队纪实

　　活动纪实是指把活动的整个过程，特别是一些重点细节按照真实情况记录下来，通常包括三个部分：第一部分是活动概述，可写一段概括社会实践活动的导语，写清楚活动目的、时间、地点、参与人员及活动内容概要(如名称、主题、形式等)；第二部分是活动过程，也是活动纪实的正文部分，可以按照活动流程的时间先后顺序记录，也可以按照活动内容分类整合平行记录；第三部分是活动总结，主要写明活动效果、影响、意义、参与人员收获感悟等。

　　本附录选取了西安科技大学 2022 年暑期大学生智慧矿山建设学习宣传实践团作为典型团队，对实践行程中在山东能源集团西北矿业公司的系列活动做了整理记录。活动纪实的正文部分在按照时间先后顺序记录的基础上，对活动也进行了整合分类，更具有条理性和可读性，有助于读者借鉴参考。

西安科技大学智慧矿山建设学习宣传实践团走进山东能源集团西北矿业公司开展学习实践活动纪实

指导老师：陈振兴

随着信息技术不断发展，互联网、人工智能、云计算、大数据、区块链等新科技已逐渐同矿山开采相融合，不断推动着煤矿自动化、信息化和智能化建设进程。为深入学习煤矿"两化融合"建设现状和智慧矿山建设现状，2022 年 7 月 16 日—20 日,西安科技大学智慧矿山建设学习宣传实践团先后走进山东能源集团西北矿业公司邵寨煤业公司和亭南煤业公司开展学习实践活动。实践团队师生通过井下实践、厂区学习和座谈交流等方式，学习了煤矿"两化融合"建设现状、智慧矿山建设对信息化人才的需求现状、课堂教学知识和煤矿生产实际应用结合现状等内容。

(一) 在交流座谈中明晰择业就业的目标方向

7 月 19 日，校党委副书记陈春林带领学工部、校团委、通信学院、机械学院相关负责人赴山东能源集团西北矿业公司亭南煤业公司开展访企拓岗调研活动，慰问在矿开展社会实践活动的实践团师生，如附图 3-1-1 所示。座谈交流过程中，企业负责人对校领导一行的到来表示热烈欢迎，并结合在矿实践的通信学院学生专业特点，介绍了煤矿"两化融合"发展现状和对信息化人才的需求，希望校企双方能够进一步密切联系，加强交流，推进信息技术领域的合作，实现双方互利共赢。校党委副书记陈春林对亭南煤业提供的实践交流机会与平台表示衷心感谢，并希望校企双方以大学生暑期社会实践活动为契机，不断加强沟通交流，加大人才培养力度，推进校企产学研一体，为学校教育质量提升、企业管理科学发展、推动和服务区域经济发展做出更大贡献。

附图 3-1-1　实践团队师生、校企双方负责人座谈交流

　　座谈会上，社会实践学生就大学生就业择业问题，与企业负责人及在矿工作校友进行了交流。企业负责人解答了实践学生提出的"通信工程专业学生来矿工作后，专业与岗位如何匹配""学生如何做好课堂学习与企业实践的学用结合""如何针对性提升自身就业能力与工作能力""煤矿对大学生的需求力度""青年学生和年轻员工如何增强意志品质"等问题。校党委副书记陈春林勉励学生要保持顽强的吃苦精神、坚韧的奋斗意志，以不怕困难的信心和勇气战胜学习和工作中的各种困难；要勇于担当、敢于挑战，将来走上工作岗位要主动作为，扛起责任使命，做能吃苦、能奋斗、敢担当的好青年、好学生、好员工。

　　座谈会后，参会校企双方代表合影留念，如附图 3-1-2 所示。通过交流学习，实践团成员纷纷表示，"两化融合"、智能开采、智慧矿山等都要靠技术创新来实现，本次交流座谈开拓了自身视野，学到了很多之前课堂教学所没有涉及到的知识，更加生动、直观地学习了现代煤炭行业的新理念、新技术和新特点，有利于同学们更主动、积极地学好相关知识与技术，要通过努力学习，增长知识，强化本领，力争做一个掌握新理念、新方法、新技术的"新"矿工，投身祖国煤炭事业。

附图 3-1-2　实践团队师生、校企双方负责人合影

(二) 在井下实践中学习两化融合的现实应用

当前，以互联网、大数据、人工智能、5G 等为代表的新一代信息技术蓬勃发展，给经济社会各领域带来重大而深远的影响。通过将新一代信息技术与煤炭工业深度融合，大力推动煤炭工业向数字化、网络化、智能化发展，是贯彻落实习近平总书记"四个革命、一个合作"能源安全新战略，加快推进煤炭供给侧结构性改革的重要举措，是实现煤炭工业高质量发展的重要保障。

在实践过程中，邵寨煤业公司为实践团队师生提供了下井学习的机会。在下井之前，实践团队师生接受了细致的安全培训，更换下井服装和装备。随后，队员们乘坐罐笼进入井下，随着罐笼的不断下降，队员们一睹现代化智慧矿山的"真容"。初入井下，队员们纷纷感叹，现如今的煤矿与之前刻板印象中的煤矿完全不同，观察到现代化煤矿的自动化、智慧化和无人化程度都很高，目前已经基本实现了煤矿开采自动化，煤矿分选全自动化，煤矿运输全自动化，建成了冲击地压、地下水位、瓦斯浓度等实时监控预警系统，最大限度做到保障人员安全，提高生产效率，如附图 3-1-3 所示。通过企业技术人员的讲解，队员们还了解到在矿井下 830 m 处已经实现了 4G 网络以及局域网 Wi-Fi 全覆盖，目前正在逐渐建设 5G 网络。

附图 3-1-3　实践团队师生在井下学习

井下学习结束后，实践团成员表示，通过对井下矿井作业的现场学习和真实矿井、厂区设施设备的体验，对智能矿山建设、地下智能化采煤作业、矿井安全风险监测等的相关知识和技术有了更加直观的认识和感受，同时更加增强了对所学专业的自豪感，激发了奋发学习的热情和为祖国煤炭事业建设做更多更好贡献的强大动力。

(三) 在现场观摩中促进课堂内外的学用融合

纸上得来终觉浅，绝知此事要躬行。智慧矿山的建设离不开信息技术的支持，作为电子信息技术领域大学生，不仅要把握好课堂教学主渠道的知识传授功能，还应结合煤矿现实情况和生产需求，做到学以致用，明确煤炭行业的发展现状和未来需求，为推进煤矿智能化、信息化矿井建设，推动煤炭行业的未来发展贡献自己的青春力量。

在邵寨煤业公司负责人的带领下，队员们先后走进煤矿智能化管控中心、主井绞车房、副井绞车房、压风机房、提风机房、瓦斯抽放站、110 kV 变电所、污水处理站、维修车间、虚拟安全培训中心等处，学习了解煤矿先进装备与智慧煤矿的建设情况，以及新兴科技创新成果在煤矿的应用，如附图 3-1-4 所示。

在与煤矿负责人与企业员工的交流中，队员们还了解到，企业目前已完成全视频通讯调度监控系统、设备智能预警远程会诊系统、副斜井智能交通安全管控系统、智能煤质运销管控系统、物联网＋智能仓储系统、互联网远程办公系统、智能采煤系统、智能皮带运输系统、智能通风系统等智能系统建设，逐步实现了煤矿传统开采技术与现代信息技术的深度结合。

附图 3-1-4 　实践团队师生在 VR 安全培训中心学习

　　在厂区观摩学习的过程中，实践队员们积极与企业工作人员沟通交流，通过对智慧矿山、绿色矿山、安全培训等相关讲解学习，进一步提高了一线生产作业的认识，表示要学好信息技术领域专业知识，同时结合学校地矿类特色，做到二者融合。同时，也学习了采矿人身上脚踏实地的工作态度、严谨认真的工作作风；纷纷感叹道，采矿人身上实干、奋斗、奉献精神尤为值得赞扬和学习；煤矿工作虽然苦，但是未来煤矿行业的发展具有广阔前景，仍需要年轻大学生的奉献与拼搏，需要青年一代的采矿人秉承实干的态度、学习艰苦奋斗精神、扎扎实实学知识、勤勤恳恳工作；年轻人在煤矿工作大有可为，特别是结合自己所学的信息技术相关专业知识，未来可在智能开采和智慧矿山建设上有所建树。

附录四　交流访谈纪实

　　交流访谈是综合实践活动中常用的一种调查方法，是指调查人通过与被调查人面对面地交谈来了解情况、收集资料的方法和过程。交流访谈运用面广，能够简单而叙述地收集多方面的工作分析资料，尤其是在研究比较复杂的问题，需要向不同类型的人了解不同类型的材料时，交流访谈可以有针对性、可控性地获取资料；有助于调查者对研究内容进行深入了解，获取的内容可信度较高。

　　本附录整理了 2018 年全国社会实践优秀团队"西安科技大学 2018 年暑期大学生赴西部"行'一带一路'·悟西科精神"实践团"在新疆多个煤矿开展交流访谈的过程，特别是对交流访谈中涉及到的煤炭企业信息化建设、供给侧结构性改革、安全生产等模块的内容进行了细化记录，有助于读者借鉴参考。

西安科技大学 2018 年暑期社会实践团

赴新疆煤矿一线交流访谈纪实

煤炭是我国的主体能源，一直在能源生产和消费结构中占据主导地位，从资源量、开发利用条件、能源系统稳定性等方面综合来看，在未来相当长时期内，煤炭仍将是中国最稳定、最可靠的基础能源。为引导广大学生加深对煤炭企业的认知，加深对煤矿供给侧结构性改革的了解，加深对智慧矿山、智能开采等技术的掌握，进而增强学生对所学煤炭相关专业的自豪感和自信心，2018 年 7 月 18 日—28 日，西安科技大学 2018 年暑期大学生赴西部"行'一带一路'·悟西科精神"实践团赴新疆煤矿一线，通过交流访谈的形式深入学习煤炭企业信息化建设、供给侧结构性改革、安全生产等系统性知识。

(一) 煤炭信息化建设交流访谈

1. 概念学习

煤炭企业信息化是将煤炭企业的井下生产、安全监察、物料移动、资金流动、销售管理、事务处理及客户交互等业务过程数字化，通过各种信息系统加工生成新的信息资源，有选择地提供给不同层次的人们了解、观察各类动态业务中的一切信息，从而实现生产要素的优化组合和企业资源的合理配置，以使企业适应激烈的市场竞争环境，从而实现经济效益的最大化。为了实现矿井信息的高度集成，煤炭企业信息化在其实现过程中应以网络技术为核心，采用先进的采煤方法、工艺和设备，在实现以现场控制为主的局部控制基础上，扩展到以地面集中操作、分布控制为主的全过程控制。

2. 交流访谈

在新疆大黄山豫新煤业的技术分析会上，实践团队与企业双方就煤炭信息化建设展开了深入交流，如附图 4-1-1 所示。实践团指导教师郝卿介绍了此行的调研内容和目的："作为在煤炭院校学习通信技术的师生，我们了解到，虽然目前我国关于推动煤炭企业信息化建设的政策已经较为全面，但是建设依然有很多困难。我们本次社会实践的目的正是带领学生走进煤矿一线，学习认知信息技术在煤炭企业中的应用和当前煤矿信息化建设现状。"

交流中，实践队员张千一说："我们在前期查阅了中国产业调研网发布的《中国煤炭行业信息化建设与 IT 应用行业调查分析及市场前景预测报告(2018—2025 年)》，从中发现煤炭行业信息化建设与 IT 应用市场之间的联系与潜在需求和机会；我希望通过交流，能够将自己学到的通信知识和 IT 知识与煤炭生产进行有效融合，让自己对煤炭企业信息化建设的认识不再是仅仅停留在书本上，而是有了更为实际和鲜活的感受。"

对此，企业工程师表示："我国煤炭行业信息化起步较早，但 90 年代煤炭行业整体经济效益下滑，信息化进程极大受挫；近年来，随着煤炭行业的复苏，企业的信息化意识有了很大的提高，行业管理应用逐渐深入，数字化矿山建设较快发展，企业整体的信息化建设也取得了显著的成效。"

附图 4-1-1　实践团队师生在新疆大黄山豫新煤业交流座谈

随着实践活动的深入，团队成员在企业车间、控制室进行了现场学习，如附图 4-1-2 所示。企业其他负责人介绍："由于行业发展的历史背景，以往的信息化建设投入较少，尤其管理信息化方面的应用比其他行业起步晚，基础弱。现在，国家集团化、现代化的煤炭行业发展战略促使煤炭企业必须进一步提高经营管理水平，信息化建设成为必不可少的战略支撑手段。就目前来看，企业信息化投入不断增大已成为煤炭行业的趋势。"

附图 4-1-2　实践团队师生在新疆大黄山豫新煤业控制室学习

因为队员们大多是通信工程专业，对信息技术在煤炭企业的应用尤为感兴趣，通过查阅资料，队员们还了解到：由于受专业知识的限制和技术的制约，目前国内大部分软件都只考虑了单一专业的局部应用，没有考虑相关专业的联动性；所用平台起点低、内容少、智能性差、不便于扩展，间接造成了系统智能化程度及信息重复利用程度较低，集成共享、统一协同程度较差，形成了"信息孤岛"；这已成为信息化建设中急需要解决的问题。

交流中，实践团指导教师陈振兴补充说："对煤炭企业进行一系列的信息化建设毫无疑问是一场具有很大市场价值的企业变革。借助信息化的技术，将工业技术与信息技术相互结合，促进两方的共同发展，从而使我国煤炭工业的技术借助信息化的平台实现智能化的生产和高效的资源利用，提高煤炭企业整体的市场竞争力和生产力，已经成为当前企业的共识；也希望能够以此次交流为契机，进一步加强校企合作，用学校的科研资源为煤矿解决实际问题。"对此，企业负责人给予了肯定和认可，表示这也正是企业所想所需的。

3. 职业对接

在交流结束前，实践团成员董秀秀提出："通过交流，我们对煤矿信息化建设现状、发展和需求也有了更加深入和贴切的理解；同时，对近几年我们通信工程专业毕业生的就业去向分析，我们发现很少有学习通信技术的毕业生到煤矿就业，请问煤矿有没有专门人员或者有没有这方面的学生需求？"

对此，企业负责人给予了答复，表示企业现在确实存在信息化专门人员的缺口，一直以来企业也一直在寻找这方面的专门人才来帮助煤矿进一步完善信息化平台建设，也欢迎实践团队员们毕业之后能够到煤矿工作，希望大家返回学校之后能够多做宣传，动员更多的专门人才支援煤矿建设。至此，实践队员们在总结实践收获时，队员董艺婷说："煤炭企业信息化建设对于我们煤炭院校学习通信专业的同学们来说就是非常好的实践课题，既可以走进煤炭企业一线，又可以将自己所学到的专业知识融入实践。大家在调查之后还要继续研究，争取把与企业交流过程中所探讨的问题继续研究，不要浪费了大好的实践机会。"

(二) 煤炭供给侧结构性改革交流访谈

1. 背景学习

2016 年 2 月 1 日，国务院印发《关于煤炭行业化解过剩产能实现脱困发展的意见》(国发〔2016〕7 号，后称《意见》)，率先吹响了煤炭行业实施供给侧结构性改革、坚决落实去产能任务的号角。《意见》提出从 2016 年开始，用 3～5 年的时间，再退出产能 5 亿吨左右、减量重组 5 亿吨左右，较大幅度压缩煤炭产能，适度减少煤矿数量，煤炭行业过剩产能得到有效化解，市场供需基本平衡，产业结构得到优化，转型升级取得实质性进展。2017 年中央经济工作会议再次强调继续推动煤炭、钢铁等行业化解过剩产能。目前，我国煤炭企业供给侧结构性改革主要形成了去产能、僵尸企业退出、职工安置和去杠杆四大政策体系。我国煤炭行业通过严控新增产能、减量化生产、明确提出去产能的内容和目标等政策手段去除煤炭落后产能，目前正在通过设立符合市场需求、人才培养、产能置换等方式建立煤炭行业去产能长效机制。市场化的产能置换作为市场化化解煤炭行业过剩产能的有效措施，对于违法违规、产能落后、资源枯竭等煤矿的退出起到了积极的作用。今后将通过行政手段和市场机制相协调的手段，帮助煤炭去产能和煤炭行业转型。

2. 访谈交流

煤炭供给侧结构性改革的交流访谈主要在新疆焦煤集团进行，实践团成员们先后走进了企业的多个矿井学习，如附图 4-1-3 所示。在双方的技术分析会上，实践团指导教师郝卿介绍了此行的调研内容和目的，"在确定了本次实践主题之后，我们也结合日常学习培训，做了一些前期工作，了解到虽然目前我国关于推动煤炭供给侧结构性改革的政策已经较为全面，但是在去产能、转动能、调结构等方面改革依然有很多困难。我们本次社会实践的目的正是走进煤矿一线，学习认知煤炭的基础能源主体地位，并且调研了解煤炭行业深化供给侧结构性改革现状，希望能通过本次社会实践带动更多学生了解现代化煤炭企业，了解煤炭行业的改革发展。"

附图 4-1-3　实践团师生在新疆焦煤集团二一三零煤矿学习

在介绍煤炭行业去产能现状时，企业工程师表示："在全国范围内来看，2016年以来，煤炭去产能达到 5.4 亿吨；2017 年，全国规模以上煤炭企业利润总额2959.3 亿元，同比增长 290.5%。无疑，始于 2016 年的煤炭供给侧结构性改革取得了显著的成效。煤炭产业结构得到了进一步优化，优质产能比重在大幅度提升；煤炭上下游企业兼并重组取得新的进展，一大批煤制油等项目相继投入运行，煤炭由燃料与原料并重开始转变。"

同时，企业其他负责人还介绍道："煤炭行业改革之路仍然艰巨，仍然任重而道远；特别是对于一些国有煤矿存在的历史遗留问题，按照国家政策要求，要做到在 2020 年之前，基本解决各类历史遗留问题，全面促进深化改革和发展，后续，国家发展煤炭工业的思路更加清晰，决心更加坚定，目标更加明确，措施更加具体。"

通过查阅资料，队员们还了解到，2018 年全国煤炭去产能目标为 15000万吨，1—5 月，各省相加合计完成 6125 万吨；煤炭去产能成效逐步显现，产业得到优化升级。交流中，实践队员王倩茹说："我希望通过交流，让自己对煤炭行业继续深化供给侧结构性改革的认识不再是仅仅停留在书本上，能有更实际的感受。"在接下来的实践中，实践团和煤企双方就新疆煤炭资源的战略地位和新疆煤炭供给侧结构性改革中转动能相关细节进行了交流。

探讨中，实践团指导教师郝卿补充说："对煤炭企业进行一系列的产能结构调整对企业来说是一次重大的挑战，也是一场具有很大市场价值的企业变革；就像今年(2018年)去产能目标更为明确，转变为系统性去产能和结构性去产能，要求松绑去产能政策，释放先进优质煤炭产能，进一步促进供需平衡。在来焦煤集团之前，我们跟其他企业的交流中也注意到，就企业来说，虽然去产能现在还在逐步推进，依旧任重而道远，但是企业还是非常愿意去推进和改革，这可能与随着去产能任务的进一步完成和煤炭企业结构的不断优化调整，企业也会逐步实现供需平衡，这样也能够稳定煤炭价格，实现企业脱困发展有一定关系。"对此，企业负责人给予了肯定和认可，表示这不仅仅是个别企业面临的问题，煤炭行业的普遍情况。

交流过程中，校企双方还就煤炭供给侧结构性改革中的转动能问题进行了交流。新疆焦煤集团有限责任公司总经理介绍："新疆煤炭行业定位丝绸之路经济带核心区、国家能源战略基地向西开放桥头堡和能源陆路大通道。新疆正在结合哈密—郑州和准东—华东等疆电外送通道建设，以及准东、伊犁煤炭深加工建设，将有序建设一批大型现代化先进矿井，这样可以扩大露采比重，提高安全产能，增加先进产能，保障供给安全。"交流过程中，一位工作在一线的工作人员表示："就新疆来说，作为我国煤炭主产区之一的新疆，依然是改革的重点。"同时，实践团队师生还随机采访了多名矿区员工，如附图4-1-4所示。从与企业负责人及员工的交谈中，实践队员们切身感受到了：近年来，不论是改革的力度，还是转动能的政策导向都是愈发明显和具体的。

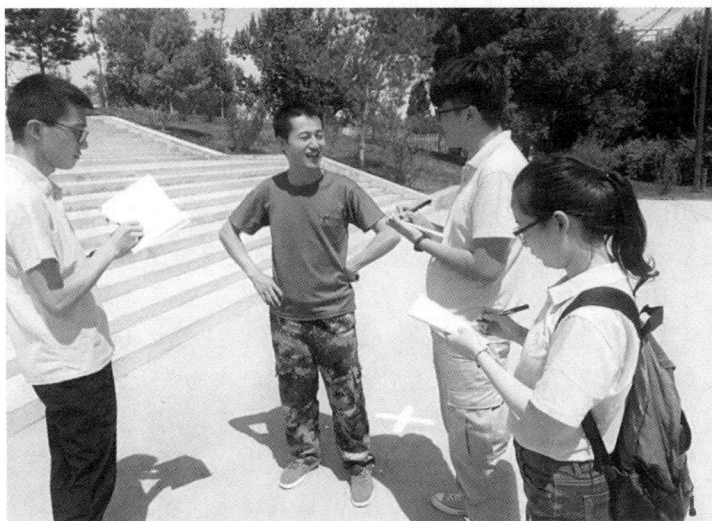

附图 4-1-4　实践团队师生在矿区随机采访企业员工

交流中，实践团成员张千一提出："我们在对前期资料进行整理的基础上了解到，《煤炭行业继续深化供给侧结构性改革》报告认为煤炭行业目前仍然面临经济周期对转型升级造成影响、不同地区转型升级难度差异大、转型后备资源缺乏等问题。这些问题是不是在新疆煤炭行业或者企业也存在？"企业负责人和员工也给予了答复，表示上述问题在新疆也存在；同时，近年来针对上述问题，不论是整个行业，还是企业都一直在积极改进和推动。

3. 交流感悟

在谈到本次社会实践的意义时，队员们一致认为，就像企业生产一样，实践调研最重要的不是"有想法"；而是要把好的想法付诸行动，要有结果和收获，才能有学习和提升。也正是通过实践调研，队员们才学习到，在接下来的一个时期，国家还将继续深化供给侧结构性改革，要在淘汰煤炭落后产能的同时，抓好各项政策措施的落实，要不断健全完善相关市场化机制，保障煤炭安全稳定供应，促进煤炭经济平稳运行，这样才能实现煤炭上下游行业共赢协同发展。

交流的最后，实践队员董秀秀颇有感触地说："新疆煤炭行业的一系列措施和政策是煤炭企业继续深化供给侧结构性改革的有力保障，也是全国煤炭行业继续深化供给侧结构性改革的重要组成部分。"至此，实践队员们对于"新疆开始全面深化煤炭供给侧结构性改革到今天，'坚持'是改革的态度，'绿色'是改革的主题"也有了更加深入和贴切的理解。

(三) 煤矿安全生产交流访谈

1. 背景学习

2018年6月，国务院安委会办公室发布了《关于近期煤矿较大事故的通报》，通报显示，2018年4月份以来，全国煤矿接连发生多起较大事故，安全生产形势依然严峻复杂。4月4日，黑龙江某煤矿立井发生煤与瓦斯突出事故，造成5人死亡；4月10日，湖北恩施某煤矿发生瓦斯爆炸事故，造成4人死亡；5月9日，湖南某煤矿发生瓦斯爆炸事故，造成5人死亡；5月14日，河南某煤矿发生煤与瓦斯突出事故，造成4人死亡。安全生产人命关天，生产过程中要充分认识当前煤矿安全生产的特殊性、复杂性和艰巨性，增强做好煤矿安全生产工作的使命感和责任感，全力以赴确保煤矿安全生产；要深刻汲取安全生产事故教训，切实加大安全生产执法检查力度，认真排查梳理煤矿生产经营过程中的风险隐患，坚持视隐患为事故，严防安全生产事故；此外，要把思想政治工作融入安全管理中,加强心理疏导,增进职工心理健康,为煤矿安全生产工作打下坚实基础。

2. 访谈交流

在与新疆煤田地质局一五六地质勘探队的座谈交流会中,实践团指导教师陈振兴介绍了对煤矿安全生产的认识:近年来,随着国家国民经济的不断快速发展,对煤炭需求量也越来越大,煤矿的安全生产管理面临着十分严峻的挑战,《国务院安委会办公室关于开展依法打击和重点整治煤矿安全生产违法违规行为专项行动的通知》指出,要以遏制煤矿重特大事故为目标,聚焦煤矿全面安全"体检"执法、安全生产大检查以及近年来事故暴露出的突出问题,督促煤矿企业严格落实安全生产主体责任,切实整改消除事故隐患,进一步推动全国煤矿安全生产形势持续稳定好转。

勘探队工程师表示:"就全国范围内来看,目前煤矿安全事故不断发生,重要原因之一是一些企业的安全生产'监控系统'还没有真正建立起来,企业安全生产信息手段落后,矿井安全监测监控体系不健全,除瓦斯监控设备外,井下生产监测监控系统不健全。"同时企业其他专项工作负责人还介绍到,煤炭行业安全生产之所以一直被不断提起和重视,主要是因为安全问题无小事,一旦发生事故就会给伤亡者家庭造成不尽的伤痛和损失,在影响企业正常生产的同时也会造成不良的社会影响。

交流中,实践队员王倩茹说:"因为我们学校本身就是煤炭类院校,安全工程也是我们学校的特色专业,平时在学习其他专业课的同时也会通过课程、报告或者座谈等形式得到一些与煤炭安全生产相关的知识,所以我希望通过交流,让自己对煤炭企业的了解,特别是一直以来不断提倡的'安全生产'的认识不再是仅仅停留在书本上。"通过查阅资料,队员们还了解到,自 2018 年开展依法打击和重点整治违法违规行为行动以来,各地煤矿安全监管监察部门在专项行动中共检查煤矿 6415 处、37 338 矿次,查处一般隐患 25 万项,重大隐患 460 项,下达执法文书 4.34 万份,责令局部停止作业 2044 处,责令停止使用设备 1877 台(套),责令停产停工、停产整顿矿井 703 处,暂扣、吊销安全生产许可证 314 处,提请地方政府依法淘汰退出煤矿 36 处,罚款 3.88 亿元,对煤矿企业安全管理人员问责 1299 人次;有 4709 处煤矿开展了自检自改,发现隐患和问题 10 万余项。专项行动开展以来,各地共查处"十类"突出问题 1295 起、典型案例 150 起,推动了全国煤矿安全生产形势持续稳定。

在生产单位,队员们看到类似"安全生产 责任重大"的标语随处可见,这也是企业为了提升工人思想认识而做的努力。正如企业工作人员介绍,当前企业正在不断加快构建完善安全风险分级管控和隐患排查治理双重预防机制,推动安全生产关口前移,全面提升煤矿安全生产整体预控能力;正在大力攻关全方位、全过程辨识生产工艺、设备设施、作业环境、人员行为和管理体系等方面存在的安全风险,加强对变化环节的安全风险辨识评估,及时制定有针对性的风险管控措施,严防风险演变、隐患升级而导致事故发生。

　　随着交流的深入,勘探队其他负责人介绍道:"一直以来煤矿安全事故高发,一方面是因为思想上的问题,一些工作人员思想不重视,麻痹大意,总觉得事故很遥远,殊不知事故的根源就在眼前。另一方面就是技术上的问题,一些问题煤矿的安全生产长效机制还没有真正发挥作用,企业安全生产信息技术手段落后,比如瓦斯监控设备、井下生产监测监控系统,温度电力压力感应系统、提升运输等监测设备的信息化程度还有待进一步提高。"队员们在交流的同时不禁意识到在不断推进安全生产过程中企业面临的巨大压力,为此队员们还向企业展示并赠送了队员自行创作的安全生产教育画作,如附图4-1-5至附图4-1-8所示。实践队员杨凯感慨:"安全生产是幸福生活的保护伞,就算任务再艰巨,只要有一份希望也要付出一百分的努力去推动。"

附图 4-1-5　实践团师生创作的宣传漫画"安全第一"

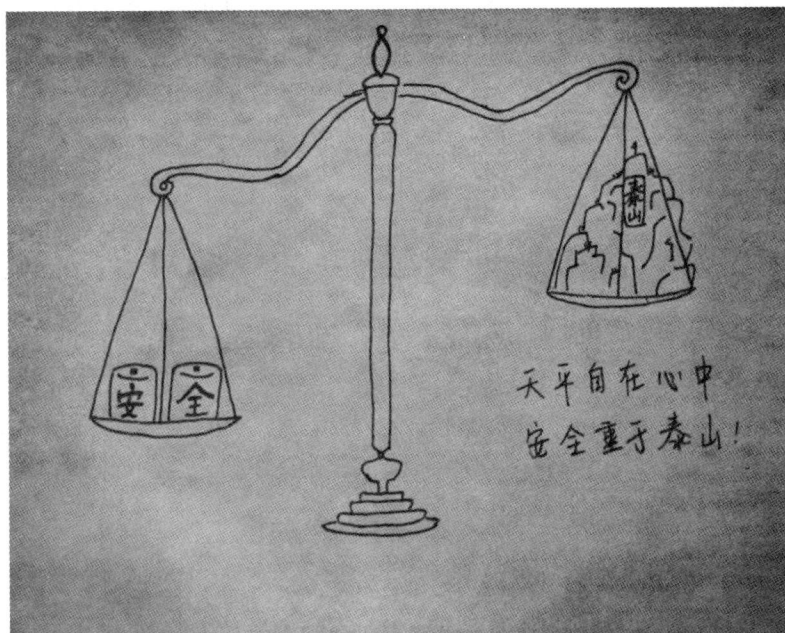

图 4-1-6　实践团师生创作的宣传漫画"安全责任重于泰山"

图 4-1-7　实践团师生创作的宣传漫画"安全生产才是幸福的保护伞"

图 4-1-8　实践团师生创作的宣传漫画"安全脚下踩 血泪买教训"

　　探讨中，实践团指导教师陈振兴补充说："煤炭安全生产不论是对企业还是对行业来说都是重大的挑战，也是必须要面临并解决的问题。通过对政策的解读，我们发现，下半年国家煤矿安监局将聚焦采掘接替失调组织生产，主要生产安全系统不完善、不可靠，安全监控系统运行不正常，重大灾害治理不到位，安全生产主体责任不落实，蓄意违法违规生产建设，建设项目不按规定组织施工，列入当年化解过剩产能退出计划煤矿等煤矿安全八方面突出问题，严格规范执法，加大问责追责力度，深入推进打击整治煤矿违法违规行为专项行动，坚决防范遏制煤矿重特大事故。"对此，企业负责人给予了肯定和认可，表示陈老师提到的这些问题煤矿也在专门开会学习和研讨，也在不断改进，安全生产对企业来说就是义不容辞的责任。

　　在交流结束前，实践团成员王倩茹再次提出："作为大学生，明年将面临着毕业和就业问题，我想借此机会了解一下，企业在不断加大安全生产整治力度的大背景下对高校毕业生的需求，刚刚企业也提到现在还是缺少学习信息技术的专门工作人员，请问咱们煤矿有没有这方面的学生需求？"企业负责人给予了答复，表示企业不仅需要采矿、勘探和安全等传统专业的毕业生，也需要信息技术等新兴学科的毕业生，来帮助煤矿进一步完善信息化平台建设，也欢迎实践队员们毕业之后能够到煤矿工作，希望大家返回学校之后能够多做宣传，动员更多的专门人才支援煤矿建设。至此，实践团队员们对煤矿安全生产和与安全生产相关的信息化建设现状也有了更加深入和贴切的理解。

3. 学习感悟

在总结学习收获时，实践团队员董秀秀说："煤炭企业安全生产和与之相关的信息化建设对于我们身处煤炭院校学习通信专业的同学们来说就是非常好的实践课题，我们在调查之后还要继续研究，争取将交流中探讨的问题继续进行研究，真正实现学以致用、学有所用。"其他队员也认为，就像企业一直强调的安全生产和随处可见的安全标语一样，进行实践调研就要做细致、就要做到实处，不能是面子工程，这样受影响的必将是自己。

安全生产无止境、安全责任大于天；煤矿的安全生产永远在路上，依旧任重而道远。经此行，实践团队员认识到，安全生产不是一句口号，而是要有落地生根的措施，又有可以看见的成果；虽然目前还存在一些问题，但是相信随着国家监管力度的不断加大和企业认识的不断增强，"安全生产无死角""开开心心下井、平平安安回家"的目标也都会实现。不少队员谈了自己的感悟，作为新时代的大学生，自己要以社会实践为契机，积极整合多方资源，练就扎实本领，将来走上工作岗位之后用自己所学知识为企业发展建言献策。